BENDECIDOS

EDICIÓN BILINGÜE

Autores de la serie

Rev. Richard N. Fragomeni, Ph.D.
Maureen Gallagher, Ph.D.
Jeannine Goggin, M.P.S.
Michael P. Horan, Ph.D.

Corredactora y asesora para la Sagrada Escritura
Maria Pascuzzi, S.S.L., S.T.D.

Asesor para el patrimonio cultural hispánico y latinoamericano
Rev. Virgilio Elizondo, S.T.D., Ph.D.

The Subcommittee on the Catechism, United States Conference of Catholic Bishops, has found this catechetical series, copyright 2008, to be in conformity with the *Catechism of the Catholic Church.*

El Subcomité para el Catecismo de la Conferencia de Obispos Católicos de los Estados Unidos consideró que esta serie catequética, copyright 2008, está en conformidad con el *Catecismo de la Iglesia Católica.*

RCL✦
Benziger®

Cincinnati, Ohio

This book reflects the
new revision of the

ROMAN
MISSAL
THIRD EDITION

Multicultural Consultant

Angela Erevia, M.C.D.P., M.R.E.

Language Consultant

Luz Nuncio Schick

Hispanic Consultants

Rev. Antonio Almonte

Humberto Ramos

Rev. Carlos Zuniga

Consuelo Wild and the National Catholic Office
for the Deaf

Mexican American Cultural Center

Music Advisor

GIA Publications

Níhil Óbstat

M. Kathleen Flanagan, S.C., Ph.D.
Censor Librorum

Imprimátur

✠ Reverendísimo Arthur J. Serratelli
Obispo de Paterson
4 de enero de 2007

El níhil óbstat y el imprimátur son declaraciones oficiales de que un libro o folleto no contiene ningún error doctrinal ni moral. Dichas declaraciones no implican que quienes han otorgado el níhil óbstat y el imprimátur estén de acuerdo con el contenido, las opiniones o los enunciados expresados.

Acknowledgments

Excerpts from *Catholic Household Blessings and Prayers* (revised) ©2007, United States Conference of Catholic Bishops, Washington D.C.

Excerpts from *The New American Bible* with Revised New Testament Copyright©1986,1970 Confraternity of Christian Doctrine, Washington, DC. Used with permission. All rights reserved. No portion of *The New American Bible* may be reprinted without permission in writing from the copyright holder.

Excerpts from *La Biblia Latinoamérica* © 1972 by Bernardo Hurault and the Sociedad Bíblica Católica Internacional (SOBICAIN), Madrid, Spain, used with permission. All rights reserved.

All adaptations of Scripture are based on *The New American Bible* with Revised New Testament Copyright © 1986, 1970 Confraternity of Christian Doctrine, Washington, DC, and on *La Biblia Latinoamérica* © 1972.

Excerpts from the English translation of the *Rite of Marriage* © 1969, International Committee on English in the Liturgy, Inc. (ICEL); excerpts from the English translation of the *Rite of Baptism for Children* © 1969, ICEL; excerpts from the English translation of the *Rite of Penance* © 1974, ICEL; excerpts from the English translation of *Rite of Confirmation* (Second Edition) © 1975, ICEL; excerpts from *Pastoral Care of the Sick: Rites of Anointing and Viaticum* © 1982, ICEL; excerpts from the English translation of *The Roman Missal*, © 2010, ICEL; excerpts from the English translation of the *Rite of Christian Initiation of Adults* © 1985, ICEL; excerpts from the English translation of the *Liturgy of the Hours* © 1994, ICEL. All rights reserved.

Excerpts from the Spanish translation of *Ritual para el Matrimonio* © 2007, Conferencia del Episcopado Mexicano and Obra Nacional de la Buena Prensa, A.C.; excerpts from the Spanish translation of *Ritual para el Bautismo de los niños* © 1975, Comisión Episcopal de Pastoral Litúrgica de México and Obra Nacional de la Buena Prensa, A.C.; excerpts from the Spanish translation of *Ritual de la Penitencia* © 1975, Conferencia del Episcopado Mexicano and Obra Nacional de la Buena Prensa, A.C.; excerpts from the Spanish translation of *Ritual para la Confirmación* (Second Edition) © 1998 and 1999, Conferencia del Episcopado Mexicano and Obra Nacional de la Buena Prensa, A.C.; excerpts from *Cuidado Pastoral de los Enfermos: Ritos de la Unción y del Viático* © 1993, Comisión Episcopal de Pastoral Litúrgica de México and Obra Nacional de la Buena Prensa, A.C.; excerpts from the Spanish translation of *Misal Romano*, © 1975, Conferencia del Episcopado Mexicano and Obra Nacional de la Buena Prensa, A.C.; excerpts from the Spanish translation of *Ritual de la Iniciación Cristiana de Adultos* © 1993, Obra Nacional de la Buena Prensa, A.C.; excerpts from the Spanish translation of *Liturgia de las horas*, © 2006, Obra Nacional de la Buena Prensa, A.C. All rights reserved.

Credits

COVER: Gene Plaisted, The Crosiers

SCRIPTURE ART: Tim Ladwig

ALL OTHER ART: 12–13 Linda Wingerter; 26-27 Charles Shaw; 34-35, 74-75, 166-167 Arvis Stewart; 48-49, 86-87, 108-109, 196-197 Robin DeWitt; 52-53, 76-77 Jean & Mou-Sien Tseng; 60-63, 350-351 Claude Martinot; 68-69 Stephen Marchesi; 92-93, 120-121, 134-135, 152-153, 180-181, 214-215, 240-241, 254-255, 272-273, 286-287 Roman Dunets; 102-105, 180-183 Diana Magnuson; 100-101 Martha Doty; 112-113 Carolyn Croll; 128-129, 136-137 Carla Kiwior; 134-135, 352-353 Tim Ladwig; 146-147, 194-195, 402-403 Cindy Rosenheim; 160-161 Kat Thacker; 174-175 Chris Reed; 188-189, 300-303, 308-309, 342-343 Sandy Rabinowitz; 198-199 Wendy Rasmussen; 206-207, 314-317, 286-287, Tom Sperling; 234-235 Shelley Dieterichs; 240-241, 334-335, 354-355 Winifred Barnum-Newman; 248-249 Dorothy Stott; 256-257 Oki Han; 266-267 Lyn Martin; 274-275 Tom Leonard; 280-281, 336-337, 346-347 David Austin Clar; 294-295 Freddie Levin; 324-327 David Bathurst; 330-331 Michael Di Giorgio; 338-339, 416 Elizabeth Wolf; 358-359 Steve Sullivan; 362-368 Donna Perrone;

PHOTOS: Every effort has been made to secure permission and provide appropriate credit for photographic material. The publisher deeply regrets any omission and pledges to correct errors called to its attention in subsequent editions. Unless otherwise acknowledged, all photographs are the property of RCLBenziger.
22-23 (Bkgd) Hanan Isachar, (Inset) ©Philip Gould/Corbis; 32-33 Hulton-Deutsch Collection/Corbis; 36-37 ©Astrofoto/Peter Arnold, Inc.; 40-41 (B) ©Juan Manuel Silva/AGE Fotostock, (CL) Brand X Pictures, (CR) ©Michael Newman/PhotoEdit; 46-47 ©Ann Ball; 50-51 ©James Randklev/Getty Images; 54-55 (TR, CR) Gene Plaisted, OSC/The Crosiers, (CC) ©Jose Luis Pelaez, Inc./Corbis, (BC) Catholic Charities, (BL) ©Royalty-Free/Corbis; 68-69 SuperStock; 78-79 Jupiter Images; 82-83 (Bkgd) ©Dean Conger/NGS Image Collection, (Inset) ©Mansell Collection/Getty Images; 96-97 SuperStock; 106-107 (B) Marquette University Archives, (T) ©Bob Fitch/Black Star; 110-111 ©Patrick Ward/Corbis; 114-115 ©L. Kolvoord/Image Works; 120-121 Archives of the Sisters of the Blessed Sacrament; 124-125 ©James P. Dwyer/Stock Boston; 128-129 Stock Boston; 138-139 ©Joseph Sohm/ChromoSohm Inc./Corbis; 142-143 (Bkgd) A.S.A.P./Garo Nalbandian, (Inset) ©Elio Ciol/Corbis; 156-157 ©Pixtal/AGE Fotostock; 162-165 ©Myrleen Ferguson Cate/PhotoEdit; 168-169 (B) Our Lady of Fatima Shrine, Portugal; 170-171 ©Doug Scott/AGE Fotostock; 184-185 ©A. M. Rosati/Art Resource, NY; 198-199 Getty Images; 202-203 (Bkgd) ©Nathan Benn/Woodfin Camp & Associates, (Inset) ©Erich Lessing/Art Resource, NY; 212-213 ©Christie's Images/Corbis; 216-217 ©Greg Nikas/Corbis; 222-223 VStock/Index Stock Imagery; 224-225 ©Dennis MacDonald/PhotoEdit; 230-231 AAAC/Topham/The Image Works, Inc.; 244-245 (Bkgd) ©Andre Jenny/Focus Group/Jupiter Images, (Inset) ©W. P. Wittman; 258-259 ©Brad Mitchell/Alamy Images; 262-263 (Bkgd) ©Richard T. Nowitz, (Inset) ©Archiv Iconografico, S.A./Corbis; 276-277 ©Les Stone/Corbis; 282-283 Gene Plaisted, OSC/The Crosiers; 284-285 ©Bill Wittman; 290-291 ©Laurance B. Aiuppy/Getty Images; 304-305 (Inset) ©Myrleen Ferguson Cate/PhotoEdit, (Bkgd) SuperStock; 318-319 ©Ron Watts/Corbis; 322-323 *The Visitation*, Domenico Ghirlandaio/Erich Lessing/Art Resource, NY; 332-333 (T) The Congregation Marians of The Immaculate Conception, (B) *Divine Mercy*. Used with permission./©The Congregation Marians of The Immaculate Conception, Stockbridge, MA; 340-341 ©Alinari/Art Resource, NY; 344-345 Gene Plaisted, OSC/The Crosiers; 348-349 SuperStock; 350-351 (T) ©David Young-Wolff/PhotoEdit, ©Myrleen Ferguson Cate/PhotoEdit; 356-357 *The Visitation*, Domenico Ghirlandaio/©Erich Lessing/Art Resource, NY; 358-359 SuperStock; 360-361 ©Stephen R. Swan/Canstock Images, Inc./Index Stock Imagery; 364-365 ©Richard Cummins/Corbis; 366-367 Gene Plaisted, OSC/The Crosiers; 370-371 Gene Plaisted, OSC/The Crosiers; 372-373 Gene Plaisted, OSC/The Crosiers; 374-375 Bill Wittman/Catholic News Service; 376-377 ©W. P. Wittman; 384-385 ©Lori Adamski Peek/Stone; 394-395 ©Michael Newman/PhotoEdit; 396-397 ©Myrleen Ferguson Cate/PhotoEdit; 398-399 ©Myrleen Ferguson Cate/Index Stock Imagery; 400-401 *The Magdalen Reading*, Rogier van der Weyden/©National Gallery, London

4th Printing. April 2012.

CONTENIDO

DÍAS FESTIVOS Y TIEMPOS

NUESTRA HERENCIA CATÓLICA

Organizado de acuerdo con los 4 pilares del Catecismo

CONTENTS

FEASTS AND SEASONS

OUR CATHOLIC HERITAGE

Organized according to the 4 pillars of the Catechism

La Biblia
The Bible

La hierba se seca y la flor se marchita, mas
la palabra de nuestro Dios permanece
para siempre.

Isaías 40:8

Though the grass withers and the flower wilts,
the word of our God stands forever.

Isaiah 40:8

La Biblia

La Biblia es la Palabra de Dios. Es un relato de Dios y su amor por su pueblo. Creemos que Dios es verdaderamente el autor de la Biblia, porque el Espíritu Santo inspiró a las personas que la escribieron.

En la Biblia hay 73 libros, que están divididos en dos partes. La primera se llama Antiguo Testamento. En el Antiguo Testamento hay 46 libros, que incluyen relatos, leyes, historias, poesía y oraciones. El Antiguo Testamento es un relato del amor de Dios por su pueblo hasta la llegada de Cristo. En el Antiguo Testamento, podemos leer las palabras de los profetas, las cuales nos preparan para recibir a Jesucristo, el Hijo único de Dios.

La segunda parte de la Biblia se llama Nuevo Testamento. En el Nuevo Testamento hay 27 libros, que incluyen los cuatro Evangelios, las cartas de San Pablo y otros escritos de los Apóstoles y de los primeros cristianos. Después de que Jesús ascendió al cielo, sus discípulos comenzaron a compartir la Buena Nueva con todos los que conocían. Relataron una y otra vez los sucesos que presenciaron de los sermones, las curaciones y los milagros de Jesús. Relataron cómo Jesús, el Hijo único de Dios, murió en la cruz para salvar a todos del pecado. Con el tiempo, algunos de estos primeros cristianos, inspirados por el Espíritu Santo, escribieron estos relatos que fueron incluidos en la Sagrada Escritura.

Como católicos, mostramos respeto por la Biblia porque creemos que es la Palabra de Dios. Leemos el Antiguo Testamento para aprender acerca del pueblo de Dios antes de que Jesús naciera. Leemos el Nuevo Testamento, en especial los cuatro Evangelios, para aprender acerca de la vida y las enseñanzas de Jesús. Leemos los Hechos de los Apóstoles, las cartas de San Pablo y otros libros del Nuevo Testamento para aprender acerca de la vida y la lucha de las primeras comunidades cristianas.

La Biblia es muy importante para el culto católico. En la Misa dominical y en los días festivos, escuchamos una lectura del Antiguo Testamento y dos lecturas del Nuevo Testamento, una de las cuales siempre es del Evangelio. En la Misa de días de semana escuchamos una lectura del Antiguo Testamento o del Nuevo Testamento y una lectura del Evangelio.

A los Católicos se les anima a que lean la Biblia a diario. Existen muchos programas en nuestras parroquias que nos invitan a unirnos con nuestros amigos y vecinos para leer y reflexionar acerca de la Sagrada Escritura. Todas las lecciones de nuestro libro de religión contienen palabras de la Biblia. Los católicos creen que una forma en que Jesucristo está presente es en su Palabra, la Biblia.

The Bible

The Bible is the Word of God. It is the story of God and his love for his people. We believe that God is truly the author of the Bible because God the Holy Spirit inspired the people who wrote it.

The Bible is a collection of 73 books, which are divided into two parts. The first part is called the Old Testament. There are 46 books in the Old Testament, which includes stories, laws, histories, poetry, and prayers. The Old Testament tells the story of God's love for his people until the coming of Christ. In the Old Testament, we can read the words of the prophets, which prepare us to receive Jesus Christ, God's only Son.

The second part of the Bible is called the New Testament. There are 27 books in the New Testament, which includes the four Gospels, the letters of Saint Paul, and other writings of the Apostles and early Christians. After Jesus ascended into heaven, his disciples began to share with everyone they met the Good News of Jesus Christ. They told and retold the eyewitness accounts of Jesus' preaching, healing, and miracles. They told how Jesus, God's only Son, died on the cross to save all people from sin. Eventually, some of these early Christians were inspired by the Holy Spirit to write down these stories, which were included in Sacred Scripture.

As Catholics, we show respect for the Bible because we believe it is God's Word. We read the Old Testament to learn about God's people before Jesus was born. We read the New Testament, especially the four Gospels, to learn about the life and teachings of Jesus. We read the Acts of the Apostles, Saint Paul's letters, and other books in the New Testament to learn about the life and struggles of the first Christian communities.

The Bible is very important for Catholic worship. At Mass on Sundays and on holy days, we hear a reading from the Old Testament and two readings from the New Testament, one of which is always from the Gospel. At Mass on weekdays we hear one reading from the Old Testament or the New Testament, and one reading from the Gospel.

Catholics are encouraged to read the Bible daily. There are many programs in our parishes that invite us to join with our friends and neighbors to read and reflect on the Scriptures. Every lesson in your religion book contains words from the Bible. Catholics believe that one way that Jesus Christ is present is in his Word, the Bible.

Encontrar un texto de la Biblia

Buscar pasajes en la Biblia no es igual que buscar un pasaje en un libro de cuentos o en un libro de texto. La Biblia es una colección de 73 libros y cada libro está dividido en capítulos. Los capítulos están divididos en versículos, que pueden contener una o más frases.

El siguiente ejemplo puede ayudarte a aprender cómo buscar pasajes en la Biblia.

Libro	Capítulo	Versículo
Juan	3	16

Usando tu Biblia, busca los siguientes pasajes. Escribe el título del relato de la Sagrada Escritura en el espacio que se encuentra junto a cada referencia.

Marcos 1:9–11   *Bautizo*

Génesis 3:1:19   *el pecado*

Hechos 9:1–19   *encuentro con paulo*

Génesis 7:6–23   *el diluvio*

Salmo 23   *el señor es mi pasta*

Mateo 1:18–25   *Los antepasados de Jesus*

Filipenses 4:4–9 _____

Lucas 24:13–31 _____

Apocalipsis 19:11–21 _____

Juan 11:1–44 _____

Finding a Bible Text

Finding passages in the Bible is not like finding a passage in a storybook or a textbook. The Bible is a collection of 73 books, and each book is divided into chapters. The chapters are divided into verses, which may contain one or more sentences.

The example below will help you learn how to look up passages from the Bible.

Book	Chapter	Verse
John	3	16

Using your Bible, look up the following passages. In the space next to each reference, write the title of the Scripture story.

Mark 1:9–11 _____

Genesis 3:1:19 _____

Acts 9:1–19 _____

Genesis 7:6–23 _____

Psalm 23 _____

Matthew 1:18–25 _____

Philippians 4:4–9 _____

Luke 24:13–31 _____

Revelation 19:11–21 _____

John 11:1–44 _____

OREMOS

La Señal de la Cruz

En el nombre del Padre
  y del Hijo
  y del Espíritu Santo.
           Amén.

Gloria al Padre

Gloria al Padre
  y al Hijo
  y al Espíritu Santo.
Como era en el principio,
  ahora y siempre,
  por los siglos de los siglos.
           Amén.

El Ave María

Dios te salve, María, llena
  eres de gracia;
el Señor es contigo.
Bendita Tú eres entre todas
  las mujeres,
y bendito es el fruto de tu
  vientre, Jesús.
Santa María, Madre de Dios,
ruega por nosotros, pecadores,
ahora y en la hora de nuestra
  muerte.
           Amén.

El Padre Nuestro

Padre nuestro
  que estás en el cielo,
santificado sea tu Nombre;
venga a nostros tu reino;
hágase tu voluntad en
  la tierra como en el cielo.
Danos hoy nuestro pan de
  cada día;
perdona nuestra ofensas,
como también nosotros
  perdonamos a los que
  nos ofenden;
no nos dejes caer en
  la tentación,
y líbranos del mal.
           Amén.

LET US PRAY

The Sign of the Cross

In the name of the Father,
and of the Son,
and of the Holy Spirit.

Amen.

Glory Be

Glory be to the Father
and to the Son
and to the Holy Spirit,
as it was in the beginning
is now, and ever shall be
world without end.

Amen.

The Hail Mary

Hail, Mary, full of grace,
the Lord is with thee.
Blessed art thou among women
and blessed is the fruit of thy
    womb, Jesus.
Holy Mary, Mother of God,
pray for us sinners,
now and at the hour of our death.

Amen.

The Lord's Prayer

Our Father, who art in heaven,
hallowed be thy name;
thy kingdom come,
thy will be done
on earth as it is in heaven.
Give us this day our daily bread,
and forgive us our trespasses,
as we forgive those who trespass
    against us;
and lead us not into temptation,
but deliver us from evil.

Amen.

Credo de Niceã

Creo en un solo Dios, Padre Todopoderoso,
Creador del cielo y de la tierra,
de todo lo visible y lo invisible.
Creo en un solo Señor, Jesucristo,
Hijo único de Dios,
nacido del Padre antes de todos los siglos:
Dios de Dios,
Luz de Luz,
Dios verdadero de Dios verdadero,
engendrado, no creado,
de la misma naturaleza del Padre,
por quien todo fue hecho;
que por nosotros, los hombres, y por
nuestra salvación bajó del cielo,
y por obra del Espíritu Santo se encarnó
de María, la Virgen, y se hizo hombre;
y por nuestra causa fue crucificado
en tiempos de Poncio Pilato;
padeció y fue sepultado,
y resucitó al tercer día, según las
Escrituras, y subió al cielo, y está sentado
a la derecha del Padre; y de nuevo vendrá
con gloria para juzgar a vivos y muertos,
y su reino no tendrá fin.

Creo en el Espíritu Santo,
Señor y dador de vida,
que procede del Padre y del Hijo,
que con el Padre y el Hijo recibe
una misma adoración y gloria,
y que habló por los profetas.

Creo en la Iglesia, que es una,
santa, católica y apostólica.

Confieso que hay un solo Bautismo
para el perdón de los pecados.
Espero la resurrección de los muertos
y la vida del mundo futuro.

Amén.

El Credo de los Apóstoles

Creo en Dios, Padre Todopoderoso,
Creador del cielo y de la tierra.
Creo en Jesucristo, su único Hijo,
    nuestro Señor,
que fue concebido por obra y gracia del
    Espíritu Santo,
nació de Santa María Virgen,
padeció bajo el poder de Poncio Pilato,
fue crucificado, muerto y sepultado,
descendió a los infiernos,
al tercer día resucitó de entre los muertos,
subió a los cielos
y está sentado a la derecha de Dios,
    Padre Todopoderoso.
Desde allí ha de venir a juzgar a vivos
    y muertos.

Creo en el Espíritu Santo,
la santa Iglesia católica,
la comunión de los santos,
el perdón de los pecados,
la resurrección de la carne
y la vida eterna.

Amén.

The Nicene Creed

I believe in one God,
the Father almighty,
maker of heaven and earth,
of all things visible and invisible.

I believe in one Lord Jesus Christ,
the Only Begotten Son of God,
born of the Father before all ages.
God from God, Light from Light,
true God from true God,
begotten, not made, consubstantial
   with the Father;
through him all things were made.
For us men and for our salvation
he came down from heaven,

At the words that follow, up to and including
and became man, *all bow.*

and by the Holy Spirit was incarnate
   of the Virgin Mary, and became man.

For our sake he was crucified under
   Pontius Pilate,
he suffered death and was buried,
and rose again on the third day
in accordance with the Scriptures.
He ascended into heaven
and is seated at the right hand of the Father.
He will come again in glory
to judge the living and the dead
and his kingdom will have no end.

I believe in the Holy Spirit, the Lord, the giver of life,
who proceeds from the Father and the Son,
who with the Father and the Son is adored and glorified,
who has spoken through the prophets.

I believe in one, holy, catholic and apostolic Church.
I confess one Baptism for the forgiveness of sins
and I look forward to the resurrection of the dead
and the life of the world to come.

       Amen.

The Apostles' Creed

I believe in God,
the Father almighty,
Creator of heaven and earth,
and in Jesus Christ, his only Son, our Lord,
who was conceived by the Holy Spirit,
born of the Virgin Mary,
suffered under Pontius Pilate,
was crucified, died and was buried;
he descended into hell;
on the third day he rose again
   from the dead;
he ascended into heaven,
and is seated at the right hand of God
   the Father almighty;
from there he will come to judge
   the living and the dead.

I believe in the Holy Spirit,
the holy catholic Church,
the communion of saints,
the forgiveness of sins,
the resurrection of the body
and life everlasting.

       Amen.

Salve Regina

Dios te salve, Reina y Madre de misericordia,
vida, dulzura y esperanza nuestra;
Dios te salve.
A ti llamamos los desterrados hijos de Eva;
a ti suspiramos, gimiendo y llorando en
    este valle de lágrimas.
Ea, pues, Señora, abogada nuestra,
vuelve a nosotros esos tus ojos
    misericordiosos;
y después de este destierro, muéstranos
    a Jesús,
fruto bendito de tu vientre.
¡Oh, clementísima, oh piadosa, oh dulce
    Virgen María!

Amén.

Oración a Nuestra Señora de Guadalupe

Salve, ¡oh, Virgen de Guadalupe,
    Emperatriz de las Américas!
Mantén por siempre bajo tu poderoso
    patronato la pureza y la integridad
    de nuestra Santa Fe en todo el
    continente americano.

Amén.
Papa Pío XII
Versión traducida

Oración del penitente

Dios mío,
me arrepiento de todo corazón
de todo lo malo que he hecho
y de todo lo bueno que he dejado
    de hacer,
porque pecando te he ofendido a ti,
que eres el sumo bien y digno de ser
    amado sobre todas las cosas.
Propongo firmemente, con tu gracia,
cumplir la penitencia,
no volver a pecar
y evitar las ocasiones de pecado.
Perdóname, Señor,
por los méritos de la pasión
de nuestro Salvador Jesucristo.

Ritual de la Penitencia

Las Últimas Siete Palabras de Cristo

Primera Palabra   "Padre, perdónalos, porque no saben lo que hacen".

Segunda Palabra   "Hoy mismo estarás conmigo en el Paraíso".

Tercera Palabra   "Mujer, ahí tienes a tu hijo... ahí tienes a tu madre".

Cuarta Palabra   "Dios mío, Dios mío, ¿por qué me has abandonado?"

Quinta Palabra   "Tengo sed".

Sexta Palabra   "Todo está cumplido".

Séptima Palabra   "Padre, en tus manos encomiendo mi espíritu".

Hail, Holy Queen

Hail, holy Queen, Mother of Mercy:
Hail, our life, our sweetness, and our hope.
To thee do we cry,
    poor banished children of Eve.
To thee do we send up our sighs,
    mourning and weeping
    in this valley of tears.
Turn then, most gracious advocate,
thine eyes of mercy toward us;
    and after this exile
    show unto us the blessed fruit
    of your womb, Jesus.
O clement, O loving, O sweet Virgin Mary.

Amen.

Act of Contrition

My God,
I am sorry for my sins with all my heart.
In choosing to do wrong
and failing to do good,
I have sinned against you
whom I should love above all things.
I firmly intend, with your help,
to do penance,
to sin no more,
and to avoid whatever leads me to sin.
Our Savior Jesus Christ
suffered and died for us.
In his name, my God, have mercy.

Rite of Penance

Prayer to Our Lady of Guadalupe

Hail, O Virgin of Guadalupe,
    Empress of America!
Keep forever under your
    powerful patronage
    the purity and integrity
    of Our Holy Faith
on the entire American continent.

Amen.

Pope Pius XII

The Seven Last Words of Christ

First Word   "Father, forgive them, they know not what they do."

Second Word   "Today you will be with me in Paradise."

Third Word   "Woman, behold, your son... Behold, your mother."

Fourth Word   "My God, my God, why have you forsaken me?"

Fifth Word   "I thirst."

Sixth Word   "It is finished."

Seventh Word   "Father, into your hands I commend my spirit."

El Rosario

1. Sujeta el crucifijo. Reza el Credo de los Apóstoles.

2. En cada cuenta individual, reza el Padre Nuestro.

3. Por cada cuenta, en el grupo de tres o de diez cuentas, reza el Ave María. Un grupo de diez cuentas se llama decena. Piensa en un misterio para cada decena.

4. Después de completar cada decena de Ave Marías, reza el Gloria al Padre.

5. Termina el Rosario rezando el Salve.

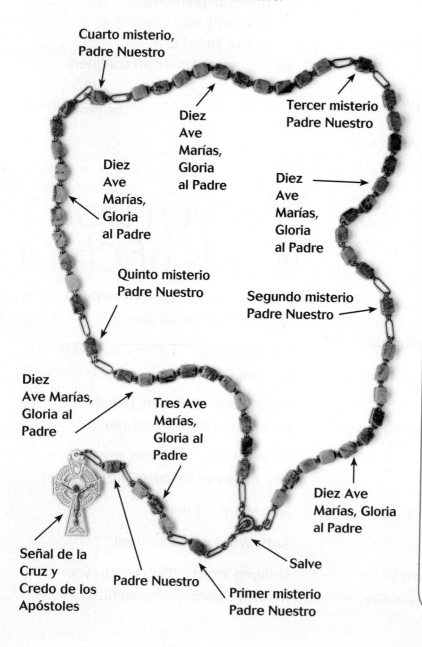

Cuarto misterio, Padre Nuestro

Tercer misterio Padre Nuestro

Diez Ave Marías, Gloria al Padre

Diez Ave Marías, Gloria al Padre

Diez Ave Marías, Gloria al Padre

Quinto misterio Padre Nuestro

Segundo misterio Padre Nuestro

Diez Ave Marías, Gloria al Padre

Tres Ave Marías, Gloria al Padre

Diez Ave Marías, Gloria al Padre

Señal de la Cruz y Credo de los Apóstoles

Padre Nuestro

Primer misterio Padre Nuestro

Salve

Los Misterios del Rosario

Los Misterios Gozosos

1. La Anunciación
2. La Visitación
3. El nacimiento de Jesús
4. La presentación de Jesús en el Templo
5. El hallazgo de Jesús en el Templo

Los Misterios Luminosos

1. El Bautismo de Jesús
2. La boda de Caná
3. La proclamación del Reino de Dios
4. La transfiguración
5. La institución de la Eucaristía en la Última Cena

Los Misterios Dolorosos

1. La agonía en el huerto
2. La flagelación en la columna
3. La coronación de espinas
4. La cruz a cuestas
5. La Crucifixión

Los Misterios Gloriosos

1. La Resurrección
2. La Ascensión
3. La venida del Espíritu Santo en Pentecostés
4. La Asunción de María
5. La coronación de María como Reina del Cielo

The Rosary

1. Hold the crucifix. Pray the Apostles' Creed.

2. For each single bead, pray the Lord's Prayer.

3. For the group of three or ten beads, pray the Hail Mary for each bead. A group of ten beads is called a decade. Think of one mystery for each decade.

4. After each decade of Hail Marys is completed, pray the Glory Be.

5. End the Rosary by praying the Hail, Holy Queen.

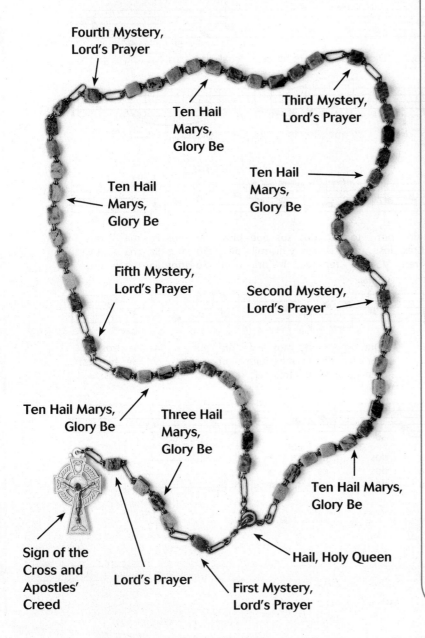

Fourth Mystery, Lord's Prayer

Ten Hail Marys, Glory Be

Third Mystery, Lord's Prayer

Ten Hail Marys, Glory Be

Ten Hail Marys, Glory Be

Fifth Mystery, Lord's Prayer

Second Mystery, Lord's Prayer

Ten Hail Marys, Glory Be

Three Hail Marys, Glory Be

Ten Hail Marys, Glory Be

Sign of the Cross and Apostles' Creed

Lord's Prayer

Hail, Holy Queen

First Mystery, Lord's Prayer

The Mysteries of the Rosary

The Joyful Mysteries
1. The Annunciation
2. The Visitation
3. The Nativity
4. The Presentation in the Temple
5. The Finding of the Child Jesus After Three Days in the Temple

The Luminous Mysteries
1. The Baptism at the Jordan
2. The Miracle at Cana
3. The Proclamation of the Kingdom and the Call to Conversion
4. The Transfiguration
5. The Institution of the Eucharist

The Sorrowful Mysteries
1. The Agony in the Garden
2. The Scourging at the Pillar
3. The Crowning with Thorns
4. The Carrying of the Cross
5. The Crucifixion and Death

The Glorious Mysteries
1. The Resurrection
2. The Ascension
3. The Descent of the Holy Spirit at Pentecost
4. The Assumption of Mary
5. The Crowning of the Blessed Virgin as Queen of Heaven and Earth.

BENDECIDOS

ESTRIBILLO

¡Ben-de-ci-dos, so-mos san-tos hi-jos de la luz!___

Ben-de-ci-dos, y_e-le-gi-dos por Dios.___

Ben-de-ci-dos, Dios nos quie-re_ha-cer cual Je-sús.___

¡Ben-de-ci-dos, so-mos los hi-jos de Dios!

ESTROFAS

Cantor: *Todos:*

1. Por el mun-do, por to-dos sus pue-blos: ¡So-mos lla-ma-dos
2. Por los po-bres, los man-sos y_hu-mil-des: ¡So-mos lla-ma-dos
3. Por los que su-fren y quie-ren ser li-bra-dos: ¡So-mos lla-ma-dos

Cantor:

pa-ra ser-vir!___ Que nos a-me-mos los u-nos a los o-tros;___
pa-ra ser-vir!___ Por los en-fer-mos, ham-brien-tos, y dé-bi-les:
pa-ra ser-vir!___ Ven-ga_a no-so-tros el Rei-no de los Cie-los:

Todos: *D.C.*

¡So-mos lla-ma-dos pa-ra ser-vir!_____
¡So-mos lla-ma-dos pa-ra ser-vir!_____
¡So-mos lla-ma-dos pa-ra ser-vir!_____

*Repita última vez

Texto: David Haas, trad. por Ronald F. Krisman
Música: David Haas
© 2003, GIA Publications, Inc.

BLEST ARE WE

REFRAIN

Blest are we, ho-ly chil-dren of light are we!

Blest are we, cho-sen peo-ple of God.

Blest are we, God has plans__ for you and me.

*Blest__ are we!__ We are the chil-dren of God!

VERSES

Cantor: ... *All:*

1. For our world, each sis-ter and broth-er: We__ are called,__
2. For the poor, the meek and the low-ly: We__ are called,__
3. For all those who yearn for__ free-dom: We__ are called,

Cantor:

called__ to serve!__ We are here to love one an-oth-er:
called__ to serve!__ For the weak, the sick and the hun-gry:
called__ to serve!__ For the world, to be God's__ king-dom:

All: ... *D.C.*

We__ are called,__ called__ to serve!__
We__ are called,__ called__ to serve!__
We__ are called,__ called__ to serve!__

*Last time, repeat final 4 bars.

Text: David Haas
Tune: David Haas
© 2003, GIA Publications, Inc.

Los sacramentos: Dones de vida de Dios

Jesucristo instituyó los siete sacramentos y los confió a la Iglesia. Cuando recibimos los sacramentos, nuestra alma se llena de la vida divina de Dios. Los sacramentos nos fortalecen para que crezcamos en fe y santidad y en el amor de Dios.

… pero la verdad y el don amoroso nos llegó por medio de Jesucristo.

Basado en Juan 1:17

En la ladera de una montaña cercana al mar de Galilea, Jesús enseñaba sobre crecer en santidad. La estatua de Jesús que sostiene con dulzura a un niño muestra que nos enseñó a vivir según sus propias acciones.

The Sacraments: God's Gifts of Life

Jesus Christ instituted the seven sacraments and entrusted them to the Church. When we receive the sacraments, our souls are filled with God's divine life. The sacraments strengthen us to grow in faith and holiness and love of God.

Grace and truth came through Jesus Christ.
John 1:17

On a mountainside near the Sea of Galilee, Jesus taught about growing in holiness. The statue of Jesus gently holding a child shows that he taught us how to live by his own actions.

De colores

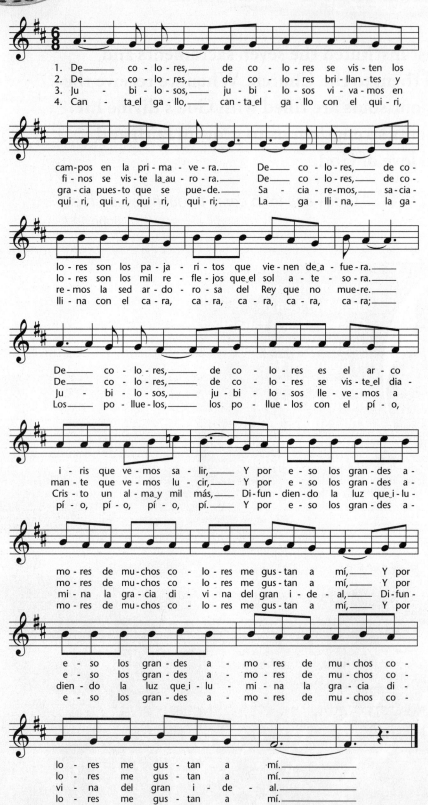

1. De colores, de colores se visten los
2. De colores, de colores brillantes y
3. Ju bi lo sos, ju bi lo sos vivamos en
4. Can ta el gallo, can ta el gallo con el quiri,

campos en la primavera. De colores, de co-
fi nos se viste la aurora. De colores, de co-
gra cia puesto que se puede. Sa ciaremos, sacia
qui ri, quiri, quiri, quiri; La gallina, la ga-

lores son los pajaritos que vienen de afuera.
lores son los mil reflejos que el sol atesora.
remos la sed ardorosa del Rey que no muere.
llina con el cara, cara, cara, cara, cara;

De colores, de colores es el arco
De colores, de colores se viste el dia
Ju bi lo sos, jubilosos llevemos a
Los polluelos, los polluelos con el pío,

i ris que vemos salir, Y por eso los grandes a-
man te que vemos lucir, Y por eso los grandes a-
Cris to un alma y mil más, Difundiendo la luz que ilu-
pí o, pío, pío, pí. Y por eso los grandes a-

mo res de muchos colores me gustan a mí, Y por
mo res de muchos colores me gustan a mí, Y por
mi na la gracia divina del gran ideal, Difun-
mo res de muchos colores me gustan a mí, Y por

e so los grandes a mores de muchos co-
e so los grandes a mores de muchos co-
dien do la luz que ilu mina la gracia di-
e so los grandes a mores de muchos co-

lo res me gustan a mí.
lo res me gustan a mí.
vi na del gran ideal.
lo res me gustan a mí.

Texto: Tradicional tr. por *The New Century Hymnal*, © 1995, Pilgrim Press
Música: Tradicional: arm. por Ronald F. Krisman, n. 1946, © 2005, GIA Publications, Inc.

Sing of Colors

1. Sing of colors, sing of colors that over the
2. Sing, rejoicing! Ev'ry creature that breathes, raise a

hills in profusion are springing. Sing of colors of the
song to the God of creation. Sing, rejoicing! Sing to

birds that fly outside my window, their canticles singing.
God who so earnestly cares, who has offered salvation.

Sing of colors, in the rainbow's bright colors God's
Sing the good news! Sing the love of the Savior re-

promise of hope we recall. Sing of colors that make up the
flecting the colors of all. Many colors that shine from God's

earth, and give thanks to the God who created us all. Sing of
face, many colors that tell us God's love to recall. Many

colors that make up the earth, and give thanks to the
colors that shine from God's face, many colors that

God who created us all.
tell us God's love to recall.

Text: Traditional tr. by *The New Century Hymnal*, © 1995, Pilgrim Press
Music: Traditional: harm. by Ronald F. Krisman, b. 1946, © 2005, GIA Publications, Inc.

1 La maravillosa creación de Dios

¿Hay acaso algo imposible para YAVÉ?

Génesis 18:14

Compartimos

Jenny, Matt y Chris recogían conchas marinas mientras caminaban por la playa con su abuelo. Jenny encontró una concha de mar plana que tenía un diseño de flor en cada uno de los lados. Se la pasó al abuelo y le preguntó: "¿Qué clase de concha marina es?". El abuelo volteó la concha marina en sus manos y dijo: "Es mi preferida. Se llama dólar de arena. El diseño de uno de los lados parece una flor de Nochebuena. El diseño del otro lado parece un lirio de Pascua". Jenny dijo: "Abuelo, quiero que tengas esta concha marina. Buscaré otra para mi colección".

Mientras seguían caminando, Matt encontró un alga marina larga. Chris miraba con asombro como varios cangrejos de arena se enterraban y se desenterraban. De repente, Jenny gritó: "¡Miren lo que encontré!". Jenny había encontrado una hermosa estrella de mar que había sido arrastrada hasta la playa.

Ahora, cada vez que Jenny mira la estrella de mar de su colección, recuerda ese divertido día de verano en el que buscaba conchas marinas con el abuelo, Matt y Chris.

Actividad

La ilustración de esta página muestra muchos ejemplos de la creación de Dios. Ordena cada grupo de letras y escribe qué parte de la creación revelan.

soñin _____

eboula _____

glaa _____

enara _____

sovagati _____

aconéo _____

1 God's Wonderful Creation

Is anything too marvelous for the LORD to do?

Genesis 18:14

Share

Jenny, Matt, and Chris picked up seashells as they walked along the beach with their grandfather. Jenny found a flat shell with a flower design on either side. She handed the shell to Grandpa and asked, "What kind of shell is this?" Grandpa turned the shell over in his hands and said, "This is my favorite shell. It's called a sand dollar. The design on one side of the shell looks like a Christmas poinsettia. The design on the other side looks like an Easter lily." Jenny said, "Grandpa, I want you to have this shell. I'll look for another one for my collection."

As they walked along, Matt found a long piece of seaweed. Chris watched in amazement as several sand crabs moved in and out of the sand. Suddenly, Jenny shouted, "Look what I found!" Jenny had found a beautiful starfish that had washed onto the beach.

Now whenever Jenny looks at the starfish in her collection, she remembers that fun summer day looking for shells with Grandpa, Matt, and Chris.

Activity

The illustration on this page shows many examples of God's creation. Unscramble each group of letters and write the part of creation the letters reveal.

dleihncr   _____

dfgnahtarer   _____

edaeswe   _____

nads   _____

lssagelu   _____

aceno   _____

✝ La Escritura El relato de la creación

En el libro del Génesis, el primer libro de la Biblia, leemos el relato de cómo Dios creó el mundo. En este relato, aprendemos que Dios es amoroso y el Creador de toda la vida.

En el principio, sólo había oscuridad. Entonces, Dios dijo: "¡Haya luz!". Y nuestro mundo se llenó de una luz dadora de vida.

Dios proclamó: "¡Haya cielo!". Y el siempre cambiante cielo se hizo nuestro. Entonces Dios hizo retroceder las aguas para que emergiera la tierra. La tierra dio plantas, árboles y semillas. Dios creó luces potentes en el cielo. El sol reinaría durante el día; la luna y las estrellas, durante la noche.

La abundancia de Dios nos dio criaturas para los mares y aves para el cielo. Entonces, Dios creó los animales terrestres. La tierra estaba repleta de vida. Por último, Dios creó a los humanos, hombre y mujer, a su imagen divina. Dios dijo a los primeros seres humanos que fueran y se multiplicaran. También les dijo que cuidaran de todos los animales y de los árboles y las plantas. Luego Dios miró todo lo que había creado y vio que era muy bueno.

Basado en Génesis 1:1–31

Hear & Believe

✝ Scripture The Story of Creation

In the Book of Genesis, the first book of the Bible, we read the story of how God created the world. In this story, we learn that God is all loving and the Creator of all life.

In the beginning there was only darkness. Then God said, "Let there be light!" And our world was filled with life-giving light.

God proclaimed, "Let there be sky!" And the ever-changing sky became ours. Then God pushed the waters back so that land emerged. The earth brought forth plants, trees, and seeds. God created mighty lights in the sky. The sun would reign in the day, the moon and the stars at night.

God's abundance gave us creatures for the seas and birds for the sky. God then called forth the land animals. The earth was teeming with life. Lastly, God created human beings, male and female, in his divine image. God told the first human beings to go forth and multiply. He also told them to care for all the animals and the trees and plants. Then God looked at all he had made, and he found it very good.

Based on Genesis 1:1–31

Los dones de la creación de Dios

Dios es todo poder y todo bondad. Podemos saberlo pensando en cómo Dios creó el mundo con toda su belleza y sus maravillas. La **creación** es todo lo que existe, creado del amor de Dios.

Los seres humanos son la parte más especial de la creación de Dios. Dios creó sólo a los seres humanos a su imagen divina. Nos creó para que lo conozcamos, lo amemos y lo sirvamos. Todo ser humano es precioso para Dios y recibe su amor. Por lo tanto, debemos tratar a todas las personas con dignidad y respeto, recordando que cada persona es una creación única y especial de Dios.

Dios invita a los seres humanos a ser los **administradores**, o cuidadores, de la creación. Al cuidar la creación, demostramos a Dios nuestro amor por Él y nuestro agradecimiento por todos los maravillosos dones de la creación.

Nuestra Iglesia nos enseña

Dios Padre crea toda la vida y la mantiene viva a través de su Hijo, Jesús y del Espíritu Santo. Toda la creación es obra de la **Santísima Trinidad**.

La Santísima Trinidad es el misterio de un solo Dios en tres Personas divinas. Hay sólo un Dios, pero tres Personas distintas. Dios Padre es nuestro Creador, Dios Hijo es nuestro Salvador y Dios Espíritu Santo es nuestro Ayudante.

Creemos

Dios da vida a la creación. Toda la creación es un signo del amor de Dios.

Palabras de fe

creación
La creación es todo lo que existe, creado del amor de Dios.

administrador
Un administrador es un cuidador. Dios hizo a los seres humanos los cuidadores de sus dones de la creación.

Santísima Trinidad
La Santísima Trinidad es el misterio de un solo Dios en tres Personas divinas. Las tres Personas divinas son Dios Padre, Dios Hijo y Dios Espíritu Santo.

30

God's Gifts of Creation

God is all powerful and all good. We can know this by thinking about how God created the world with all its beauty and wonders. **Creation** is everything that exists, created from God's love.

Human beings are the most special part of God's creation. God created only human beings in his divine image. He created us to know, love, and serve him. Every human being is precious to God and is loved by him. Therefore, we should treat all people with dignity and respect, remembering that each person is a unique and special creation of God.

God invites human beings to be the **stewards**, or caretakers, of creation. In caring for creation, we show God our love for him and our thanks for all his wonderful gifts of creation.

Our Church Teaches

God the Father creates all life and keeps it in existence through his Son, Jesus, and the Holy Spirit. All of creation is the work of the **Blessed Trinity**.

The Blessed Trinity is the mystery of one God in three divine Persons. There is only one God but three distinct Persons. God the Father is our Creator, God the Son is our Savior, and God the Holy Spirit is our Helper.

Faith Words

creation
Creation is everything that exists, created from God's love.

steward
A steward is a caretaker. God made human beings the caretakers of his gifts of creation.

Blessed Trinity
The Blessed Trinity is the mystery of one God in three divine Persons. The three divine Persons are God the Father, God the Son, and God the Holy Spirit.

Santo Damián de Molokai

El Padre Damián nació en Bélgica, un pequeño país entre Holanda y Francia. De joven, ingresó en el sacerdocio. Mientras estudiaba en un seminario de París, se ofreció como voluntario para ser misionero en las islas hawaianas.

Pocos años después de que el Padre Damián llegara a Hawái, las islas sufrieron una epidemia de lepra. La lepra es una enfermedad bacteriana que causa llagas y sus víctimas padecen grandes desfiguraciones. Durante el siglo XIX, fue una de las enfermedades más temidas. Los funcionarios gubernamentales se encargaron de la epidemia llevándose a las personas que habían contraído la enfermedad y dejándolas en la isla de Molokai.

Pronto, vivían en Molokai alrededor de 600 leprosos. Nadie quería ir a la colonia de leprosos por miedo a contagiarse. Sin embargo, el Padre Damián no tuvo miedo. Le pidió permiso a su obispo para ir a Molokai y cuidar a los leprosos. El obispo no quería enviar al Padre Damián, que era un sacerdote joven. No quería que el Padre Damián se contagiara de la enfermedad. Pero los leprosos necesitaban un sacerdote, así que el obispo les envió al Padre Damián.

Cuando el Padre Damián llegó a Molokai, encontró a los leprosos viviendo en condiciones espantosas. Estaban enfermos, asustados y tristes teniendo que vivir lejos de sus familias. Creían que su vida no tenía valor.

El Padre Damián llevó esperanza a los leprosos. Les recordó que Dios los amaba y que estaba con ellos. El Padre Damián limpiaba y vendaba las heridas de los leprosos. Construyó una iglesia, una escuela y casas para ellos. Incluso inició un coro, para que el espíritu de los leprosos se elevara cantando hermosas melodías a Dios. El Padre Damián mostró a los leprosos que Dios nunca olvida a sus hijos y que está más cerca de ellos cuando están sufriendo.

Respond

Saint Damien of Molokai

Father Damien was born in Belgium, a small country between Holland and France. As a young a man, he entered the priesthood. While studying at a seminary in Paris, he volunteered to be a missionary to the Hawaiian Islands.

A few years after Father Damien arrived in Hawaii, the islands experienced a leprosy epidemic. Leprosy is a bacterial disease that causes open sores and severely disfigures its victims. During the 1800s, it was one of the most feared diseases. Government officials dealt with the epidemic by taking the people who contracted the disease and leaving them on the island of Molokai.

Soon there were about 600 lepers living on Molokai. No one would go into the leper colony for fear of catching the disease. Father Damien, however, was not afraid. He asked permission from his bishop to go Molokai and care for the lepers. The bishop did not want to send Father Damien, who was a young priest. He did not want Father Damien to contract the disease. But the lepers needed a priest, so the bishop sent Father Damien to them.

When Father Damien arrived in Molokai, he found the lepers living in wretched conditions. They were ill and frightened and sad having to live away from their families. They thought their lives had no value.

Father Damien brought hope to the lepers. He reminded them that God loved them and was with them. Father Damien cleaned and bandaged the wounds of the lepers. He built a church, a school, and houses for them. He even began a choir, so that the lepers' spirits would be uplifted by singing beautiful music to God. Father Damien showed the lepers that God never forgets his children and that he is closest to them when they are suffering.

Después de varios años, el Padre Damián se contagió de la temida enfermedad. Pero siguió trabajando. Confiaba en que Dios estaba cuidando de él. Después de quince años de trabajo con los leprosos, el Padre Damián murió. Para esa época, otros misioneros habían llegado a Molokai para ayudar al Padre Damián y para llevar adelante su obra.

El 4 de junio de 1995, el Papa Juan Pablo II beatificó al Padre Damián. Esto significa que la Iglesia le ha dado al Padre Damián el título de "beato" porque vivió una vida tan buena y santa. Esperamos que, algún día, la Iglesia declare santo al Beato Damián. Celebramos su día el 10 de mayo.

Actividad

El Beato Damián dijo sí al llamado de Dios para ser sacerdote misionero para los leprosos de Molokai. Piensa en las cualidades que una persona necesitaría para ser misionera. Un misionero es alguien que, generalmente, deja su hogar para ir a un lugar lejano donde, con frecuencia, las personas sufren y tienen grandes necesidades. En el siguiente mapamundi, escribe en las casillas algunas de las cualidades que crees que una persona debería tener para ser misionera.

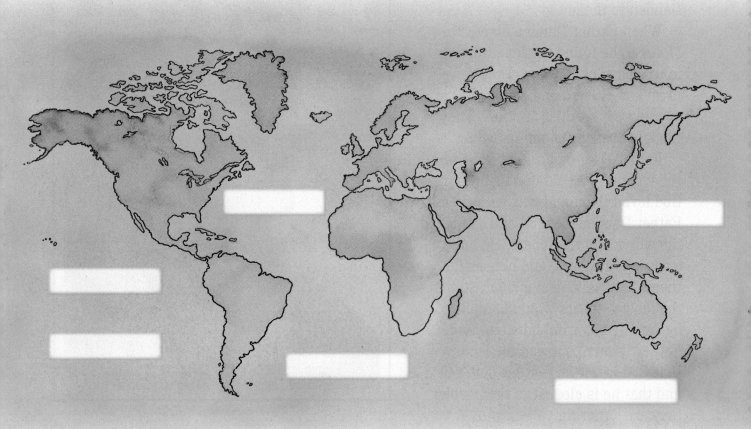

After several years, Father Damien contracted the dreaded disease. But he continued working. He trusted that God was taking care of him. After fifteen years of working with the lepers, Father Damien died. By this time, other missionaries had come to Molokai to help Father Damien and to carry on his work.

On June 4, 1995, Pope John Paul II beatified Father Damien. This means that the Church has given Father Damien the title "Blessed" because he lived such a good and holy life. We hope that some day the Church will declare Blessed Damien a saint. We celebrate his feast day on May 10.

Activity

Blessed Damien said yes to God's call to be a missionary priest to the lepers of Molokai. Think about the qualities a person would need to be a missionary. A missionary is someone who usually leaves his or her home to go to a faraway place where the people are often suffering and in great need. On the world below, write in the boxes some of the qualities you think a person would need to be a missionary.

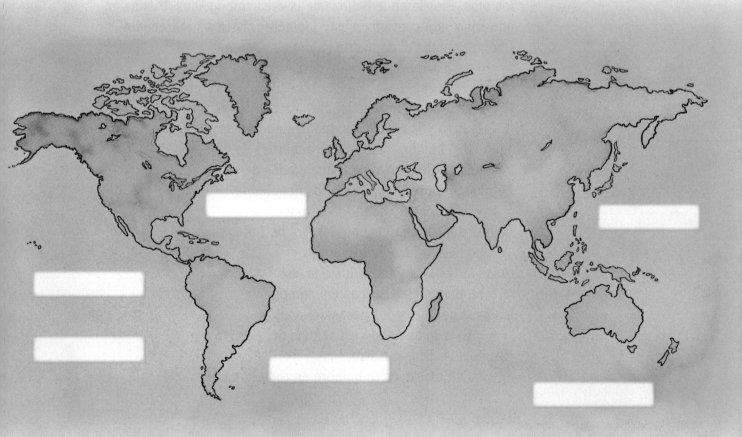

 ## Celebración de la oración

Oración de meditación

La Sagrada Escritura nos dice que, a menudo, Jesús iba a lugares tranquilos para rezar. Tú también puedes crear un lugar tranquilo donde meditar, o rezar. Siéntate cómodamente y cierra los ojos. Piensa en la belleza de la creación de Dios. Piensa en que Dios está contigo en este momento. Está a tu alrededor. Luego escucha el siguiente salmo.

Lector:

Cuando contemplo tu cielo, obra de tus dedos,
    la luna y las estrellas que has puesto en su lugar,
¿qué es el hombre para que te acuerdes de él,
    un simple mortal para que cuides de él?
Lo hiciste un poco inferior a los ángeles,
    y lo coronaste de gloria y honor.
Le has dado dominio sobre la obra de tus manos,
    poniendo todo bajo sus pies:
todas las ovejas y todos los bueyes,
    sí, incluso las bestias del campo,
las aves del aire y los peces del mar,
    y todo lo que nada las sendas de los mares.
¡Oh, Señor, Dios nuestro,
    qué glorioso es tu nombre en toda la tierra!

Basado en el Salmo 8:4–10

 # Prayer Celebration

A Meditation Prayer

Scripture tells us that Jesus often went to quiet places to pray. You too can create a quiet place in which to meditate, or pray. Sit comfortably and close your eyes. Think about the beauty of God's creation. Think about the fact that God is with you right now. He is all around you. Then listen to the following psalm.

Reader:

When I behold your heavens, the work of your fingers,
    the moon and the stars which you set in place—
What is man that you should be mindful of him,
    a mere mortal that you should care for him?
You have made him little less than the angels,
    and crowned him with glory and honor.
You have given him rule over the works of your hands,
    putting all things under his feet:
All sheep and oxen,
    yes, even the beasts of the field,
The birds of the air, the fish of the sea,
    and whatever swims the paths of the seas.
O Lord, our Lord,
    how glorious is your name over all the earth!

Based on Psalm 8:4–10

La fe en acción

Ministerio de Respeto a la Vida   Desde 1972, cada año, los católicos de los Estados Unidos han celebrado el mes del Respeto a la Vida durante octubre. Durante todo este mes, reflexionamos sobre el respeto por la vida que nuestra Iglesia nos enseña. Proclamamos que toda vida humana es un don de Dios y que es sagrada. Defendemos especialmente a los niños no nacidos, a las personas con discapacidades y a los ancianos.

En la vida diaria

Actividad   Como aprendiste en el Capítulo 1, todas las personas han sido creadas a la imagen divina de Dios. Por esa razón, se debe tratar con respeto a todas las personas. Escribe algo que puedas hacer para mostrar respeto por las siguientes personas de tu vida.

1. tu mamá o tu papá

_____

_____

2. un compañero

_____

3. un vecino

_____

_____

4. un niño más pequeño

_____

En tu parroquia

Actividad   Cada año, el 24 de enero, muchos católicos de todo el país van a Washington, D. C., para participar en la Marcha por la Vida. Lo hacen para demostrar que se oponen al mal del aborto y para mostrar que Dios ama a todas las personas, especialmente los niños no nacidos, porque son los más inocentes y vulnerables de todos nosotros. Imagina que vas a asistir a la Marcha por la Vida de este año. ¡Diseña un cartel que muestre que defiendes la vida!

Faith in Action

Respect Life Ministry   Since 1972, Catholics in the United States have celebrated Respect Life Month each year during October. Throughout October, we reflect on the respect for life that our Church teaches. We proclaim that all human life is a gift from God and is sacred. We especially defend unborn children, people with disabilities, and the elderly.

In Everyday Life

Activity   As you learned in Chapter 1, every person has been created in God's divine image. This is why every person must be treated with respect. Write one thing that you can do to show respect for the following people in your life.

1. your mom or dad

_____

_____

2. a classmate

_____

_____

3. a neighbor

_____

_____

4. a younger child

_____

_____

In Your Parish

Activity   Each year on January 24, many Catholics from around the country go to Washington, D.C., to participate in the March for Life. They do this to show that they stand up against the evil of abortion and to show that God loves all people, especially unborn children because they are the most innocent and vulnerable among us. Imagine that you will attend the March for Life this year. Design a banner that shows that you stand up for life!

2 Los siete sacramentos

*. . . al cumplirse la plenitud de los tiempos,
nos enviaste como salvador a tu único Hijo.*

Plegaria Eucarística IV

Compartimos

Celebramos nuestra vida con Dios cuando asistimos a la Misa dominical
con nuestra familia y la comunidad de nuestra parroquia.

Actividad

Un niño que no es católico está visitándote a ti y a tu familia.
A él le gustaría aprender la fe católica. El domingo tú y tu
nuevo amigo van a Misa. Al lado de cada fotografía, describe
de qué manera esa experiencia demuestra que eres
miembro de la Iglesia Católica.

_____

_____

_____

_____

_____

_____

_____

_____

2 The Seven Sacraments

... that in the fullness of time you sent
your Only Begotten Son to be our Savior.

Eucharistic Prayer IV

Share

We celebrate our life with God when we attend Sunday
Mass with our family and parish community.

Activity

A child who is not Catholic is visiting you and your family.
He would like to learn about the Catholic faith. On Sunday,
you and your new friend go to Mass. Next to each picture,
describe how the experience shown demonstrates that you
are a member of the Catholic Church.

_____

_____

_____

_____

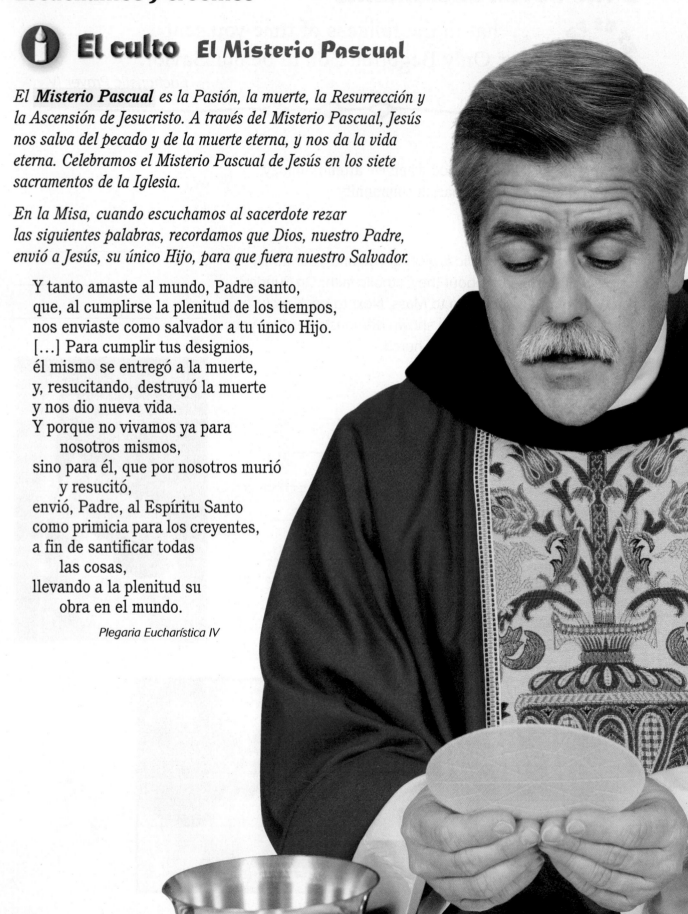

🕯️ El culto El Misterio Pascual

*El **Misterio Pascual** es la Pasión, la muerte, la Resurrección y la Ascensión de Jesucristo. A través del Misterio Pascual, Jesús nos salva del pecado y de la muerte eterna, y nos da la vida eterna. Celebramos el Misterio Pascual de Jesús en los siete sacramentos de la Iglesia.*

En la Misa, cuando escuchamos al sacerdote rezar las siguientes palabras, recordamos que Dios, nuestro Padre, envió a Jesús, su único Hijo, para que fuera nuestro Salvador.

Y tanto amaste al mundo, Padre santo,
que, al cumplirse la plenitud de los tiempos,
nos enviaste como salvador a tu único Hijo.
[…] Para cumplir tus designios,
él mismo se entregó a la muerte,
y, resucitando, destruyó la muerte
y nos dio nueva vida.
Y porque no vivamos ya para
    nosotros mismos,
sino para él, que por nosotros murió
    y resucitó,
envió, Padre, al Espíritu Santo
como primicia para los creyentes,
a fin de santificar todas
    las cosas,
llevando a la plenitud su
    obra en el mundo.

Plegaria Eucharística IV

Worship The Paschal Mystery

The **Paschal Mystery** is the suffering, death, Resurrection, and Ascension of Jesus Christ. Through the Paschal Mystery, Jesus saves us from sin and eternal death and gives us eternal life. We celebrate Jesus' Paschal Mystery in the seven sacraments of the Church.

At Mass, when we hear the priest pray the following words, we are reminded that God our Father sent his only Son, Jesus, into the world to be our Savior.

And you so loved the world, Father most holy,
that in the fullness of time you sent
your Only Begotten Son to be our Savior. . . .

To accomplish your plan,
he gave himself up to death,
and, rising from the dead,
he destroyed death and restored life.

And that we might live no longer for ourselves
but for him who died and rose for us,
he sent the Holy Spirit from you, Father,
as his first fruits to those who believe,
so that, bringing to perfection
    his work in the world,
he might sanctify creation to the full.

Eucharistic Prayer IV

Los sacramentos y la gracia

Estamos unidos al Misterio Pascual de Jesús cuando participamos en la celebración de los siete sacramentos. Los siete sacramentos son el Bautismo, la Confirmación, la Eucaristía, la Reconciliación, la Unción de los Enfermos, el Matrimonio y el Orden Sagrado. Los sacramentos son las celebraciones más importantes de la Iglesia.

Jesús nos dio los sacramentos para que pudiéramos participar de la vida de Dios. Los **sacramentos** son signos sagrados que Cristo dio a la Iglesia mediante los cuales recibimos la **gracia santificante**. La gracia santificante es el don que Dios libremente nos da de su vida. Nos libera del pecado y nos ayuda a vivir una vida santa. La gracia santificante nos ayuda también a que la fe crezca en nosotros, y a que confiemos en el amor y la bondad de Dios.

Nuestra Iglesia nos enseña

Mediante los sacramentos, nos unimos a las acciones salvadoras de Jesucristo en el Misterio Pascual. La gracia de los sacramentos nos llena de la vida de Dios y nos ayuda a vivir como discípulos de Jesús.

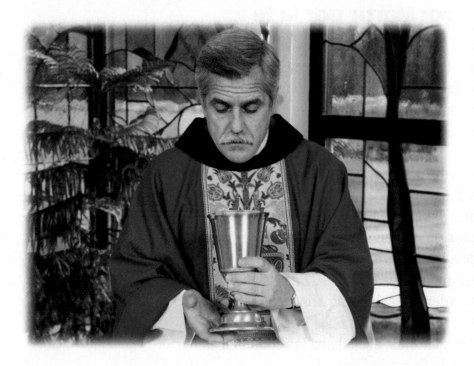

The Sacraments and Grace

We are united to Jesus' Paschal Mystery when we participate in the celebration of the seven sacraments. The seven sacraments are Baptism, Confirmation, Eucharist, Reconciliation, Anointing of the Sick, Matrimony, and Holy Orders. The sacraments are the most important celebrations of the Church.

Jesus gave us the sacraments so that we could share in God's life. The **sacraments** are sacred signs given to the Church by Christ through which we receive **sanctifying grace**. Sanctifying grace is God's free gift of his life. It frees us from sin and helps us to live holy lives. Sanctifying grace also helps us to grow in faith and to trust in God's love and goodness.

Our Church Teaches

Through the sacraments, we are united with the saving actions of Jesus Christ in the Paschal Mystery. The grace of the sacraments fills us with God's life and helps us to live as Jesus' disciples.

Respondemos

El Beato Miguel Pro: Mártir por la fe

Miguel Pro nació en México en 1891. Su padre era un ingeniero que trabajaba en las minas. Su madre era ama de casa. En la familia de Miguel eran católicos devotos. Cuando Miguel creció, ingresó en la orden de los Jesuitas para hacerse sacerdote. En esa época, el gobierno de México perseguía a la Iglesia Católica. Por eso Miguel se fue a los Estados Unidos y a Europa a terminar su formación. Se ordenó como sacerdote en 1925.

El Padre Pro regresó a México para ayudar a su pueblo. La fe católica estaba prohibida, así que el Padre Pro celebraba los sacramentos y ayudaba a los pobres en secreto. Para no ser arrestado, eludía a la policía y se disfrazaba. A veces se vestía como un mendigo y aparentaba que pedía limosna afuera de alguna casa. Pero, una vez adentro, celebraba Misa o bautizaba un bebé en secreto. ¡Hasta visitaba las prisiones fingiendo ser policía! Cuando pasaba a los guardias, escuchaba las confesiones de los prisioneros y les daba la Sagrada Comunión.

Después de dos años, lo arrestaron. Lo culparon de tratar de matar al futuro presidente de México. El Padre Pro era totalmente inocente, pero el gobierno quería deshacerse de él. En 1927 lo mató un pelotón de fusilamiento. Le ofrecieron vendarle los ojos, pero él no lo quiso. Puso los brazos en forma de cruz y perdonó a sus verdugos. Sus últimas palabras fueron: "¡Viva Cristo Rey!".

Al funeral del Padre Pro asistieron miles de personas a pesar de que estaba prohibido. Más de 500 automóviles fueron en procesión al cementerio. Incluso sucedió un milagro. Una mujer que era ciega recobró la vista. Al Padre Pro lo beatificaron en 1998. Su día es el 23 de noviembre.

Respond

Blessed Miguel Pro: Martyr for the Faith

Miguel Pro was born in Mexico in 1891. His father was an engineer who worked in the mines. His mother was a homemaker. Miguel's family were devout Catholics. When he grew up, Miguel entered the Jesuit order to become a priest. During this time, the government of Mexico was persecuting the Catholic Church. So Miguel went to the United States and Europe to finish his education. He was ordained to the priesthood in 1925.

Father Pro returned to Mexico to help his people. The Catholic faith had been outlawed, so Father Pro secretly celebrated the sacraments and helped the poor. He avoided the police and used disguises so that he would not be arrested. Sometimes he would dress like a beggar and pretend to beg for alms outside someone's home. But once inside he would celebrate a secret Mass or baptize a baby. He even visited prisons by pretending to be a policeman! Once he was past the guards, Father Pro would hear the prisoners' confessions and give them Holy Communion.

After two years, Father Pro was arrested. He was charged with trying to kill the future president of Mexico. He was completely innocent, but the government wanted to get rid of him. In 1927, he was killed by a firing squad. Father Pro was offered a blindfold, but he turned it down. He held out his arms in the form of a cross and forgave his executioners. His last words were "Viva Cristo Rey!" In English, this means "Long live Christ the King!"

Thousands of people went to Father Pro's funeral even though they were forbidden to do so. More than 500 cars were in the procession to the cemetery. A miracle even occurred. A woman who had been blind regained her sight. Father Miguel Pro was beatified in 1998. His feast day is November 23.

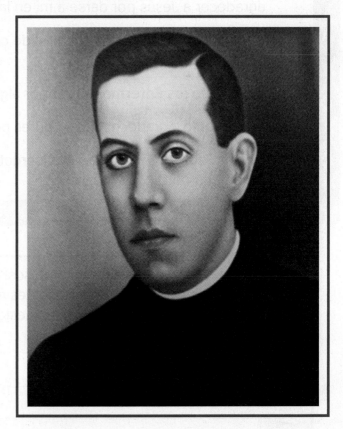

Actividades

1. A lo largo de la historia, muchos sacerdotes han padecido grandes dificultades y hasta el martirio por llevar los sacramentos a las personas católicas. El Padre Pro arriesgó la vida por llevar los sacramentos a los católicos de México.

   ¿Por qué son tan importantes los sacramentos?

   _____

   _____

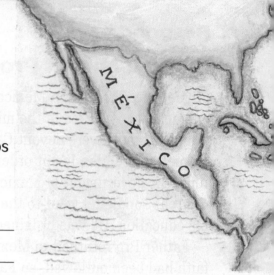

2. A continuación hay algunas maneras en que podemos mostrar a Dios nuestro respeto y agradecimiento por darnos los siete sacramentos. Marca dos que harás esta semana.

   ☐ **Bautismo** Bendecirme con agua bendita para recordar mi Bautismo.

   ☐ **Confirmación** Rezar una oración al Espíritu Santo para pedirle ayuda y guía.

   ☐ **Eucaristía** Después de recibir la Sagrada Comunión, rezar una oración para agradecer a Jesús por darse a mí en la Eucaristía.

   ☐ **Reconciliación** Hacer un examen de conciencia como parte de mis oraciones de la noche.

   ☐ **Unción de los Enfermos** Rezar por alguien que esté enfermo o que sea anciano.

   ☐ **Matrimonio** Agradecer a mis padres por haberme tenido y por amarme.

   ☐ **Orden Sagrado** Agradecer al sacerdote de mi parroquia por haber respondido al llamado de Dios al sacerdocio.

3. ¡Los siete sacramentos son maravillosos! ¡A través de los sacramentos, recibimos la propia vida de Dios! En los siguientes renglones, escribe una oración para agradecer a Dios por habernos dado estos asombrosos dones de gracia.

   _____

   _____

   _____

Activities

1. Throughout history, many priests have undergone great hardship and even martyrdom to bring the sacraments to the Catholic people. Father Pro risked his life to bring the sacraments to the Catholic people of Mexico.

   Why are the sacraments so important?

   _____

   _____

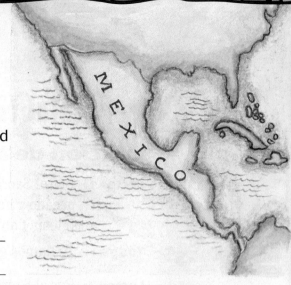

2. Below are some ways that we can show God our respect and thanks for giving us the seven sacraments. Check two that you will do this week.

   ☐ **Baptism** Bless myself with holy water to remember my Baptism.

   ☐ **Confirmation** Pray a prayer to the Holy Spirit asking for his help and guidance.

   ☐ **Eucharist** After receiving Holy Communion, pray a prayer thanking Jesus for giving himself to me in the Eucharist.

   ☐ **Reconciliation** Examine my conscience as part of my nighttime prayers.

   ☐ **Anointing of the Sick** Pray for someone who is sick or elderly.

   ☐ **Marriage** Thank my parents for having me and loving me.

   ☐ **Holy Orders** Thank my parish priest for answering God's call to the priesthood.

3. The seven sacraments are awesome! Through the sacraments, we receive God's own life! On the lines below, write a prayer thanking God for giving us these amazing gifts of grace.

   _____

   _____

   _____

✝ Celebración de la oración

Oración de acción de gracias

Lector 1: Por el Sacramento del Bautismo, que nos libera del pecado y nos hace hijos de Dios y miembros de la Iglesia Católica.

Todos: Te damos gracias, Señor.

Lector 2: Por el Sacramento de Confirmación, mediante el cual el Espíritu Santo nos fortalece para que defendamos la fe católica y seamos verdaderos testigos de Jesucristo.

Todos: Te damos gracias, Señor.

Lector 3: Por el Sacramento de la Eucaristía, el sacramento más importante, que nos alimenta con el Santísimo Cuerpo y la Sangre de Cristo.

Todos: Te damos gracias, Señor.

Lector 4: Por el Sacramento de la Reconciliación, mediante el cual recibimos el amor y el perdón de Dios, y volvemos a unirnos con Dios y con la Iglesia.

Todos: Te damos gracias, Señor.

Lector 5: Por el Sacramento de la Unción de los Enfermos, que fortalece y anima a los enfermos sanándoles el alma y el cuerpo.

Todos: Te damos gracias, Señor.

Lector 6: Por el Sacramento del Matrimonio, mediante el cual un hombre y una mujer reciben la gracia de amarse uno al otro como Jesús ama a la Iglesia.

Todos: Te damos gracias, Señor.

Lector 7: Por el Sacramento del Orden Sagrado, mediante el cual los hombres a los que Dios llama a ser sacerdotes y diáconos sirven a la Iglesia con dedicación y santidad.

Todos: Te damos gracias, Señor.

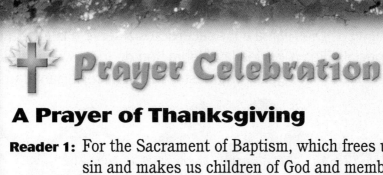

Prayer Celebration

A Prayer of Thanksgiving

Reader 1: For the Sacrament of Baptism, which frees us from sin and makes us children of God and members of the Catholic Church.

All: We thank you, Lord.

Reader 2: For the Sacrament of Confirmation, through which we are strengthened by the Holy Spirit to defend our Catholic faith and be true witnesses of Jesus Christ.

All: We thank you, Lord.

Reader 3: For the Sacrament of the Eucharist, the greatest of the sacraments, which nourishes us with the Most Holy Body and Blood of Christ.

All: We thank you, Lord.

Reader 4: For the Sacrament of Reconciliation, through which we receive God's love and forgiveness and are reunited with God and the Church.

All: We thank you, Lord.

Reader 5: For the Sacrament of Anointing of the Sick, which strengthens and encourages the sick, bringing healing to their souls and bodies.

All: We thank you, Lord.

Reader 6: For the Sacrament of Matrimony, through which a man and a woman are given the grace to love each other as Jesus loves the Church.

All: We thank you, Lord.

Reader 7: For the Sacrament of Holy Orders, through which men who are called by God to become priests and deacons serve the Church with care and holiness.

All: We thank you, Lord.

La fe en acción

Sacerdotes parroquiales   Dios llama a los sacerdotes a servir a la Iglesia de una manera muy especial. Ellos presiden la celebración de los sacramentos, predican la Palabra de Dios y nos guían en nuestra senda hacia la santidad.

En la vida diaria

Actividad   El trabajo más importante que hace un sacerdote es celebrar los sacramentos. Como aprendiste en el Capítulo 2, es sólo a través de los sacramentos que recibimos la gracia santificadora, la propia vida de Dios, en el alma. Piensa en cómo te ayuda la gracia de Dios a crecer en santidad y a hacer lo correcto. A continuación, da un ejemplo de cómo te ayudó la gracia de Dios en cada uno de los siguientes lugares.

en casa: _no ser enejon_

en la iglesia: _pon attencion_

en la escuela: _ser nice_

En tu parroquia

Actividad   Crea una tarjeta de agradecimiento al sacerdote de tu parroquia. Dale las gracias por haber respondido al llamado del sacerdocio, por celebrar los sacramentos y por todas las otras obras buenas que hace en tu parroquia.

Gracias

Faith in Action

Parish Priests   Priests are called by God to serve the Church in a very special way. They preside over the celebration of the sacraments, they preach the Word of God, and they guide us on our path to holiness.

In Everyday Life

Activity   The most important work that a priest does is celebrate the sacraments. As you learned in Chapter 2, it is only through the sacraments that we receive sanctifying grace, God's own life, into our souls. Think about how God's grace helps you to grow in holiness and to do the right thing. Below, give one example of how God's grace helped you in each of the following places.

at home: _____

at church: _____

at school: _____

In Your Parish

Activity   Create a thank-you card for your parish priest. Thank him for answering the call to the priesthood, for celebrating the sacraments, and for all the other good work he does in your parish.

Thank You

3 Vivir las Bienaventuranzas

Que cada uno ponga sus dones al servicio de los demás.

Basado en 1.ª Pedro 4:10

Compartimos

A través de nuestras palabras y nuestras acciones, mostramos al mundo que somos seguidores de Jesucristo. Cuando usamos los dones y los talentos que Dios nos ha dado para el bien de los demás, ayudamos a fortalecer la Iglesia, el Pueblo de Dios.

Actividad

A continuación hay fotografías de algunas maneras en que podemos fortalecer la Iglesia. Escribe un don o un talento que haga falta para servir en cada ministerio fotografiado.

_____

_____

_____

_____

_____

_____

_____

_____

3 Living the Beatitudes

Put your gifts at the service of one another.

Based on 1 Peter 4:10

Share

Through our words and actions, we show the world that we are followers of Jesus Christ. When we use our God-given gifts and talents for the good of others, we help to build up the Church, the People of God.

Activity

Pictured below are some ways we can build up the Church. Write a gift or talent that is needed to serve in each ministry pictured.

_____▶

_____

_____

_____

▼

▲ _____

_____

_____ ▶

_____

_____ ▼

Escuchamos y creemos

✝️ La Escritura Las Bienaventuranzas

*Jesús llamó a sus primeros discípulos y empezó a viajar de una ciudad a otra predicando y curando a los enfermos. Un día se reunió una gran multitud para escucharlo predicar. Entonces Jesús subió a la ladera de un monte que daba al mar de Galilea. Cuando llegó a la cima, empezó a enseñar las **Bienaventuranzas** a las personas. Las Bienaventuranzas son las enseñanzas de Jesús sobre cómo vivir como sus discípulos y cómo encontrar la verdadera felicidad.*

"Felices los que tienen el espíritu del pobre,
porque de ellos es el Reino de los Cielos.
Felices los que lloran,
    porque recibirán consuelo.
Felices los pacientes,
    porque recibirán la tierra en herencia.
Felices los que tienen hambre y sed de justicia,
    porque serán saciados.
Felices los compasivos,
    porque obtendrán misericordia.
Felices los de corazón limpio,
    porque verán a Dios.
Felices los que trabajan por la paz,
    porque serán reconocidos como hijos de Dios.
Felices los que son perseguidos por causa del bien,
    porque de ellos es el Reino de los Cielos."

Mateo 5:3–10

VEA la página 388 para aprender más acerca de las Bienaventuranzas.

Hear & Believe

✝ Scripture The Beatitudes

*Jesus called his first disciples and began traveling from town
to town, preaching and healing the sick. One day, a large
crowd gathered to hear him preach. So Jesus climbed a hillside
overlooking the Sea of Galilee. When he reached the top, he began
teaching the people the* **Beatitudes**. *The Beatitudes are Jesus'
teaching about how to live as his disciples and find true happiness.*

"Blessed are the poor in spirit,
    for theirs is the kingdom of heaven.
Blessed are they who mourn,
    for they will be comforted.
Blessed are the meek,
    for they will inherit the land.
Blessed are they who hunger and thirst
      for righteousness,
    for they will be satisfied.
Blessed are the merciful,
    for they will be shown mercy.
Blessed are the clean of heart,
    for they will see God.
Blessed are the peacemakers,
    for they will be called children of God.
Blessed are they who are persecuted for
      the sake of righteousness,
    for theirs is the kingdom of heaven."

Matthew 5:3–10

GO TO page 389 to learn more about the Beatitudes.

Las Bienaventuranzas nos muestran el camino

Las Bienaventuranzas son parte de un famoso sermón que pronunció Jesús, llamado Sermón de la Montaña. Cada bienaventuranza empieza con la palabra *felices*, que significa "dichosos". En las Bienaventuranzas, Jesús describe la felicidad que llegará a todas las personas que vivan como vivió Él.

La gracia que recibimos en los sacramentos nos ayuda a vivir las Bienaventuranzas. Cuando vivimos las Bienaventuranzas, mostramos al mundo cómo será el **Reino de Dios**. El Reino de Dios es la promesa de Dios de justicia, paz y felicidad para todo su pueblo.

Jesús dio inicio al Reino de Dios, que también se llama Reino de los Cielos, cuando fundó la Iglesia. La Iglesia es el comienzo del Reino. El Reino de Dios estará completo al final de los tiempos cuando Jesús vuelva a venir.

Dios quiere que cada uno de nosotros trate de vivir las Bienaventuranzas. Quiere que mostremos misericordia a los demás, que defendamos lo que es justo y que trabajemos por la paz. A veces, lo que Dios nos pide difiere de los valores del mundo. Debemos seguir siempre a Jesús y a los valores del Reino, no a los valores del mundo.

Nuestra Iglesia nos enseña

La verdadera felicidad viene solamente de Dios. Las Bienaventuranzas nos muestran la senda hacia la santidad y nos enseñan a vivir de acuerdo con la Ley de Dios. Nos ayudan a amar a Dios por sobre todas las cosas.

Creemos

Las Bienaventuranzas nos muestran la forma en que vivió Jesús. Nos enseñan que la verdadera felicidad nos llega si confiamos en Jesús y seguimos su ejemplo.

Palabras de fe

Bienaventuranzas
Las Bienaventuranzas son las enseñanzas de Jesús acerca de cómo vivir y encontrar la verdadera felicidad en el Reino de Dios.

Reino de Dios
El Reino de Dios es la promesa de Dios de justicia, paz y felicidad que todo su pueblo compartirá al final de los tiempos.

The Beatitudes Show Us the Way

The Beatitudes are part of a famous sermon that Jesus preached called the Sermon on the Mount. Each beatitude begins with the word *blessed*, which means "happy." In the Beatitudes, Jesus describes the happiness that will come to every person who lives as he did.

The grace we receive in the sacraments helps us to live the Beatitudes. When we live the Beatitudes, we show the world what the **Kingdom of God** will be like. The Kingdom of God is God's promise of justice, peace, and joy for all his people.

Jesus began the Kingdom of God, which is also called the Kingdom of Heaven, by establishing the Church. The Church is the beginning of the Kingdom. The Kingdom of God will become complete at the end of time when Jesus comes again.

God wants each of us to try to live the Beatitudes. He wants us to show mercy to others, to stand up for what is right, and to be peacemakers. Sometimes, what God asks of us differs from the values of the world. We should always follow Jesus and the values of the Kingdom and not the values of the world.

Our Church Teaches

True happiness comes only from God. The Beatitudes show us the path to holiness and how to live according to God's Law. They help us to love God above all else.

We Believe

The Beatitudes show us the way that Jesus lived. They teach us that real happiness comes to us if we trust in Jesus and follow his example.

Faith Words

Beatitudes
The Beatitudes are Jesus' teachings about how to live and find real happiness in God's Kingdom.

Kingdom of God
The Kingdom of God is God's promise of justice, peace, and joy that all his people will share at the end of time.

Respondemos

Actividades

1. Lee acerca de cómo vivió Jesús cada bienaventuranza. Luego, escribe junto a cada ejemplo qué puedes hacer tú para vivir esa bienaventuranza.

Jesús vivió las Bienaventuranzas.

Yo vivo las Bienaventuranzas.

Jesús tenía el espíritu del pobre, porque confiaba en Dios. *(Marcos 6:34–44)*

Jesús se compadecía cuando los demás sufrían y los consolaba. *(Lucas 7:11–17)*

Jesús era paciente cuando trataba a los niños con dulzura y con caridad. *(Lucas 18:15–17)*

Jesús nos enseñó a tener hambre y sed de justicia siendo justo y perdonando. *(Juan 8:2–11)*

Jesús nos enseñó a mostrar misericordia por los demás perdonando a los pecadores. *(Marcos 2:1–12)*

Jesús fue de corazón limpio porque en su vida siempre puso a Dios en primer lugar. *(Lucas 11:1–4)*

Jesús nos mostró cómo trabajar por la paz cuando nos enseñó a amar a nuestros enemigos. *(Mateo 5:43–48)*

A Jesús lo persiguieron por hacer lo correcto cuando murió por nosotros. *(Marcos 15:33–41)*

Respond

Activities

1. Read about how Jesus lived each beatitude. Then next to each example, write what you can do to live that beatitude.

Jesus lived the Beatitudes.

I live the Beatitudes.

Jesus was poor in spirit because he relied on God. *(Mark 6:34–44)*

_____

_____

Jesus mourned when others were hurting and he comforted them. *(Luke 7:11–17)*

_____

_____

Jesus was meek when he treated children gently and with kindness. *(Luke 18:15–17)*

_____

_____

Jesus taught us to hunger and thirst for righteousness by being fair and forgiving. *(John 8:2–11)*

_____

_____

Jesus taught us how to show mercy to others by forgiving sinners. *(Mark 2:1–12)*

_____

_____

Jesus was clean of heart because he always put God first in his life. *(Luke 11:1–4)*

_____

_____

Jesus showed us how to be peacemakers when he taught us how to love our enemies. *(Matthew 5:43–48)*

_____

_____

Jesus was persecuted for doing what is right when he died for us. *(Mark 15:33–41)*

_____

_____

2. Algunas maneras en que podemos vivir las Bienaventuranzas pueden ser consolar a los que están tristes, perdonar a los demás, trabajar por la paz y defender lo que es justo. Vuelve a leer las Bienaventuranzas, en la página 56. En los siguientes renglones, escribe dos acciones relacionadas con las Bienaventuranzas que puedes hacer esta semana.

a. _____

_____

_____

b. _____

_____

_____

3. Dios quiere que tratemos a cada persona, incluidos nosotros mismos, con dignidad y con respeto. Algunas maneras de mostrar respeto por nosotros mismos son comer alimentos sanos, descansar adecuadamente, vestirnos con modestia y usar un lenguaje respetuoso.

Piensa en algunas cosas que puedes hacer para mostrar respeto por ti mismo. En los siguientes renglones, hazle una promesa a Dios en forma de oración. Dile lo que harás para mostrar que eres hijo suyo y que te tratarás a ti mismo con dignidad y respeto.

_____

_____

_____

_____

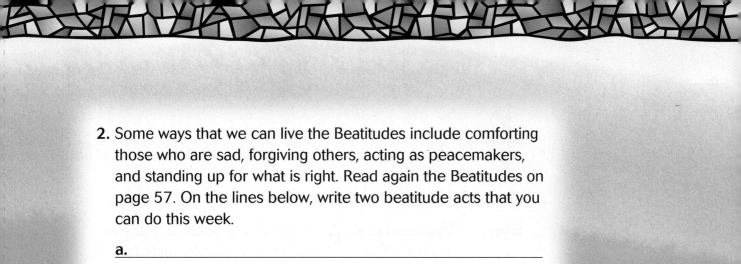

2. Some ways that we can live the Beatitudes include comforting those who are sad, forgiving others, acting as peacemakers, and standing up for what is right. Read again the Beatitudes on page 57. On the lines below, write two beatitude acts that you can do this week.

a. _____

_____

_____

b. _____

_____

_____

3. God wants us to treat each person, including ourselves, with dignity and respect. Some ways that we show respect for ourselves include eating healthy food, getting the proper rest, dressing modestly, and using respectful language.

Think about some things that you can do to show respect for yourself. On the lines below, make a promise to God in the form of a prayer. Tell him what you will do to show that you are his child and that you will treat yourself with dignity and respect.

_____

_____

_____

_____

_____

Celebración de la oración

Oración de bendición

Líder: Podemos bendecir a los demás con nuestras palabras y acciones. Cuando rezamos una bendición, invocamos el poder y el cuidado de Dios para una persona, un lugar, un objeto o una actividad especial. Recemos la siguiente bendición.

Lector 1: Bendito sea Dios, que tanto nos ama y siempre nos da lo que es mejor para cada uno de nosotros.

Lector 2: Benditos sean nuestros padres, que nos dieron la vida, nos aman y cuidan de nosotros.

Lector 3: Benditos sean nuestros maestros, que nos ayudan a desarrollar nuestra inteligencia, nuestros dones especiales y talentos.

Lector 4: Benditos sean nuestros amigos y compañeros de clase, porque nos divertimos aprendiendo y jugando juntos.

Lector 5: Bendita sea nuestra casa, nuestra escuela, nuestro vecindario y nuestra iglesia parroquial, porque son los lugares donde vivimos, aprendemos, jugamos y adoramos a Dios.

Líder: Si lo desean, pueden rezar en voz alta sus propias bendiciones.

 Prayer Celebration

A Prayer of Blessing

Leader: We can bless others through our words and actions. When we pray a blessing, we call for God's power and care upon a person, a place, an object, or a special activity. Let us pray the following blessing.

Reader 1: Blessed is God, for he loves each of us so much and always gives us what is best for us.

Reader 2: Blessed are our parents, for they gave us our lives and love and care for us.

Reader 3: Blessed are our teachers, for they help us to develop our minds and our special gifts and talents.

Reader 4: Blessed are our friends and classmates, for we have fun together learning and playing.

Reader 5: Blessed are our homes, our schools, our neighborhoods, and our parish church, for these are the places where we live, learn, play, and worship God.

Leader: If you wish, you may pray aloud your own blessings.

La fe en acción

Ministerio para los pobres   Cada año, en la época de Acción de Gracias, muchas personas donan alimentos enlatados y pavo a las familias que pasan hambre. Pero muchos necesitan ayuda todo el año para hacer alcanzar el dinero. ¡Una despensa parroquial de todo el año y colectas de ropa pueden servir! Los feligreses donan alimentos, artículos de papel, pañales, jabón, ropa y otros elementos de necesidad, y se aseguran de que lleguen a las personas que los necesitan. Rezamos por que las personas que reciben estas cosas tengan fe en que la justicia, la paz y la alegría del Reino de Dios son para todos, ¡especialmente para ellos!

En la vida diaria

Actividad   ¡Imagina que recibes una mesada semanal de $25.00! Eso puede parecer abundante. Pero ahora imagina que con ese dinero tienes que comprarte la comida, la ropa y los útiles de la escuela. En los siguientes renglones, anota cinco "artículos de lujo" a los que quizás tengas que renunciar. Dibuja una estrella junto al elemento o a los elementos a los que te sería más difícil renunciar.

1. _____   4. _____

2. _____   5. _____

3. _____

En tu parroquia

Actividad   Compartir nuestro tiempo y nuestros talentos en la vida y en los ministerios de nuestra parroquia puede ser una bendición tanto para los demás como para nosotros. Describe una manera en que hayas sido bendecido por haber compartido tu tiempo o tus talentos con alguien, o porque otra persona compartió los suyos contigo.

_____

_____

_____

Faith in Action

Ministry to the Poor Many people donate canned goods and turkeys to hungry families at Thanksgiving time each year. But many people need help all year long to make ends meet. A year-round parish food pantry and clothing drives can help! Parishioners donate food, paper goods, diapers, soap, clothes, and other needed items and make sure they get to the people who need them. We pray that the people who receive these items will have faith that the justice, peace, and joy of God's Kingdom is for everyone, especially for them!

In Everyday Life

Activity Imagine getting a weekly allowance of $25.00! That may sound generous. But now imagine having to buy all your own groceries, clothes, and school supplies with that money. On the lines below, list five "luxuries" you may need to give up. Put a star next to the item or items that would be most difficult to give up.

1. _____
2. _____
3. _____
4. _____
5. _____

In Your Parish

Activity Sharing our time and our talents in the life and ministries of our parish can be a blessing to others as well as to us. Describe one way that you have been blessed by either sharing your time or talents or by someone else's sharing.

_____

_____

_____

4 Los sacramentales: Signos del amor de Dios

OREMOS

Jesús, el Cordero de Dios, los guiará a
la vida eterna.

Basado en Apocalipsis 7:17

Compartimos

Los estudiantes de quinto grado de la Escuela Abraham Lincoln
están entusiasmados con su excursión a Washington, D. C. Planean
ir a los monumentos de Washington, Lincoln y Jefferson, y al
Cementerio de Arlington. Quieren visitar los lugares que honran
a algunos de los primeros líderes de los Estados Unidos y a los
hombres y mujeres valientes que han muerto por nuestro país.

Los monumentos nos recuerdan a personas y sucesos especiales.
El Monumento de Lincoln conmemora al Presidente Lincoln, que
afirmó la creencia de nuestro país en la libertad y la igualdad de
todos los hombres.

Actividad

Así como vemos a los líderes de nuestro país como modelos de
conducta, la Iglesia ve a los santos como modelos de conducta
de los valores cristianos. Elige a un santo o a una santa sobre
quien hayas aprendido y explica de qué manera es un modelo
de conducta cristiana.

MODELO DE
CONDUCTA CRISTIANA

_____

_____

_____

_____

_____

4 Sacramentals: Signs of God's Love

 Jesus, the Lamb of God, will lead them to everlasting life.

Based on Revelation 7:17

Share

The fifth graders at Abraham Lincoln School are excited about their field trip to Washington, D.C. They plan to visit the Washington, Lincoln, and Jefferson memorials and Arlington Cemetery. They want to visit the places that honor some of the early leaders of the United States and the courageous men and women who have died for our country.

Memorials remind us of special people and events. The Lincoln Memorial reminds us of President Lincoln, who upheld our country's belief in freedom and the equality of all men.

Activity

Just as we look to our country's leaders as role models, the Church looks to the saints as role models of Christian values. Choose a saint that you have learned about and explain how he or she is a Christian role model.

CHRISTIAN ROLE MODEL

_____

_____

_____

_____

Escuchamos y creemos

✝ La Escritura El triunfo de los fieles

Juan, un discípulo de Jesús, tuvo muchas visiones de Dios y del cielo. Estas visiones están en el último libro de la Biblia, que se llama Apocalipsis. En una de ellas, Juan vio una escena del cielo en la cual todos los seguidores fieles de Jesús que habían muerto estaban reunidos de nuevo. Jesús, el Cordero de Dios, los recibía en la vida eterna.

Vi un gentío inmenso, imposible de contar. Estaban representadas todas las naciones, todas las razas y todas las lenguas. Las personas estaban de pie frente al trono de Dios y al Cordero. Llevaban vestiduras blancas y palmas en las manos. Gritaban juntas con alegría: "¡La salvación viene de nuestro Dios y del Cordero!".

Los ángeles estaban parados alrededor del trono. Ellos también adoraban a Dios y exclamaban: "¡Alabanza, gloria, sabiduría, acción de gracias, honor, poder y fuerza a nuestro Dios por los siglos de los siglos!".

Luego alguien me dijo: "En vida, estas personas fueron fieles a Dios. Ahora están ante el trono de Dios, que los cobija. Ya no sufrirán más hambre ni sed. El Cordero los guiará a los manantiales de las aguas de la vida, y Dios enjugará sus lágrimas".

Basado en Apocalipsis 7:9–17

Hear & Believe

 **Scripture** The Triumph of the Faithful

John, a disciple of Jesus, had many visions of God and heaven. These visions are contained in the last book of the Bible, which is called Revelation. In one of the visions, John saw a scene in heaven in which all of Jesus' faithful followers who had died were now gathered together. Jesus, the Lamb of God, welcomed them into everlasting life.

I saw a huge crowd of people, more than anyone could ever count. Every nation, each race, and all languages were represented. The people stood before the throne of God and the Lamb. They wore pure white robes and carried palm branches. Joyfully they shouted together, "Salvation comes from our God and from the Lamb!"

Angels stood around the throne. They too were worshiping God, exclaiming, "Blessings, glory, wisdom, thanksgiving, honor, power, and might belong to our God forever and ever!"

Then someone said to me, "These people remained faithful to God in life. Now they stand before the throne of God, who shelters them. They will no longer suffer hunger or thirst. The Lamb will shepherd them to life-giving water, and God will wipe away every tear."

Based on Revelation 7:9–17

Signos del amor de Dios

El Libro del Apocalipsis está repleto de símbolos. El relato de la Sagrada Escritura que acabas de leer menciona los símbolos de las vestiduras blancas, las palmas y las aguas de la vida. Las vestiduras blancas y las palmas simbolizan la alegría y la victoria que sentirán los fieles de Dios cuando estén unidos a Él en el cielo. Las aguas de la vida son un símbolo de la gracia de Dios.

La Iglesia también nos da símbolos para ayudarnos a recordar el amor de Dios. Estos símbolos se llaman **sacramentales**. La Iglesia nos da los sacramentales para que nos acerquemos a Dios y nos preparemos para recibir la gracia de los sacramentos.

Los sacramentales incluyen las bendiciones, los objetos sagrados y las acciones sagradas. Éstos son algunos ejemplos:

bendiciones: oraciones de bendición para personas, lugares, objetos y actividades especiales

objetos sagrados: biblias, crucifijos, rosarios, medallas, agua bendita, óleo consagrado, cenizas benditas, palmas benditas, cirios bendecidos, campanas de iglesia, estatuas, estampas

acciones sagradas: la señal de la cruz, aspersión con agua bendita e imposición de las manos

De las tres clases de sacramentales, la más importante es la bendición. Toda persona bautizada es llamada por Dios a bendecir y a ser una bendición.

Nuestra Iglesia nos enseña

Los sacramentales nos recuerdan el amor y la presencia de Dios. Nos preparan para recibir la gracia de los sacramentos y nos ayudan a llevar una vida santa.

Signs of God's Love

The Book of Revelation is filled with symbols. The Scripture story you just read mentions the symbols of white robes, palm branches, and life-giving water. The white robes and palm branches symbolize the joy and victory God's faithful people will experience when they are united with him in heaven. The life-giving water is a symbol of God's grace.

The Church also gives us symbols to help remind us of God's love. These symbols are called **sacramentals**. The Church gives us sacramentals to help us draw closer to God and to prepare us to receive the grace of the sacraments.

Sacramentals include blessings, sacred objects, and sacred actions. Some examples are given below.

blessings: prayers of blessing for people, places, objects, and special activities

sacred objects: Bibles, crucifixes, rosary beads, medals, holy water, holy oil, blessed ashes, blessed palms, blessed candles, church bells, statues, holy cards

sacred actions: the Sign of the Cross, the sprinkling of holy water, and the laying on of hands

Of the three kinds of sacramentals, blessings are the most important. Every baptized person is called by God to bless and to be a blessing.

Our Church Teaches

Sacramentals call our attention to God's love and presence. They prepare us to receive the grace of the sacraments and help us to live holy lives.

We Believe

Sacramentals help us to become closer to God. They prepare us to receive the grace of the sacraments.

Faith Words

sacramentals
Sacramentals are sacred signs instituted by the Church.

73

Respondemos

Acercarse a Dios

A Ron le gustan los objetos sagrados y las celebraciones especiales de la iglesia. Le recuerdan la bondad de Dios y cuánto Dios lo ama. Su objeto sagrado preferido es una medalla de San José que le dieron su mamá y su papá cuando tomó la Primera Comunión. Esta medalla es muy especial para él porque pertenecía a su abuelo. La usa en el cuello, con una cadena de plata. Incluso cuando juega al baloncesto, tiene la medalla debajo de la camiseta. Nadie la ve, pero él sabe que está allí. Eso lo hace sentir bien. Sabe que San José y su abuelo lo están cuidando.

En la familia de Ron, es una tradición pasar ciertos objetos sagrados a los miembros de la familia más pequeños. Cuando Katie, su hermanita, tome la Primera Comunión, recibirá el rosario azul de su abuela.

Una de las celebraciones de la Iglesia preferidas de Ron es el Domingo de Pasión, o Domingo de Ramos, que tiene lugar el domingo anterior a la Pascua. Ese día, la Iglesia comienza la Semana Santa. Cada año, el Domingo de Pasión, el Padre Knox invita a algunos de los niños mayores de la parroquia a que entreguen palmas benditas. Las palmas son un recordatorio de la entrada de Jesús en Jerusalén y de su muerte y su Resurrección. Este año, Ron y sus primos, Tim y Mary Ann, entregarán juntos las palmas frente a su iglesia parroquial, Nuestra Señora de los Ángeles.

Los objetos sagrados y las celebraciones de la iglesia ayudan a Ron a ser consciente de la presencia de Dios. Pero también sabe que es importante dedicar un tiempo a rezar. Cada noche, antes de acostarse, reza algunas oraciones. Después le cuenta a Dios cómo fue su día, las cosas buenas y las no tan buenas. Ron recuerda que Dios lo ama y quiere escucharlo siempre.

Respond

Growing Closer to God

Ron loves holy things and special church celebrations. They remind him of God's goodness and how much God loves him. Ron's favorite holy object is the Saint Joseph's medal his mom and dad gave him for his First Holy Communion. This medal is very special to Ron because it belonged to his grandfather. Ron wears the medal on a silver chain around his neck. Even when he plays basketball, he wears the medal under his shirt. Nobody else can see the medal, but Ron knows it's there. It makes him feel good to wear it. He knows that Saint Joseph and his grandfather are watching out for him.

It's a tradition in Ron's family to pass on favorite holy objects to younger family members. When his little sister, Katie, makes her First Holy Communion, she will receive their grandmother's blue rosary beads.

One of Ron's favorite church celebrations is Passion Sunday, or Palm Sunday, which takes place on the Sunday before Easter. On this day, the Church begins Holy Week. Each year for Passion Sunday, Father Knox invites some of the older children in the parish to hand out blessed palms. The palms are a reminder of Jesus' entry into Jerusalem and his death and Resurrection. This year, Ron and his cousins, Tim and Mary Ann, will hand out palms together in front of their parish church, Our Lady of the Angels.

Holy objects and church celebrations help Ron to be aware of God's presence. But Ron finds that it's also important for him to spend time praying. Each night, before he goes to bed, Ron prays a few prayers. Then he tells God about his day—the good things and the not-so-good things. Ron remembers that God loves him and always wants to hear from him.

75

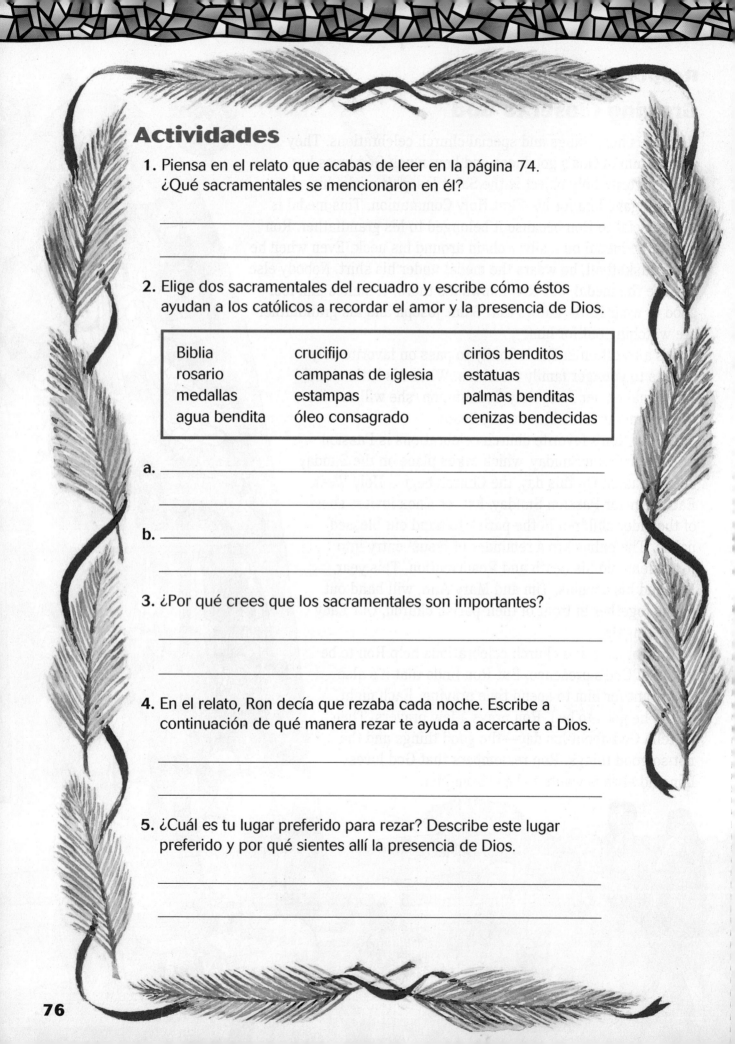

Actividades

1. Piensa en el relato que acabas de leer en la página 74.
¿Qué sacramentales se mencionaron en él?

_____

_____

2. Elige dos sacramentales del recuadro y escribe cómo éstos
ayudan a los católicos a recordar el amor y la presencia de Dios.

Biblia	crucifijo	cirios benditos
rosario	campanas de iglesia	estatuas
medallas	estampas	palmas benditas
agua bendita	óleo consagrado	cenizas bendecidas

a. _____

_____

b. _____

_____

3. ¿Por qué crees que los sacramentales son importantes?

_____

_____

4. En el relato, Ron decía que rezaba cada noche. Escribe a
continuación de qué manera rezar te ayuda a acercarte a Dios.

_____

_____

5. ¿Cuál es tu lugar preferido para rezar? Describe este lugar
preferido y por qué sientes allí la presencia de Dios.

_____

_____

Activities

1. Think about the story you just read on page 75. What sacramentals were mentioned in the story?

_____

_____

2. Choose two sacramentals from the box and write how they help remind Catholics of God's love and presence.

Bible	crucifix	blessed candles
rosary beads	church bells	statues
medals	holy cards	blessed palms
holy water	holy oil	blessed ashes

a. _____

_____

b. _____

_____

3. Why do you think sacramentals are important?

_____

_____

4. In the story, Ron said that he prays each night. Below, tell about how prayer helps you to become closer to God.

_____

_____

5. What is your favorite place in which to pray? Describe this favorite place and why you feel God's presence there.

_____

_____

✝ Celebración de la oración

Oración ante un crucifijo

El crucifijo es un sacramental muy importante. Nos recuerda que Jesús murió en la cruz porque quería que pasáramos toda la eternidad con Él. ¡Tanto nos ama! Cuando miramos un crucifijo, tal vez nos entristezca pensar en todo lo que Jesús sufrió por nuestros pecados. Pero también nos debe llenar de alegría y agradecimiento porque el crucifijo nos recuerda cuánto Dios nos ama en verdad.

Piensa en el amor de Jesús por ti.
Luego reza la siguiente oración en silencio.

*Jesús, me amas mucho. Sufriste y moriste en
la cruz para que un día pueda unirme contigo en el cielo.
Te doy gracias por este gran sacrificio.
Ayúdame siempre a vivir como tú lo hiciste. Ayúdame a ser bueno,
amable y generoso.
Jesús, te amo. Eres mi Salvador y mi Hermano.
Haz que mi corazón sea como el tuyo.*

Tómate unos instantes y habla a Jesús en silencio, con todo tu corazón.

✝ Prayer Celebration

A Prayer Before the Crucifix

The crucifix is a very important sacramental. It reminds us that Jesus died on the cross because he wants us to spend all eternity with him. That's how much he loves us. When we look at a crucifix, it may make us sad to think about all that Jesus suffered for our sins. But it should also fill us with joy and thanksgiving because the crucifix reminds us of how much we are truly loved by God.

Think about Jesus' love for you.
Then silently pray the prayer below.

*Jesus, you love me so much. You suffered and died on the cross so that one day I may join you in heaven.
Thank you so much for this great sacrifice.
Help me always to live as you did. Help me to be good and kind and gentle.
Jesus, I love you. You are my Savior and my Brother.
Make my heart like your heart.*

Take a few moments and quietly speak to Jesus from your heart.

La fe en acción

Rezar una novena   Una novena es una oración especial que se reza durante nueve días. A menudo tiene una intención determinada, como pedir por los sacerdotes, las madres, la curación o la unidad cristiana. Podemos rezar una novena solos, con nuestra familia o con nuestra comunidad parroquial.

Un ejemplo de novena es la de la Medalla Milagrosa. Ésta se reza durante la preparación del día de la Medalla Milagrosa, que se celebra el 27 de noviembre. Los que rezan esta novena le piden a la Virgen María que interceda, o rece a Dios, en su nombre. También es posible que usen una medalla milagrosa en el cuello como signo de su fe en que María los bendice y protege de muchas maneras.

En la vida diaria

Actividad   Piensa en las oraciones que has aprendido a rezar. A continuación, escribe tu oración preferida y di por qué lo es.

_____

_____

_____

En tu parroquia

Actividad   Elige un día del calendario de la Iglesia para el que tu clase pueda prepararse rezando una novena. En los siguientes renglones, escribe sugerencias para tres peticiones que se puedan hacer durante la novena. Por ejemplo, podrían rezar por la familia, por la paz en el mundo y por los pobres.

Temas para la novena:

1. _____

2. _____

3. _____

Faith in Action

Praying a Novena   A novena is a special prayer that is prayed for nine days. It is often prayed for a special intention, such as priests, mothers, healing, or Christian unity. We can pray a novena by ourselves, with our families, or with our parish community.

One example of a novena is the Miraculous Medal Novena. This novena is prayed in preparation for the Feast of the Miraculous Medal, which is celebrated on November 27. People who pray this novena ask the Virgin Mary to intercede, or pray to God, on their behalf. They may also wear a miraculous medal around their necks as a sign of their faith in the many ways that Mary blesses and protects them.

In Everyday Life

Activity   Think about the different prayers that you have learned to pray. Below, write your favorite prayer and tell why it is your favorite.

_____

_____

_____

In Your Parish

Activity   Choose a feast on the Church's calendar that your class can prepare for by praying a novena. On the lines below, write suggestions for three petitions to be prayed for during the novena. For example, maybe you would like to pray for families, world peace, and the poor.

Novena Themes:

1. _____

2. _____

3. _____

Bautismo y Confirmación

UNIDAD 2

El Bautismo y la Confirmación son Sacramentos de la Iniciación. Nos dan la bienvenida al Cuerpo de Cristo, la Iglesia. Después de que San Pablo recibió al Espíritu Santo y fue bautizado, llegó a ser uno de los santos más importantes de la Iglesia.

Pondré dentro de ustedes mi Espíritu, que es la gracia y los alentará a observar mis enseñanzas y mis leyes.

Basado en Ezequiel 36:27

De acuerdo con la tradición, San Pablo recobró la vista en esta calle de Damasco. Como muestra el tallado, enfrentó muchos peligros mientras enseñaba acerca de Jesús.

Baptism and Confirmation

Baptism and Confirmation are Sacraments of Initiation. They welcome us into the Body of Christ, the Church. After Saint Paul received the Holy Spirit and was baptized, he went on to become one of the Church's greatest saints.

God's Spirit, which is grace, encourages us to follow his teachings and laws.
Based on Ezekiel 36:27

According to tradition, Saint Paul regained his sight on this street in Damascus. As the carving shows, he faced many dangers as he taught about Jesus.

Hay un Señor

ESTRIBILLO OSTINATO

Hay un Se - ñor, u - na fe, un bau - tis - mo,

Un so - lo Dios, quien es Pa - dre de to - dos.

Texto: Efesios 4, Cumunidad de Taizé, 1984; tr. por Ronald F. Krisman, n. 1946
Música: Jacques Benhier, 1923–1994
© 1984, 2007. Les Presses de Taizé. GIA Publications, Inc., agente

There Is One Lord

OSTINATO REFRAIN

There is one Lord, one faith, one bap - tis - m,

There is one God who is Fa - ther of all.

Text: Ephesians 4, Taizé Community, 1984; tr. by Ronald F. Krisman, b. 1946
Tune: Jacques Benhier, 1923–1994
© 1984, 2007. Les Presses de Taizé. GIA Publications, Inc., agent

5 Estamos bautizados en el Cuerpo de Cristo

 El Espíritu de Dios nos bautizó para que formáramos parte del Cuerpo de Cristo.

Basado en 1.ª Corintios 12:13

Compartimos

Imagina que el sacerdote de tu parroquia te ha pedido que formes un club para niños católicos de tu edad para ayudarlos a fortalecer su fe. Completa el siguiente cuadro con información acerca del club.

¿Cuál es el nombre del club? _____

¿Cuál es el santo patrono del club? _____

¿Qué clase de actividades desarrolla el club? _____

_____

_____

_____

Diseña un símbolo para el club.

5 We Are Baptized into the Body of Christ

God's Spirit baptized each of us and made us part of the Body of Christ.

Based on 1 Corinthians 12:13

Share

Imagine that your parish priest has asked you to create a club for Catholic kids your age to help them become stronger in their faith. Fill in the chart below with information about your club.

What is your club's name? _____

Who is the patron saint of your club? _____

What kinds of activities does your club do? _____
_____
_____
_____

Design a symbol for your club.

Escuchamos y creemos

✝ La Escritura El Bautismo de Jesús

*En el relato del bautismo de Jesús, Dios lo llama su "Amado" hijo. Con este relato aprendemos que Jesús es verdadero Dios y verdadero hombre. La **Encarnación** es el misterio del Hijo de Dios que se hace hombre en Jesucristo.*

Las aguas del río Jordán se arremolinaban suavemente mientras Juan Bautista bautizaba a Jesús. Cuando Jesús salió del agua, los cielos se abrieron. El Espíritu, como una paloma, descendió sobre Él, mientras se escuchaban estas palabras del cielo: "Tú eres mi Hijo, el Amado, mi Elegido".

Basado en Marcos 1:9–11

Hear & Believe

✝ Scripture The Baptism of Jesus

*In the story of Jesus' baptism, God calls Jesus his "beloved Son."
Through this story, we learn that Jesus is true God and true man.
The **Incarnation** is the mystery of the Son of God becoming
man in Jesus Christ.*

The waters of the Jordan River swirled gently about as John
the Baptist baptized Jesus. As Jesus emerged from the water,
the heavens tore open. The Spirit, like a dove, descended upon
Jesus. And a voice came from heaven, saying, "You are my
beloved Son. With you I am well pleased."

Based on Mark 1:9–11

Estamos bautizados en el Cuerpo de Cristo

Jesús es divino y humano al mismo tiempo. En su divinidad, es el Hijo de Dios. En su humanidad, es un hombre como nosotros en todo sentido, excepto por el pecado. Jesús fue bautizado para mostrar a los pecadores que los amaba y que los salvaría de sus pecados. El nombre Jesús significa "Dios salva". Sólo en Jesús podemos encontrar la salvación.

Jesús nos da el Sacramento del **Bautismo** para liberarnos del pecado y para hacernos hijos de Dios. El Bautismo es necesario para nuestra salvación. A través del Bautismo, se nos da la bienvenida en la Iglesia y se nos libera del **pecado original** y de todos los pecados personales.

El pecado original es el pecado de Adán y Eva. Cuando ellos pecaron en el jardín del Edén, desobedecieron a Dios y se apartaron de su amor. Por medio del Bautismo, se nos libera del pecado original y renacemos como hijos de Dios.

Con el Bautismo, también nos convertimos en miembros del **Cuerpo de Cristo**. El Cuerpo de Cristo es la Iglesia o el Pueblo de Dios. Creemos que Jesucristo es la cabeza de la Iglesia y que nosotros somos el Cuerpo. Jesús vive con nosotros y en nosotros. La Iglesia vive de Cristo, en Cristo y para Cristo.

Nuestra Iglesia nos enseña

Creemos en la Encarnación: que Jesucristo es verdadero Dios y verdadero hombre. Por medio del Bautismo, se nos libera del pecado y nos convertimos en miembros del Cuerpo de Cristo.

Creemos

Por medio del Bautismo, nos hacemos hijos de Dios y miembros del Cuerpo de Cristo.

Palabras de fe

Encarnación
La Encarnación es el misterio del Hijo de Dios que se hace hombre en Jesucristo.

Bautismo
El Bautismo es el Sacramento de la Iniciación que nos da la bienvenida a la Iglesia y nos libera del pecado original y de todos los pecados personales.

pecado original
El pecado original es el pecado de Adán y Eva que se ha pasado a todos los seres humanos.

Cuerpo de Cristo
El Cuerpo de Cristo es la Iglesia o el Pueblo de Dios.

We Are Baptized into the Body of Christ

Jesus is both divine and human. In his divinity, he is the Son of God. In his humanity, he is a man and like us in every way except sin. Jesus was baptized to show sinners that he loved them and that he would save them from their sins. The name Jesus means "God saves." Only in Jesus can we find salvation.

Jesus gave us the Sacrament of **Baptism** to free us from sin and to make us children of God. Baptism is necessary for our salvation. Through Baptism, we are welcomed into the Church and freed from **original sin** and all personal sins.

Original sin is the sin of Adam and Eve. When Adam and Eve sinned in the Garden of Eden, they disobeyed God and turned away from his love. Through Baptism, we are freed from original sin and reborn as God's children.

In Baptism, we also become members of the **Body of Christ**. The Body of Christ is the Church or the People of God. We believe that Jesus Christ is the head of the Church and that we are his Body. Jesus lives with us and in us. The Church lives from Christ, in Christ, and for Christ.

Our Church Teaches

We believe in the Incarnation—that Jesus Christ is true God and true man. Through Baptism, we are freed from sin and become members of Christ's Body.

We Believe

Through Baptism, we become children of God and members of the Body of Christ.

Faith Words

Incarnation
The Incarnation is the mystery of the Son of God becoming man in Jesus Christ.

Baptism
Baptism is the Sacrament of Initiation that welcomes us into the Church and frees us from original sin and all personal sins.

original sin
Original sin is the sin of Adam and Eve that has been passed on to all human beings.

Body of Christ
The Body of Christ is the Church or the People of God.

Fortalecer el Cuerpo de Cristo

Como católicos bautizados, Dios nos llama a fortalecer el Cuerpo de Cristo. Los santos lo hicieron usando sus dones y talentos para el bien de la Iglesia. Leer relatos sobre los santos puede inspirarnos para que pensemos de qué manera Dios nos llama a servir en su Iglesia.

San Maximiliano Kolbe

Raimundo Kolbe nació en Polonia, en 1894. Cuando tenía 12 años, se le apareció la Santísima Virgen María. Desde ese momento, Raimundo desarrolló un gran amor y devoción por María. Cuando creció, se hizo sacerdote franciscano y tomó el nombre de Maximiliano. Varios años más tarde estalló la Segunda Guerra Mundial y el Padre Maximiliano fue arrestado y enviado a un campo de concentración nazi. Aunque sufría un enorme maltrato, ayudaba espiritualmente a los demás prisioneros. Juntos rezaban el Rosario y cantaban himnos a María. El Padre Maximiliano les decía que los nazis podrían destruir sus cuerpos, pero nunca podrían destruir sus almas.

Por último, hizo el sacrificio más grande: dio su vida. Se ofreció para tomar el lugar de otro prisionero al que iban a matar. El Papa Juan Pablo II nombró a Maximiliano Kolbe santo patrono del difícil siglo XX. Durante la guerra, ayudó a muchas personas a profundizar su fe en Dios cuando todo lo demás estaba perdido.

Santa Rosa Filipina Duchesne

Cuando era niña, en Francia, Rosa soñaba con viajar a los Estados Unidos para ser misionera de los indígenas norteamericanos. De grande se unió a las Hermanas de la Visitación. Esto sucedió durante la Revolución Francesa, una época de grandes peligros en Francia. Los sacerdotes y los hermanos y las hermanas religiosos eran perseguidos, y a muchos los mataban. A Rosa la obligaron a dejar el convento y a regresar a su casa. Sin embargo, mostró gran valentía escondiendo sacerdotes y cuidando prisioneros. Cuando la guerra terminó, Rosa se unió a las hermanas religiosas de la Sociedad del Sagrado Corazón.

Respond

Building Up the Body of Christ

As baptized Catholics, we are called by God to build up the Body of Christ. The saints did this by using their gifts and talents for the good of the Church. Reading stories about the saints can inspire us to think of ways that God may be calling us to serve his Church.

Saint Maximilian Kolbe

Raymond Kolbe was born in Poland in 1894. When he was 12 years old, the Blessed Virgin Mary appeared to him. From then on, Raymond developed a great love and devotion for Mary. When he grew up, he became a Franciscan priest and took the name Maximilian. Several years later, World War II broke out, and Father Maximilian was arrested and sent to a Nazi concentration camp. Although he suffered great abuse, Father Maximilian gave spiritual help to the other prisoners. Together, they prayed the Rosary and sang hymns to Mary. Father Maximilian told the other prisoners that the Nazis might kill their bodies, but they could never kill their souls.

Finally, Father Maximilian made the greatest sacrifice—his life. He volunteered to take the place of another prisoner who was about to be killed. Pope John Paul II called Maximilian Kolbe the patron saint of the difficult twentieth century. During a time of war, he brought many people to a deeper faith in God when everything else was lost.

Saint Rose Philippine Duchesne

As a young girl in France, Rose dreamed of traveling to the United States to be a missionary to the American Indians. When she grew up, she joined the Visitation Sisters. This was during the French Revolution, a very dangerous time in France. Priests and religious brothers and sisters were persecuted, and many were killed. Rose was forced to leave her convent and return home. However, she showed great courage by hiding priests and caring for prisoners. When the war was over, Rose joined the religious sisters of the Society of the Sacred Heart.

En 1818, se cumplió el deseo de niña de la Madre Rosa. Ella y otras cuatro hermanas viajaron a los Estados Unidos, donde fundaron escuelas y orfanatos. La Madre Rosa fue muy admirada por los indígenas potawatomi de Kansas. La llamaban "la mujer que reza siempre". Cuando el Papa Juan Pablo II la declaró santa en 1988, dijo: "Esta gran pionera miraba el futuro con los ojos del corazón; un corazón que ardía con el amor de Dios".

Actividad

Puedes ayudar a fortalecer el Cuerpo de Cristo en casa, en la escuela y en tu parroquia. Mira los siguientes ejemplos y luego escribe maneras en que puedes ser parte del fortalecimiento del Cuerpo de Cristo.

Justin

En casa: hago las tareas sin que mamá o papá tengan que recordármelo

En la escuela: defiendo a un estudiante del que se burlan

En la parroquia: soy monaguillo

Rachel

En casa: cuido a mi hermanita mientras mamá prepara la cena

En la escuela: trato de no conversar en clase cuando no se puede

En la parroquia: presto verdaderamente atención a la Misa del domingo y canto con los demás los himnos

En casa: _____

_____

En la escuela: _____

_____

En la parroquia: _____

_____

In 1818, Mother Rose's childhood wish was fulfilled. She and four other sisters traveled to the United States, where they opened schools and orphanages. Mother Rose was greatly admired by the Potawatomi Indians of Kansas. They called her "the woman who prays always." When Pope John Paul II named her a saint in 1988, he said, "This great pioneer looked to the future with the eyes of the heart—a heart that was on fire with God's love."

Activity

You can help build up the Body of Christ at home, at school, and in your parish. Look at the examples below, then write ways that you can be a part of building up Christ's Body.

Justin

Home: do chores without Mom or Dad having to remind me

School: defend a student who is being teased

Parish: become an altar server

Rachel

Home: baby-sit my younger sister while Mom makes dinner

School: try not to talk in class when I'm not supposed to

Parish: really pay attention at Sunday Mass and join in the singing of the hymns

Home: _____

_____

School: _____

_____

Parish: _____

_____

 Celebración de la oración

Oración por el Cuerpo de Cristo

Líder: San Pablo escribió una carta a los primeros cristianos que vivían en la ciudad de Corinto. Les dijo que todos los miembros de la Iglesia deben trabajar juntos. Para ayudar a los corintios a entender esta idea, usó una comparación. Dijo que la Iglesia, o Cuerpo de Cristo, es como el cuerpo humano. Todas las partes se necesitan entre sí y deben trabajar juntas.

Lector: Lectura de la Carta de San Pablo a los corintios.

El cuerpo es uno, pero tiene muchas partes. Necesita que funcionen todas ellas: pies, ojos, oídos. Por ejemplo, el cuerpo tiene ojos. ¿Es la oreja una parte del cuerpo aun cuando no sea un ojo? ¡Sí! El cuerpo necesita tanto del oído como de la vista. Pasa lo mismo con Cristo y su Iglesia. Cada uno de nosotros forma el Cuerpo de Cristo. No importa quiénes seamos, todos somos bautizados en un Cuerpo, la Iglesia.

Basado en 1.ª Corintios 12:12–26

Líder: Ahora recemos por el Cuerpo de Cristo, la Iglesia.

Todos: Jesús, ayúdanos a llevar a cabo tu misión en el mundo. Ayúdanos a usar nuestros dones y talentos para el bien de tu Iglesia. Te lo pedimos en tu nombre. Amén.

Prayer Celebration

A Prayer for the Body of Christ

Leader: Saint Paul wrote a letter to the early Christians who lived in the city of Corinth. He told them that all the members of the Church must work together. To help the Corinthians understand this idea, Saint Paul used a comparison. He said that the Church, or Body of Christ, is like a human body. All the parts need each other and must work together.

Reader: A reading from the Letter of Saint Paul to the Corinthians.

A body is one, but it has many parts. It needs all its parts: feet, eyes, ears, everything to work. For example, the body has eyes. Is the ear a part of the body even if it is not an eye? Yes! The body needs hearing as well as sight. It is the same with Christ and his Church. Each of us makes up the Body of Christ. No matter who we are, we are all baptized into one Body, the Church.

Based on 1 Corinthians 12:12–26

Leader: Let us now pray for the Body of Christ, the Church.

All: Jesus, help us to carry out your mission in the world. Help us to use our gifts and talents for the good of your Church. We ask this in your name. Amen.

La fe en acción

Los padrinos   Los padrinos tratan de ser buenos ejemplos de vida cristiana y fiel mostrando su amor por Jesús y por la Iglesia en todo lo que dicen y hacen. Dedican tiempo a rezar por sus ahijados y a animarlos mientras crecen en la fe, para que ellos lleguen a conocer y amar a Dios, que es fiel a todos los que invocan su nombre.

En la vida diaria

Actividad   Piensa qué especial e importante es el Sacramento del Bautismo. Cuando te bautizan, te conviertes en hijo de Dios. También te conviertes en miembro de la Iglesia Católica, que tiene más de mil millones de miembros en todo el mundo. Gracias al Bautismo, perteneces a la familia católica y tienes hermanos y hermanas en la fe en todos los continentes y en todos los países. Diseña un cartel para mostrar que eres hijo de Dios y miembro de la familia católica.

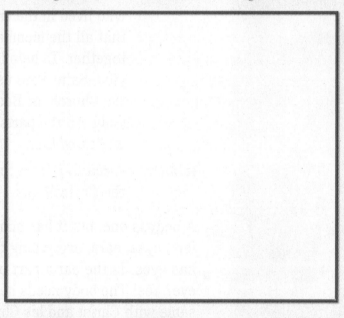

En tu parroquia

Actividad   Algún día, cuando seas adulto, es posible que un familiar te pida que seas padrino de su hijo o hija. Describe tres cosas que harías para ayudar a tu nuevo ahijado a entender cuánto lo ama Dios.

1. _____

2. _____

3. _____

Faith in Action

Godparents Godparents try to be good examples of faithful Christian living by sharing their love for Jesus and for the Church in all that they say and do. They take the time to pray for and encourage their godchildren as they grow in faith, so that they will come to know and love God, who is faithful to all who call on his name.

In Everyday Life

Activity Think about how special and awesome the Sacrament of Baptism is. When you were baptized, you became a child of God. You also became a member of the Catholic Church, which has over one billion members all around the world. Because of your Baptism, you belong to the Catholic family, and you have brothers and sisters in faith on every continent and in every country. Design the poster to show that you are a child of God and a member of the Catholic family.

In Your Parish

Activity Someday, when you grow up, a relative may ask you to be the godparent of his or her child. Describe three things that you would do to help your new godchild understand how much God loves him or her.

1. _____

2. _____

3. _____

6 Bautismo y Confirmación

Todos aquellos a los que guía el Espíritu de Dios son hijos e hijas de Dios.

Romanos 8:14

Compartimos

En el Bautismo, estamos llenos del Espíritu Santo. Nos convertimos en hijos de Dios y en miembros del Cuerpo de Cristo. En la Confirmación, estamos fortalecidos por el Espíritu Santo. El Bautismo y la Confirmación nos permiten participar del sacerdocio y de la misión de Jesucristo.

Actividades

Lee el siguiente relato sobre Andy. En el espacio provisto, escribe un final para el relato, en el que digas cómo crees que José podría dar la bienvenida a Andy a su escuela nueva.

La familia de Andy se acaba de mudar de Boston a San Antonio, Texas. Andy no estaba contento con su escuela nueva y deseaba estar con sus amigos en Boston. Mientras regresaba a su casa en el autobús escolar, pensaba en su amigo Mike, que estaba en Boston. De pronto, José se sentó junto a él. José estaba en la clase de Andy. Habían jugado al baloncesto varias veces en el centro recreativo de la Iglesia de Nuestra Señora.

_____

_____

_____

_____

_____

6 Baptism and Confirmation

 For those who are led by the Spirit of God
are children of God.

Romans 8:14

Share

At Baptism, we are filled with the Holy Spirit. We become
children of God and members of the Body of Christ. At
Confirmation, we are strengthened with the Holy Spirit.
Baptism and Confirmation enable us to share in the
priesthood and mission of Jesus Christ.

Activity

Read the following story about
Andy. In the space provided, write
an ending to the story, telling how
you think José might welcome
Andy to his new school.

Andy's family just moved from Boston
to San Antonio, Texas. Andy was
unhappy at his new school and wished
he was with his friends in Boston. As
he was riding home on the school bus,
he was thinking about his friend Mike,
who was back in Boston. All of a
sudden, José sat down next to him.
José was in Andy's class. They had
played basketball at the Church of
Notre Dame's recreation center
several times.

_____

_____

_____

_____

_____

🕯 El culto El Bautismo y la Confirmación

*Los **Sacramentos de la Iniciación** son el Bautismo, la **Confirmación** y la Eucaristía. Como el Bautismo y la Confirmación colocan una marca espiritual especial en el alma de una persona, se los puede recibir sólo una vez.*

Por lo general, los bebés se bautizan durante la Misa de los domingos. Los niños mayores y los adultos reciben los tres Sacramentos de la Iniciación en la Vigilia Pascual. La Vigilia Pascual se celebra el Sábado Santo, el día anterior al Domingo de Pascua.

En las Iglesias católicas del Rito Oriental, los niños se confirman inmediatamente después de que son bautizados. También pueden recibir la Eucaristía, según las costumbres locales.

Teresa ha pasado varios meses aprendiendo y rezando sobre la fe católica. Hoy, en la Vigilia Pascual, recibirá los Sacramentos de la Iniciación y será miembro de la Iglesia Católica. Teresa y los demás confirmandos se han reunido con sus padrinos en la pila bautismal.

1. El sacerdote empieza rezando una bendición sobre el agua que se usa para el Bautismo. Aquellos que van a ser bautizados prometen apartarse del pecado. Declaran su creencia en la fe católica.

2. El sacerdote bautiza a Teresa. Vierte agua tres veces sobre su cabeza mientras dice: "Teresa, te bautizo en el nombre del Padre, y del Hijo, y del Espíritu Santo".

3. Con el **crisma**, el sacerdote hace la Señal de la Cruz en la frente de Teresa.

4. Los padrinos de Teresa le dan una vestidura blanca mientras el sacerdote reza por ella.

5. Los padrinos de Teresa encienden una vela con el cirio pascual y se la colocan en la mano.

Hear & Believe

🕯 Worship Baptism and Confirmation

*The **Sacraments of Initiation** are Baptism, **Confirmation**, and Eucharist. Because Baptism and Confirmation place a special spiritual mark on a person's soul, they can be received only once.*

Infants are usually baptized during Mass on Sundays. Older children and adults receive all three Sacraments of Initiation at the Easter Vigil. The Easter Vigil is celebrated on Holy Saturday, the day before Easter Sunday.

In Eastern Rite Catholic Churches, infants are confirmed immediately after they are baptized. They may also receive the Eucharist depending on the local custom.

Teresa has spent several months learning and praying about the Catholic faith. Today, at the Easter Vigil, she will receive the Sacraments of Initiation and become a member of the Catholic Church. Teresa and the other candidates have gathered with their godparents at the baptismal font.

1. The priest begins by praying a blessing over the water used for Baptism. Those who are being baptized promise to turn away from sin. They declare their belief in the Catholic faith.

2. The priest baptizes Teresa. He pours water over her head three times as he says, "Teresa, I baptize you in the name of the Father, and of the Son, and of the Holy Spirit."

3. Using **chrism**, the priest makes the Sign of the Cross on Teresa's forehead.

4. Teresa's godparents give her a white garment as the priest prays for her.

5. Teresa's godparents light a candle from the Easter candle and place it in her hand.

Teresa y los demás católicos recién bautizados están listos para recibir el Sacramento de la Confirmación. Cada confirmando está en un estado de gracia y está listo para ser testigo de Jesucristo en el mundo. Aunque el obispo es el ministro ordinario de la Confirmación, el pastor, el Padre Martín, ha recibido autorización para confirmar en la Vigilia Pascual. Llevando las vestiduras blancas y las velas encendidas, los confirmandos avanzan por el pasillo central de la iglesia.

El Padre Martín extiende las manos sobre los confirmandos, lo que se denomina la "imposición de las manos". Reza: "Envía a tu Espíritu Santo sobre ellos para que sea su ayudante y su guía".

Teresa y su madrina, su tía María, se paran delante del Padre Martín. Teresa le dice al Padre Martín el nombre Ana. Ha elegido el nombre Ana para la Confirmación porque le gustaría que Santa Ana sea su patrona especial. El Padre Martín hace la Señal de la Cruz con el crisma en la frente de Teresa y dice: "Teresa Ana, recibe por esta señal el Don del Espíritu Santo". Teresa Ana responde: "Amén", que significa "creo".

Nuestra Iglesia nos enseña

El agua del Bautismo simboliza la nueva vida de la gracia y el amor de Dios. La acción de ponerse vestiduras blancas simboliza ponerse una nueva vida con Cristo. Las velas encendidas nos recuerdan que Jesús, la Luz del Mundo, guiará a estos nuevos católicos.

El crisma, que se usa tanto en el Bautismo como en la Confirmación, es un símbolo de la responsabilidad de la persona para llevar a cabo la obra de Jesús. La imposición de las manos en la Confirmación simboliza al Espíritu Santo que se transmite a la persona que se está confirmando.

Teresa and the other newly baptized Catholics are ready to receive the Sacrament of Confirmation. Each candidate is in a state of grace and is ready to be a witness to Jesus Christ in the world. Although the bishop is the ordinary minister of Confirmation, the pastor, Father Martin, has been given permission to confirm at the Easter Vigil. Wearing white garments and carrying lighted candles, the candidates proceed down the church's center aisle.

Father Martin extends his hands over the candidates, which is called the "laying on of hands." He prays, "Send your Holy Spirit upon them to be their helper and guide."

Teresa and her sponsor, her aunt Maria, stand before Father Martin. Teresa gives Father Martin the name Anne. She has chosen the name Anne for Confirmation because she would like Saint Anne to be her special patron. Father Martin makes the Sign of the Cross with chrism on Teresa's forehead and says, "Teresa Anne, be sealed with the gift of the Holy Spirit." Teresa Anne responds, "Amen," which means "I believe."

We Believe

Baptism, Confirmation, and Eucharist are Sacraments of Initiation. In Baptism, we are born to a new life in Christ. In Confirmation, we are strengthened with the Holy Spirit.

Faith Words

Confirmation
Confirmation is the Sacrament of Initiation by which we receive a special outpouring of the Holy Spirit to strengthen us for carrying out Christ's mission.

chrism
Chrism is perfumed oil that has been blessed by the bishop.

Our Church Teaches

The water in Baptism symbolizes the new life of God's grace and love. The action of putting on a white garment symbolizes putting on a new life with Christ. The lighted candles remind us that Jesus, the Light of the World, will guide these new Catholics.

Chrism, which is used in both Baptism and Confirmation, is a symbol of the person's responsibility to carry out Jesus' work. The laying on of hands in Confirmation symbolizes the Holy Spirit passing onto the person being confirmed.

Dorothy Day: Participar en la misión de Cristo

Cuando Dorothy Day tenía ocho años, su padre perdió el trabajo y la familia se mudó a un vecindario pobre de Chicago. Pronto, su padre encontró otro trabajo y la familia se volvió a mudar. Debido a esta experiencia, Dorothy nunca olvidó las necesidades de las personas pobres.

Después de que Dorothy fue a la universidad, empezó a trabajar como periodista en un periódico de la ciudad de Nueva York. No tenía creencias religiosas, pero se interesó en la fe católica a través de una hermana religiosa. Poco a poco, Dorothy empezó a aceptar a Jesús y se unió a la Iglesia Católica.

Dorothy quería hallar maneras de mejorar la vida de los pobres. Conoció a Peter Maurin, que tenía la misma idea. Juntos abrieron una casa de hospitalidad donde los pobres podían quedarse y recibir alimentos y ropa. Peter alentó a Dorothy para que usara los dones que Dios le había dado para crear un periódico que describiera lo que estaba haciendo. Pronto, Dorothy se dio cuenta de que los artículos de su periódico estaban haciendo que las personas tomaran conciencia de las necesidades de los pobres. Su periódico, *El trabajador católico,* costaba sólo un centavo, tal como hoy.

Dorothy y Peter crearon el Movimiento del Trabajador Católico, que abrió muchas casas de hospitalidad en todos los Estados Unidos. Durante cincuenta años, Dorothy compartió la preocupación de Jesús por los pobres y convirtió en realidad su compromiso bautismal.

Dorothy Day: Sharing in Christ's Mission

When Dorothy Day was eight years old, her father lost his job, and the family moved to a poor neighborhood in Chicago. Soon her father found another job, and the family moved again. Because of this experience, Dorothy never forgot about the needs of people who were poor.

After Dorothy went to college, she began working as a newspaper reporter in New York City. She had no religious beliefs but became interested in the Catholic faith through a religious sister. Slowly Dorothy began to accept Jesus, and she joined the Catholic Church.

Dorothy wanted to find ways to improve the lives of people who were poor. She met Peter Maurin, who had the same idea. Together they opened a house of hospitality where people who were poor could stay and get food and clothing. Peter encouraged Dorothy to use her God-given gifts to start a newspaper that would describe what she was doing. Soon Dorothy realized that the articles in her paper were making people aware of the needs of the poor. Her newspaper, *The Catholic Worker*, cost only a penny, just as it does today.

Dorothy and Peter started the Catholic Worker Movement, which opened many houses of hospitality across the United States. For fifty years, Dorothy shared Jesus' concern for the poor and truly lived out her baptismal commitment.

Actividades

1. Dorothy Day convirtió en realidad su compromiso bautismal ayudando a los pobres. En los siguientes renglones, escribe algo que puedes hacer para convertir en realidad tu compromiso bautismal.

   _____

   _____

2. Vuelve a la página 104 para averiguar qué representa cada símbolo. Dibuja una línea que relacione el símbolo con lo que representa.

   Cristo guiando a los católicos nuevos

   responsabilidad para llevar a cabo la obra de Jesús

   recibir el Espíritu Santo como guía

   nueva vida con Cristo

   nueva vida de la gracia y el amor de Dios

3. Junto a cada símbolo, escribe el nombre del sacramento que usa ese símbolo. Puede haber más de una respuesta.

   1. agua _____

   2. crisma _____

   3. vestidura blanca _____

   4. vela encendida _____

   5. imposición de las manos _____

Activities

1. Dorothy Day lived out her baptismal commitment by helping the poor. On the lines below, write one thing you can do to live out your baptismal commitment.

   _____

   _____

2. Turn back to page 105 to find out what each symbol stands for. Draw a line to match the symbol with what it represents.

Christ guiding new Catholics

responsibility to carry out Jesus' work

receiving the Holy Spirit as a guide

new life with Christ

new life of God's grace and love

3. Next to each symbol, write the name of the sacrament that uses that symbol. There could be more than one answer.

   1. water _____

   2. chrism _____

   3. white garment _____

   4. lighted candle _____

   5. laying on of hands _____

✝ Celebración de la oración

Renovación de las promesas bautismales

Nosotros hicimos nuestras promesas bautismales o las hicieron nuestros padres y padrinos por nosotros el día en que fuimos bautizados. Renovamos estas promesas en la Misa durante el domingo de Pascua y cada vez que participamos en una liturgia de Bautismo. También podemos hacerlo en clase.

Líder: Ahora, renovemos nuestras promesas bautismales.

Líder: ¿Creen en Dios Padre Todopoderoso, creador del cielo y de la tierra?

Todos: Sí, creo.

Líder: ¿Creen en Jesucristo, su único Hijo, Señor nuestro, que nació de María Virgen, padeció, fue sepultado, resucitó de entre los muertos y está sentado a la derecha del Padre?

Todos: Sí, creo.

Líder: ¿Creen en el Espíritu Santo, la santa Iglesia Católica, en la comunión de los santos, en el perdón de los pecados, en la resurrección de los muertos, y en la vida eterna?

Todos: Sí, creo.

Líder: Ésta es nuestra fe. Ésta es la fe de la Iglesia, que nos gloriamos de profesar, en Jesucristo, nuestro Señor.

Todos: Amén.

Ritual para el Bautismo de los niños

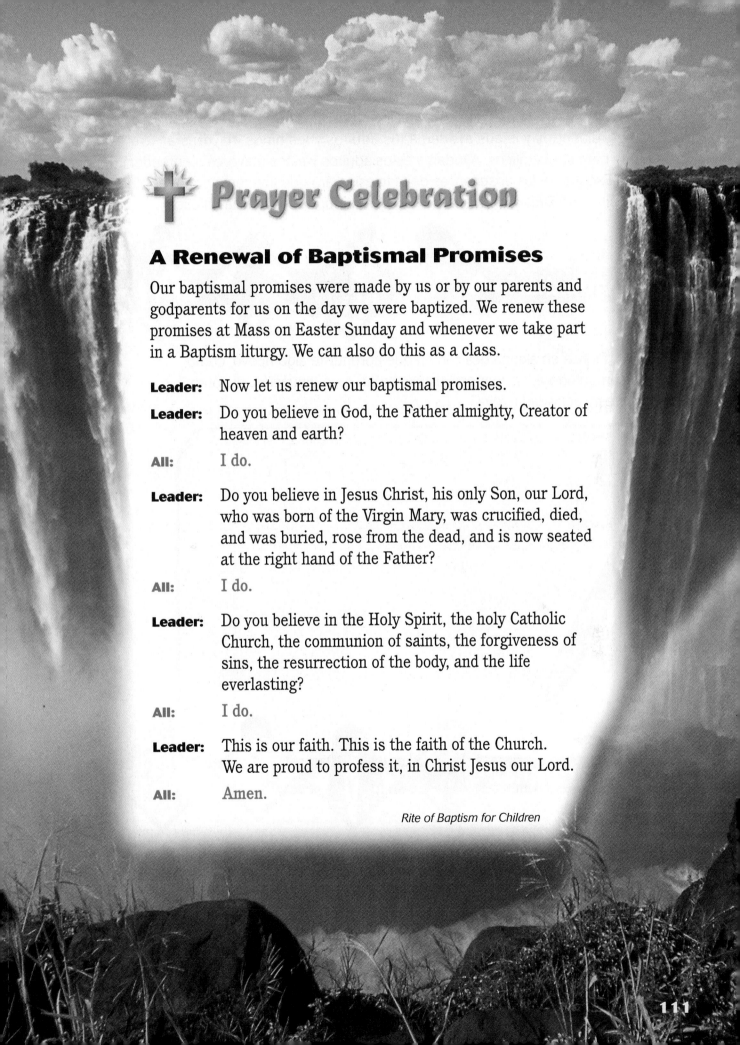

✝ Prayer Celebration

A Renewal of Baptismal Promises

Our baptismal promises were made by us or by our parents and godparents for us on the day we were baptized. We renew these promises at Mass on Easter Sunday and whenever we take part in a Baptism liturgy. We can also do this as a class.

Leader: Now let us renew our baptismal promises.

Leader: Do you believe in God, the Father almighty, Creator of heaven and earth?

All: I do.

Leader: Do you believe in Jesus Christ, his only Son, our Lord, who was born of the Virgin Mary, was crucified, died, and was buried, rose from the dead, and is now seated at the right hand of the Father?

All: I do.

Leader: Do you believe in the Holy Spirit, the holy Catholic Church, the communion of saints, the forgiveness of sins, the resurrection of the body, and the life everlasting?

All: I do.

Leader: This is our faith. This is the faith of the Church. We are proud to profess it, in Christ Jesus our Lord.

All: Amen.

Rite of Baptism for Children

La fe en acción

Catequistas del RICA En el Rito de la Iniciación Cristiana de Adultos (RICA), sacerdotes, diáconos y laicos ayudan a los adultos y los niños mayores a prepararse para ser católicos. Ayudan a estos adultos y niños mayores a entender la Sagrada Escritura y las enseñanzas de la Iglesia para que lleguen a conocer el poderoso amor de Dios y la alegría de ser un miembro de la familia católica.

En la vida diaria

Actividad Piensa en alguna ocasión en que aprendiste algo nuevo, como usar una computadora, cocinar galletitas o nadar. A continuación, di cómo aprendiste esta actividad nueva.

En tu parroquia

Actividad Imagina que tienes un amigo que está tomando las clases del RICA y se está preparando para ser católico. Tu amigo te pide que lo ayudes a aprender más sobre Dios y la Iglesia. Enumera dos cosas que compartirías con tu amigo.

1. _____

2. _____

Faith in Action

RCIA Catechists In the Rite of Christian Initiation of Adults (RCIA), priests, deacons, and laypeople help adults and older children prepare to become Catholics. They help these adults and older children to understand Scripture and the teachings of the Church so that they will come to know the powerful love of God and the joy of being a member of the Catholic family.

In Everyday Life

Activity Think about a time when you learned something new such as using a computer, baking cookies, or swimming. Below, tell how you learned this new activity.

In Your Parish

Activity Imagine that you have a friend who is taking RCIA classes and preparing to become a Catholic. Your friend asks you to help him learn more about God and the Church. List two things that you would share with your friend.

1. _____

2. _____

7 Gracia: Un don de fortaleza y apoyo

OREMOS El Espíritu de Dios, que es gracia, nos anima a seguir sus enseñanzas y sus leyes.

Basado en Ezequiel 36:27

Compartimos

Varias familias de la Parroquia de la Santa Cruz estaban preparándose para pasar una semana en los montes Apalaches, en Kentucky. Iban a ayudar a una organización cristiana de allí que repara y construye casas para los necesitados. Los miembros de la familia Barrett estaban cargando su automóvil y los mellizos, Luke y Sara, estaban enojados. No querían pasar el receso de primavera ayudando a los adultos a construir casas. Querían estar con sus amigos, ir al cine, practicar deportes y escuchar música.

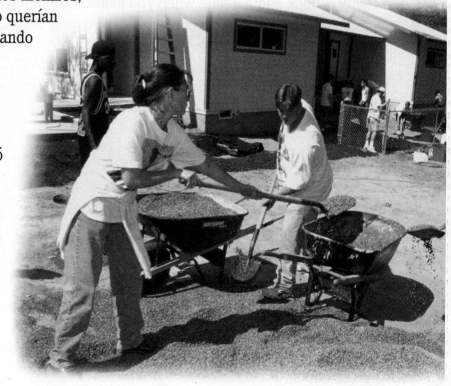

El papá de Luke y Sara les explicó que la gracia que recibimos en el Bautismo y en la Confirmación nos alienta a hacer sacrificios por el bien de los demás y a ser verdaderos testigos de Jesucristo en el mundo.

Actividad

Cuenta acerca de alguna vez que hayas hecho un sacrificio por el bien de otra persona.

_____

_____

_____

_____

_____

_____

7 Grace: A Gift of Strength and Support

God's Spirit, which is grace, encourages us to follow his teachings and laws.

Based on Ezekiel 36:27

Share

Several families from Holy Cross parish were getting ready to spend a week in the Appalachian Mountains in Kentucky. They would be helping a Christian organization there that repairs and builds homes for people in need. The members of the Barrett family were packing up their car, and the twins, Luke and Sara, were angry. They did not want to spend spring break helping the adults build houses. They wanted to spend time with their friends, going to the movies, playing sports, and listening to music.

Luke and Sara's dad explained to them that the grace we receive at Baptism and Confirmation challenges us to make sacrifices for the good of others and to be true witnesses of Jesus Christ in the world.

Activity

Tell about a time when you made a sacrifice for the good of someone else.

_____

_____

_____

_____

_____

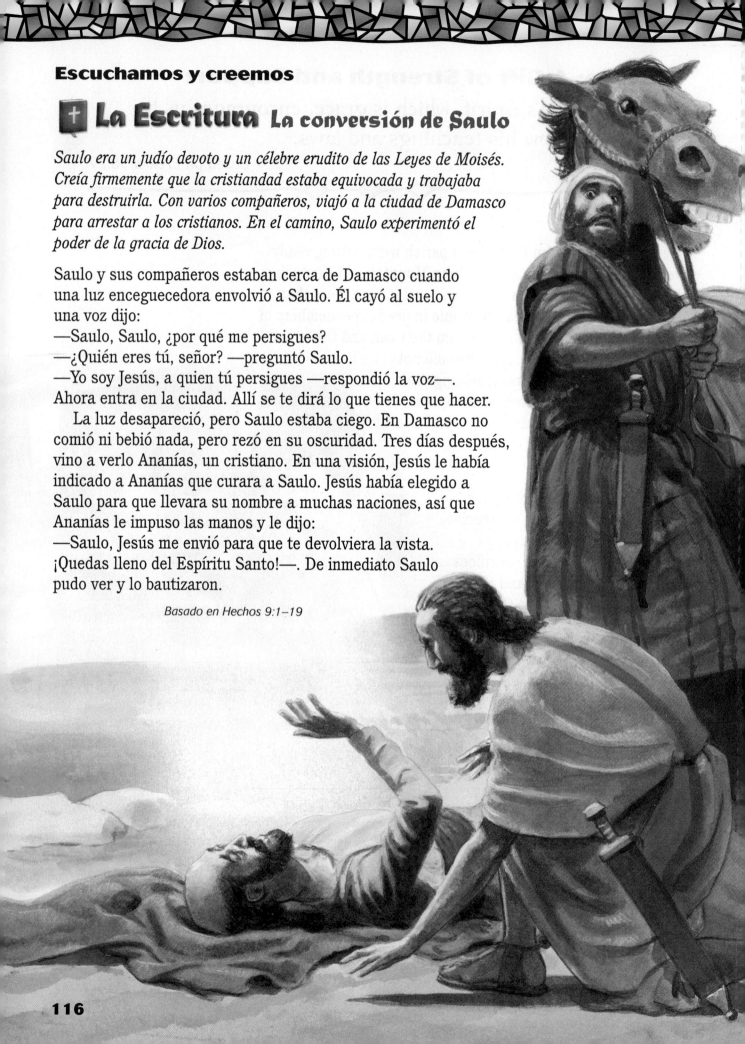

Escuchamos y creemos

✝ La Escritura La conversión de Saulo

Saulo era un judío devoto y un célebre erudito de las Leyes de Moisés. Creía firmemente que la cristiandad estaba equivocada y trabajaba para destruirla. Con varios compañeros, viajó a la ciudad de Damasco para arrestar a los cristianos. En el camino, Saulo experimentó el poder de la gracia de Dios.

Saulo y sus compañeros estaban cerca de Damasco cuando una luz enceguecedora envolvió a Saulo. Él cayó al suelo y una voz dijo:

—Saulo, Saulo, ¿por qué me persigues?

—¿Quién eres tú, señor? —preguntó Saulo.

—Yo soy Jesús, a quien tú persigues —respondió la voz—. Ahora entra en la ciudad. Allí se te dirá lo que tienes que hacer.

La luz desapareció, pero Saulo estaba ciego. En Damasco no comió ni bebió nada, pero rezó en su oscuridad. Tres días después, vino a verlo Ananías, un cristiano. En una visión, Jesús le había indicado a Ananías que curara a Saulo. Jesús había elegido a Saulo para que llevara su nombre a muchas naciones, así que Ananías le impuso las manos y le dijo:

—Saulo, Jesús me envió para que te devolviera la vista. ¡Quedas lleno del Espíritu Santo!—. De inmediato Saulo pudo ver y lo bautizaron.

Basado en Hechos 9:1–19

Hear & Believe

✝ Scripture Saul's Conversion

Saul was a devout Jew and a noted scholar of the Law of Moses. He strongly believed that Christianity was wrong, and he worked to destroy it. With several companions, he traveled to the city of Damascus to arrest Christians. On his way there, Saul experienced the power of God's grace.

Saul and his companions were nearing Damascus when a blinding light flashed around Saul. He fell to the ground. A voice called, "Saul, Saul, why do you persecute me?"

"Who are you, sir?" Saul cried out.

"I am Jesus, whom you are persecuting," the voice answered. "Now go into the city. You will be told there what to do."

The light vanished, but Saul was blinded. In Damascus, he neither ate nor drank, but prayed in his darkness. After three days, Ananias, a Christian man, came to Saul. In a vision, Jesus had instructed Ananias to heal Saul. Jesus had chosen Saul to carry his name to many nations, so Ananias laid his hands upon him. He said, "Saul, Jesus sent me to give you sight. Be filled with the Holy Spirit!" Immediately, Saul could see and he was baptized.

Based on Acts 9:1–19

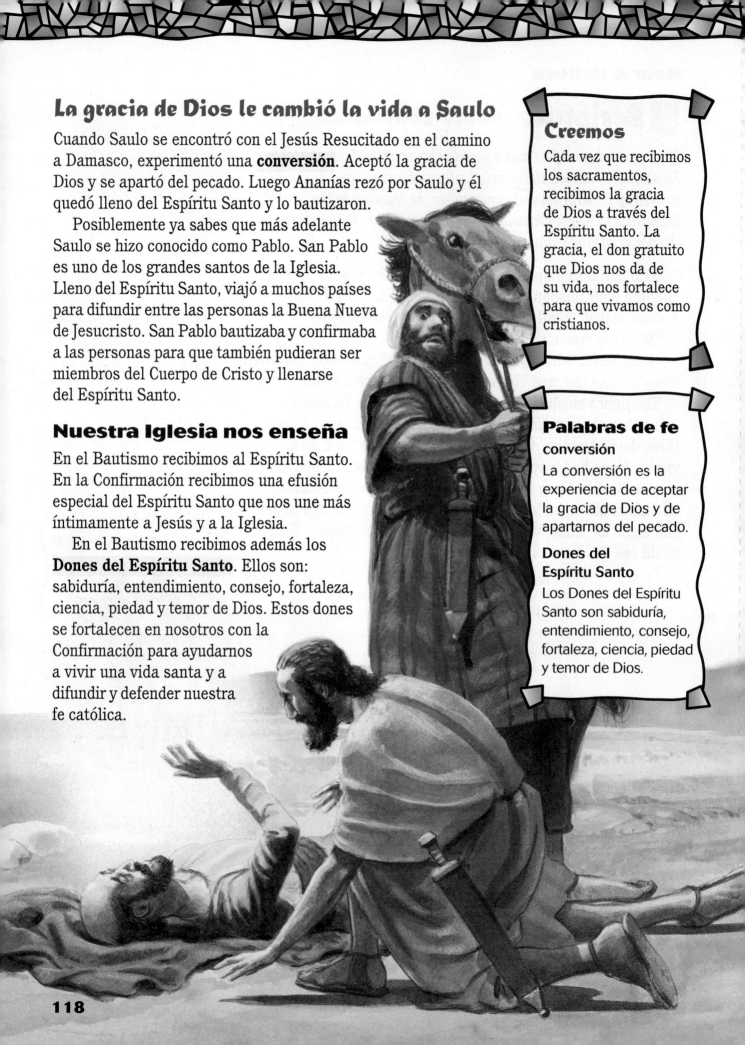

La gracia de Dios le cambió la vida a Saulo

Cuando Saulo se encontró con el Jesús Resucitado en el camino a Damasco, experimentó una **conversión**. Aceptó la gracia de Dios y se apartó del pecado. Luego Ananías rezó por Saulo y él quedó lleno del Espíritu Santo y lo bautizaron.

Posiblemente ya sabes que más adelante Saulo se hizo conocido como Pablo. San Pablo es uno de los grandes santos de la Iglesia. Lleno del Espíritu Santo, viajó a muchos países para difundir entre las personas la Buena Nueva de Jesucristo. San Pablo bautizaba y confirmaba a las personas para que también pudieran ser miembros del Cuerpo de Cristo y llenarse del Espíritu Santo.

Nuestra Iglesia nos enseña

En el Bautismo recibimos al Espíritu Santo. En la Confirmación recibimos una efusión especial del Espíritu Santo que nos une más íntimamente a Jesús y a la Iglesia.

En el Bautismo recibimos además los **Dones del Espíritu Santo**. Ellos son: sabiduría, entendimiento, consejo, fortaleza, ciencia, piedad y temor de Dios. Estos dones se fortalecen en nosotros con la Confirmación para ayudarnos a vivir una vida santa y a difundir y defender nuestra fe católica.

Creemos

Cada vez que recibimos los sacramentos, recibimos la gracia de Dios a través del Espíritu Santo. La gracia, el don gratuito que Dios nos da de su vida, nos fortalece para que vivamos como cristianos.

Palabras de fe

conversión

La conversión es la experiencia de aceptar la gracia de Dios y de apartarnos del pecado.

Dones del Espíritu Santo

Los Dones del Espíritu Santo son sabiduría, entendimiento, consejo, fortaleza, ciencia, piedad y temor de Dios.

118

God's Grace Changed Saul's Life

When Saul met the Risen Jesus on the road to Damascus, he experienced a **conversion**. He accepted God's grace and turned away from sin. Ananias then prayed for Saul, and he was filled with the Holy Spirit and was baptized.

You may already know that Saul later became known as Paul. He is one of the greatest saints of the Church. Filled with the Holy Spirit, Saint Paul traveled to many countries, telling the people the Good News of Jesus Christ. Saint Paul baptized and confirmed the people so that they too could be members of Christ's Body and be filled with the Holy Spirit.

Our Church Teaches

We receive the Holy Spirit at Baptism. At Confirmation, we receive a special outpouring of the Holy Spirit that binds us more closely to Jesus and the Church.

At Baptism, we also receive the **Gifts of the Holy Spirit**. They are wisdom, understanding, right judgment, courage, knowledge, reverence, and wonder and awe. These gifts are strengthened in us at Confirmation to help us live holy lives and spread and defend our Catholic faith.

We Believe

Each time we receive the sacraments, we receive God's grace through the Holy Spirit. Grace, God's free gift of his life, strengthens us to live as Christians.

Faith Words

conversion
A conversion is the experience of accepting God's grace and turning away from sin.

Gifts of the Holy Spirit
The Gifts of the Holy Spirit are wisdom, understanding, right judgment, courage, knowledge, reverence, and wonder and awe.

Santa Catalina Drexel: Santa estadounidense

Catalina María Drexel nació en Filadelfia, Pensilvania, el 26 de noviembre de 1858. Venía de una familia muy adinerada y poderosa. Desde muy temprana edad, Catalina tomó conciencia de que muchas personas vivían en la pobreza. Sus padres ayudaban generosamente a los pobres de su ciudad. Incluso, tres días por semana, les abrían las puertas de su casa.

Cuando era joven, Catalina Drexel se enteró de que muchos indígenas norteamericanos vivían en la pobreza. En una visita a Roma, le pidió al Papa León XIII que les enviara misioneros, y el papa le preguntó por qué no se hacía misionera ella misma.

Cuando sus padres murieron, Catalina heredó gran cantidad de riquezas. Ella quería usar su dinero para ayudar a los demás. Quería que la obra de Dios fuera su obra y sabía que la gracia de Dios no le fallaría. Catalina fundó las Hermanas del Santísimo Sacramento. Ella y las hermanas de su congregación dedicaron su obra misionera a los afroamericanos y a los indígenas norteamericanos. Las hermanas pasaban largas horas en los tranvías de las ciudades y viajaban en trenes y en diligencias por los Estados Unidos. Abrieron misiones y escuelas en trece estados. Además, las Hermanas del Santísimo Sacramento fundaron la Universidad de Xavier en Nueva Orleáns. Fue una de las primeras universidades para afroamericanos en los Estados Unidos.

Cuando la Madre Catalina ya tenía más de setenta años, sufrió un ataque cardíaco grave. Durante los 20 años siguientes, pasó muchas horas en profunda oración ante el Santísimo Sacramento de Jesús. Murió el 3 de marzo de 1955, a los 96 años de edad. Por su vida de servicio amoroso y de oración, la canonizaron en el año 2000. Su día es el 3 de marzo.

Respond

Saint Katharine Drexel: American Saint

Katharine Mary Drexel was born in Philadelphia, Pennsylvania, on November 26, 1858. She came from a very wealthy and powerful family. From an early age, Katharine was aware that many people lived in poverty. Her parents gave generously to help the poor in their city. They also opened their home to the poor of Philadelphia three days a week.

As a young woman, Katharine Drexel learned that many Native Americans in the United States lived in poverty. On a visit to Rome, she asked Pope Leo XIII to send missionaries to them, but the pope said, "Why don't you become a missionary, Katharine?"

After the death of her parents, Katharine inherited a great deal of wealth. She wanted to use her wealth to help other people. She wanted God's work to be her work, and she knew that God's grace would not fail her. Katharine founded the Sisters of the Blessed Sacrament. Katharine and the sisters in her congregation dedicated their missionary work to the African American and Native American people of the United States. The sisters spent long hours on city trolleys and on trains and stagecoaches traveling around the United States. They started missions and schools in thirteen states. The Sisters of the Blessed Sacrament also founded Xavier University in New Orleans. It was one of the first universities for African Americans in the United States.

When Mother Katharine was in her seventies, she suffered a severe heart attack. Over the next 20 years, she spent many hours in deep prayer before Jesus in the Blessed Sacrament. Mother Katharine died on March 3, 1955, at the age of 96. Because of her life of loving service and prayer, she was canonized a saint in 2000. Her feast day is March 3.

Actividades

Los Dones del Espíritu Santo

sabiduría nos ayuda a conocer la voluntad de Dios para nuestra vida

entendimiento nos permite saber las enseñanzas de nuestra fe católica

consejo nos ayuda a saber qué es lo correcto y a hacer buenas elecciones

fortaleza nos da fuerzas para que seamos testigos de Jesucristo y defendamos nuestra fe católica

ciencia nos ayuda a saber que Dios es lo más importante en la vida

piedad nos ayuda a amar y a respetar a Dios y a todo lo que Él ha creado

temor de Dios nos ayuda a estar llenos de reverencia por Dios y de agradecimiento por todas sus bendiciones

1. Mira el relato de la página 120. Nombra un Don del Espíritu Santo que Santa Catalina haya usado y describe de qué manera ayudó con él a los demás.

   _____

   _____

2. Elige uno de los Dones del Espíritu Santo y di cómo te ayuda a vivir tu fe católica.

   _____

   _____

3. Describe una situación en la que alguien de tu edad necesite el don del consejo.

   _____

   _____

Activities

The Gifts of the Holy Spirit

wisdom helps us to know God's will for our lives

understanding enables us to know the teachings of our Catholic faith

right judgment helps us to know what is right and to make good choices

courage strengthens us to be witnesses of Jesus Christ and to defend our Catholic faith

knowledge helps us to know that God is more important than anything else in life

reverence helps us to love and respect God and all that he has created

wonder and awe helps us to be filled with reverence for God and thanksgiving for all his blessings

1. Look at the story on page 121. Name one gift of the Holy Spirit that Saint Katharine used and describe how she used it to help others.

_____

_____

2. Choose one of the Gifts of the Holy Spirit and tell how it helps you to live your Catholic faith.

_____

_____

3. Describe a situation in which someone your age would need the gift of right judgment.

_____

_____

Celebración de la oración

Oración por los siete Dones del Espíritu Santo

Líder: Dios, Padre nuestro, antes de que Jesús, tu Hijo, ascendiera al cielo, prometió enviar el Espíritu Santo a sus Apóstoles. Haz que el Espíritu Santo perfeccione en nuestra vida la obra de tu gracia y de tu amor.

Grupo 1: Espíritu Santo, fortalécenos con el don de la sabiduría.

Grupo 2: Espíritu Santo, fortalécenos con los dones del entendimiento y el consejo.

Grupo 3: Espíritu Santo, fortalécenos con los dones de la fortaleza y la ciencia.

Grupo 4: Espíritu Santo, fortalécenos con los dones de la piedad y el temor de Dios.

Todos: Jesucristo, llénanos con los Dones del Espíritu Santo para que cada día proclamemos la Buena Nueva de la salvación a través de nuestras palabras y acciones.

Prayer Celebration

A Prayer for the Seven Gifts of the Holy Spirit

Leader: God our Father, before your Son, Jesus, ascended into heaven, he promised to send the Holy Spirit to his Apostles. Grant that the Holy Spirit may perfect in our lives the work of your grace and love.

Group 1: Holy Spirit, strengthen us with the gift of wisdom.

Group 2: Holy Spirit, strengthen us with the gifts of understanding and right judgment.

Group 3: Holy Spirit, strengthen us with the gifts of courage and knowledge.

Group 4: Holy Spirit, strengthen us with the gifts of reverence and wonder and awe.

All: Christ Jesus, fill us with the Gifts of the Holy Spirit so that each day we may proclaim the Good News of salvation through our words and actions.

La fe en acción

Padrinos de Confirmación Cuando una persona recibe el Sacramento de la Confirmación, la Iglesia requiere que tenga un padrino o una madrina. Un padrino o una madrina de Confirmación ayuda a la persona a prepararse para el sacramento enseñándole a ser un seguidor maduro de Jesús. Eso implica vivir a diario de acuerdo con nuestra fe católica y tomar buenas decisiones morales.

En la vida diaria

Actividad En cada columna, marca un elemento que describa el área en la que podrías hacer mejores elecciones que reflejen tus valores católicos.

____ programas de TV ____ relaciones en casa ____ pasar tiempo rezando

____ películas o DVD ____ amistades en la escuela ____ ir a la Misa del domingo

____ música que escucho ____ jugar según las reglas ____ mi actitud por la iglesia

____ sitios Web que visito ____ la ropa que uso ____ mis acciones en la iglesia

En tu parroquia

Actividad Describe tres maneras en que puedes ser un buen modelo de conducta cristiano para los niños más pequeños de tu parroquia.

1. _____

2. _____

3. _____

Faith in Action

Confirmation Sponsors   When a person receives the Sacrament of Confirmation, the Church requires that he or she have a sponsor. A Confirmation sponsor helps the person preparing for the sacrament by showing him or her how to be a mature follower of Jesus. This involves living out daily our Catholic faith and making good moral decisions.

In Everyday Life

Activity   In each column, check one item that describes an area in which you could make better choices that reflect your Catholic values.

____ TV shows	____ relationships at home	____ spending time in prayer
____ movies or DVDs	____ friendships in school	____ going to Sunday Mass
____ music I listen to	____ playing by the rules	____ my attitude about church
____ Web sites I visit	____ the clothes I wear	____ my actions at church

In Your Parish

Activity   Describe three ways you can be a good Christian role model for younger children in your parish.

1. _____

2. _____

3. _____

8 Profesamos nuestra fe

Vayan, pues, y hagan que todos los pueblos sean mis discípulos.

Mateo 28:19

Compartimos

Como estadounidenses, creemos que "la vida, la libertad y la búsqueda de la felicidad" son derechos que pertenecen a todos. Estos derechos están en la Declaración de Independencia, que escribió Thomas Jefferson y que ratificaron los fundadores de nuestro país hace más de 200 años. En nuestra familia, hay creencias importantes sobre conductas y valores que se transmiten de una generación a otra. Los adultos de nuestra familia nos han contado lo que ellos creen que es más importante, y es muy probable que nosotros compartamos estas mismas creencias con nuestros hijos.

Actividad

En el siguiente espacio, escribe un enunciado sobre un valor que hayas aprendido y que querrás trasmitirles a tus hijos. Di por qué crees que es importante.

Yo valoro

_____

_____

_____

_____

_____

_____

_____

_____

8 We Profess Our Faith

Go, therefore, and make disciples of all nations.

Matthew 28:19

Share

As Americans, we believe that "life, liberty, and the pursuit of happiness" are rights that belong to everybody. These rights are in the Declaration of Independence, which was written by Thomas Jefferson and agreed to by our country's founders more than 200 years ago. In our families there are important beliefs about behavior and values that are passed down from one generation to another. The adults in our families have told us what they believe is most important, and we will most likely share these same beliefs with our children.

Activity

In the space below, write one statement about a value you have learned and that you will want to pass on to your children. Tell why you think it is important.

I value

✝ La Escritura Enseñar a todos los pueblos

Después de la Resurrección, Jesús se apareció a los Apóstoles varias veces. En la última ocasión, se les apareció en la ladera de una montaña, en Galilea. Los Apóstoles estaban felices de volver a estar con Jesús, pero también estaban llenos de dudas.

Jesús comprendió que los Apóstoles no estaban seguros de lo que tenían que hacer después de que Él regresara a su Padre en el cielo. Le dijo a los Apóstoles: "Vayan y hagan que todos los pueblos sean mis discípulos. Enséñenles todo lo que yo les he enseñado para que ellos crean en mí. Bauticen discípulos nuevos en el nombre del Padre, y del Hijo y del Espíritu Santo". Luego Jesús les aseguró a los Apóstoles: "Yo estoy con ustedes todos los días hasta el fin de la historia".

Basado en Mateo 28:16–20

Hear & Believe

✚ Scripture Teach All Nations

After the Resurrection, Jesus appeared to the Apostles several times. On the last occasion, he appeared to them on a mountainside in Galilee. The Apostles were happy to be with Jesus again, but they were also filled with doubts.

Jesus understood that the Apostles were uncertain about what they were to do after he returned to his Father in heaven. He said to the Apostles, "Go and make disciples of all nations. Teach the people all that I taught you so that they will believe in me. Baptize new disciples in the name of the Father, and of the Son, and of the Holy Spirit." Then Jesus assured the Apostles, "I will be with you always, until the end of time."

Based on Matthew 28:16–20

Los Apóstoles profesan su fe

Jesús encargó a los Apóstoles que fueran por el mundo y que enseñaran a las personas todo lo que Él les había enseñado. Con la ayuda del Espíritu Santo, los Apóstoles y los demás discípulos de Jesús proclamaron la Buena Nueva de la salvación. También desarrollaron un credo, o enunciado de sus creencias. Este credo se conoce como el **Credo de los Apóstoles**. Contiene las verdades fundamentales de la fe católica.

Cuando rezamos el Credo de los Apóstoles, proclamamos nuestra creencia en la Santísima Trinidad. La Santísima Trinidad es el misterio fundamental de la fe y de la vida cristianas.

Nuestra Iglesia nos enseña

Rezamos el Credo de los Apóstoles porque es el verdadero resumen de la fe de los Apóstoles. La Iglesia ha estado rezando el Credo de los Apóstoles durante casi 2,000 años. San Ambrosio, que vivió en el siglo IV, llamó al Credo "el tesoro de nuestra alma".

Cuando rezamos el Credo de los Apóstoles, nos unimos con Dios Padre, Dios Hijo y Dios Espíritu Santo. También nos unimos con todos los miembros del Cuerpo de Cristo, la Iglesia.

The Apostles Profess Their Faith

Jesus commissioned the Apostles to go out into the world and teach the people all that he had taught them. With the help of the Holy Spirit, the Apostles and Jesus' other disciples proclaimed the Good News of salvation. They also developed a creed, or a statement of their beliefs. This creed became known as the **Apostles' Creed**. It contains the central truths of the Catholic faith.

When we pray the Apostles' Creed, we proclaim our belief in the Blessed Trinity. The Blessed Trinity is the central mystery of the Christian faith and of Christian life.

Our Church Teaches

We pray the Apostles' Creed because it is the true summary of the Apostles' faith. The Church has been praying the Apostles' Creed for almost 2,000 years. Saint Ambrose, who lived in the fourth century, called the Creed "the treasure of our soul."

When we pray the Apostles' Creed, we are uniting ourselves with God the Father, God the Son, and God the Holy Spirit. We are also uniting ourselves with all the members of the Body of Christ, the Church.

Respondemos

San Patricio de Irlanda

No se sabe mucho sobre los primeros años de la vida de San Patricio, el santo patrón de Irlanda. Nació en lo que se llamaba Bretaña, en el siglo v. Puede haber provenido de una familia adinerada. En los primeros años de la adolescencia, a Patricio lo capturaron unos piratas y lo llevaron a Irlanda como esclavo pastor.

A menudo, tenía frío y hambre, y estaba solo. Pensaba que nunca más volvería a ver su hogar ni a su familia. Pero no perdió la esperanza. Rezaba con frecuencia mientras arreaba a los animales. Este hábito de la oración se volvió una fuente de alegría para él. También llegó a amar a Irlanda y a su pueblo. Finalmente, Patricio se escapó hacia Bretaña, donde se ordenó sacerdote.

Años más tarde, Patricio regresó a Irlanda como misionero. En aquellos días, Irlanda no era territorio cristiano. Patricio empezó a hablar a los irlandeses sobre la fe católica. Se dio cuenta de que las personas tenían un profundo respeto por la tierra y el mar. Patricio hablaba sobre las cosas simples de la tierra, tal como Jesús. Hablaba de las plantas que florecían y los arroyos burbujeantes. Cuenta la leyenda que, un día, Patricio recogió un trébol. Les dijo a los que lo escuchaban que la Santísima Trinidad es como el trébol de tres hojas. Así como el trébol es una planta, así Dios es uno. Así como el trébol tiene tres hojas, así Dios es tres Personas: Padre, Hijo y Espíritu Santo.

El pueblo de Irlanda eligió la fe de Patricio. Los irlandeses siguieron siendo católicos fieles en los tiempos buenos y en los malos, en períodos de persecución y de hambre. Cuando muchos irlandeses emigraron a los Estados Unidos en el siglo xix, llevaron con ellos su fe católica. Hoy, los católicos irlandeses de los Estados Unidos están orgullosos de proclamar su fe y de reivindicar a San Patricio como su santo especial. Su día festivo, el día de San Patricio, se celebra el 17 de Marzo.

Respond

Saint Patrick of Ireland

Not much is known about the early life of Saint Patrick, the patron saint of Ireland. He was born in what was called Britain in the 400s. He may have come from a wealthy family. In his early teens, Patrick was captured by pirates and taken to Ireland as a shepherd slave.

Often, he was cold, hungry, and lonely. He thought he would never again see his home and family. But he did not lose hope. He frequently prayed as he herded animals. This habit of prayer became a source of joy for him. He also came to love Ireland and its people. Finally, Patrick escaped to Britain, where he became a priest.

Years later, Patrick returned to Ireland as a missionary. In those days, Ireland was not a Christian land. Patrick began telling the Irish people about his Catholic faith. He noticed that the people had a deep respect for the earth and sea. Patrick talked about the simple things of the earth, just as Jesus did. He spoke of the flowering plants and sparkling streams. Legend has it that one day, Patrick picked up a shamrock. He told his listeners that the Blessed Trinity is like the three-leafed shamrock. As the shamrock is one plant, so God is one. As the shamrock is three-leafed, so God is three Persons—the Father, the Son, and the Holy Spirit.

The people of Ireland chose the faith of Patrick. The Irish people remained faithful Catholics through good times and bad, through periods of persecution and famine. When many Irish people immigrated to the United States in the nineteenth century, they took their Catholic faith with them. Today Irish Catholics in America are proud to proclaim their faith and claim Saint Patrick as their special saint. His feast day, St. Patrick's Day, is celebrated on March 17.

Actividad

En el símbolo de la Santísima Trinidad, escribe una verdad que hayas aprendido sobre cada Persona divina.

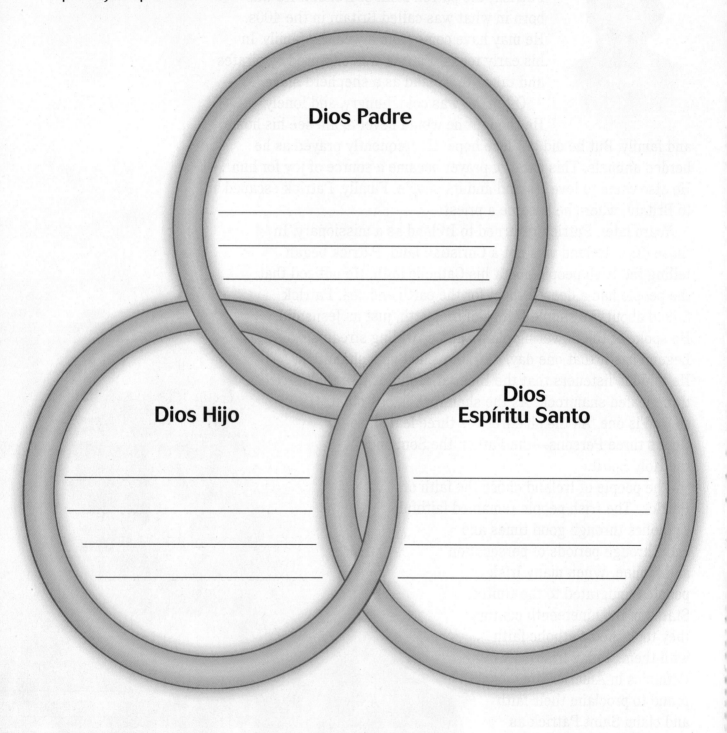

Dios Padre

_____

_____

_____

Dios Hijo

_____

_____

_____

_____

Dios Espíritu Santo

_____

_____

_____

_____

Activity

In the symbol of the Blessed Trinity, write one truth that you have learned about each divine Person.

God the Father

_____

_____

_____

_____

God the Son

_____

_____

_____

God the Holy Spirit

_____

_____

_____

Celebración de la oración

El Credo de los Apóstoles

Cuando decimos "Creo", nos estamos comprometiendo con lo que creemos. Cuando rezamos el Credo de los Apóstoles, estamos aceptando nuestras creencias como cristianos y estamos prometiendo vivir según ellas.

Creo en Dios, Padre Todopoderoso,
 Creador del cielo y de la tierra.

Creo en Jesucristo, su único Hijo,
 nuestro Señor,
 que fue concebido por obra y gracia
 del Espíritu Santo, nació de Santa María Virgen,
 padeció bajo el poder de Poncio Pilato,
 fue crucificado, muerto y sepultado,
 descendió a los infiernos,
 al tercer día resucitó de entre los muertos,
 subió a los cielos
 y está sentado a la derecha de Dios,
 Padre Todopoderoso.
 Desde allí ha de venir a juzgar a vivos y muertos.

Creo en el Espíritu Santo,
 la santa Iglesia Católica,
 la comunión de los santos,
 el perdón de los pecados,
 la resurrección de la carne
 y la vida eterna.
    Amén.

Prayer Celebration

The Apostles' Creed

When we say "I believe," we are pledging ourselves to what we believe. When we say the Apostles' Creed, we are agreeing to our beliefs as Christians and are promising to live by them.

I believe in God, the Father almighty,
    Creator of heaven and earth,
and in Jesus Christ, his only Son, our Lord,
who was conceived by the Holy Spirit,
born of the Virgin Mary,
    suffered under Pontius Pilate,
was crucified, died and was buried;
he descended into hell;
on the third day he rose again from the dead;
he ascended into heaven,
    and is seated at the right hand
    of God the Father almighty;
from there he will come to judge
    the living and the dead.

I believe in the Holy Spirit,
    the holy Catholic Church,
    the communion of saints,
    the forgiveness of sins,
    the resurrection of the body
    and life everlasting.
                Amen.

La fe en acción

Defender la fe   En 1.ª Pedro 3:15–16 se lee: "estén siempre dispuestos para dar una respuesta a quien les pida cuenta de su esperanza, pero háganlo con sencillez y deferencia". Sin embargo, para defender nuestra fe católica, primero nosotros mismos debemos aprender las verdades de nuestra fe. Algunos catequistas están especialmente entrenados para ayudar a los jóvenes a hacerlo. Enseñan a los jóvenes a pensar en las enseñanzas de la Iglesia de modo que puedan compartir su fe con los demás.

En la vida diaria

Actividad   Es muy importante para nosotros, como católicos, comprender realmente lo que la Iglesia enseña. Esto requiere de nuestro tiempo y de nuestro esfuerzo. Ahora, piensa en algo que podrías hacer, además de asistir a las clases de religión, para aprender más sobre tu fe católica. A continuación se dan algunas sugerencias. Marca una o presenta tu propia idea.

_____ buscar un compañero de estudio y juntos aprender más sobre la fe

_____ leer un libro sobre la vida de un santo

_____ hacer un esfuerzo especial para escuchar la homilía del sacerdote en la Misa del domingo

Mi propia idea: _____

En tu parroquia

Actividad   Practica explicar tu fe completando los siguientes enunciados y compartiéndolos después con tus compañeros.

Creo en Dios Padre porque… _____

_____.

Creo en Dios Hijo porque… _____

_____.

Creo en Dios Espíritu Santo porque… _____

_____.

Faith in Action

Defending the Faith   1 Peter 3:15–16 says, "Always be ready to give an explanation to anyone who asks you for a reason for your hope, but do it with gentleness and reverence." However, in order to defend our Catholic faith, we must first learn the truths of our faith ourselves. Some catechists are especially trained to help young people do this. They teach young people to think about the Church's teachings so that they can share their faith with others.

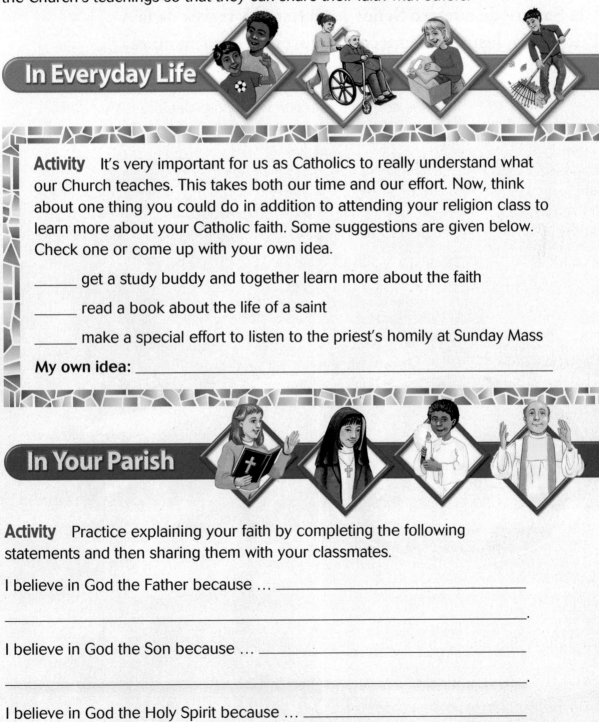

In Everyday Life

Activity   It's very important for us as Catholics to really understand what our Church teaches. This takes both our time and our effort. Now, think about one thing you could do in addition to attending your religion class to learn more about your Catholic faith. Some suggestions are given below. Check one or come up with your own idea.

_____ get a study buddy and together learn more about the faith

_____ read a book about the life of a saint

_____ make a special effort to listen to the priest's homily at Sunday Mass

My own idea: _____

In Your Parish

Activity   Practice explaining your faith by completing the following statements and then sharing them with your classmates.

I believe in God the Father because … _____

_____.

I believe in God the Son because … _____

_____.

I believe in God the Holy Spirit because … _____

_____.

La Eucaristía

Jesús instituyó el Sacramento de la Eucaristía en la Última Cena. En la Eucaristía recibimos el Cuerpo y la Sangre de nuestro Señor Jesucristo. A través de la Eucaristía, Jesús permanece con nosotros para siempre.

¡Yo soy el pan vivo que ha bajado del cielo!
El que come de este pan vivirá para siempre.

Basado en Juan 6:51

Algunos eruditos opinan que la aldea de Amwas puede ser el antiguo emplazamiento de Emaús, donde, como muestra la pintura, el Jesús Resucitado cenó con dos de sus discípulos.

The Eucharist

At the Last Supper, Jesus instituted the Sacrament of the Eucharist. In the Eucharist, we receive the Body and Blood of our Lord Jesus Christ. Through the Eucharist, Jesus remains with us forever.

I am the living bread from heaven!
Everyone who eats this bread will live forever.

Based on John 6:51

Some scholars think the village of Amwas may be the ancient site of Emmaus, where, as the painting shows, the Risen Jesus had supper with two of his disciples.

Yo soy el Pan de Vida

ESTROFAS

1.— Yo soy el Pan de Vi - da. A mí
2. El pan que— yo da - ré_____ es mi
3.— Si us - te - des no co - men la_____
4. Yo soy la— Re - su - rrec - ción,_____
5.— Sí, Se - ñor, cre - e - mos que_____

ven - gan:— no ten - drán ham - bre. En mí
car - ne, la vi - da del mun - do. Los que
car - ne del Hi - jo del Hom - bre, y no
Yo_____ soy la Vi - da. Si en
tú_e - res el Me - sí - as, el_____

cre - an: no ten - drán sed._____ Na - die vie - ne_a
co - men de_es - te pan_____ vi - vi - rán por
be - ben de su san - gre, no be - ben de su
mí us - te - des cre - en,_____ aun - que ha - yan
Hi - jo de Dios,— que has ve - ni - do_al

mí si mi Pa - dre no lo_a - tra - e.
siem - pre._____ vi - vi - rán por siem - pre.
san - gre, no po - drán te - ner mi vi - da.
muer - to,_____ vi - vi - rán por siem - pre.
mun - do pa - ra re - di - mir - nos.

ESTRIBILLO

Yo los re - su - ci - ta - ré,— Yo los re - su - ci - ta -

ré.— Yo los re - su - ci - ta - ré— en el dí - a fi - nal.

Texto: Juan 6 y 11: Suzanne Toolan, RSM. n. 1927: tr. por anon., rev. por Ronald F. Krisman, n. 1946
Música: BREAD OF LIFE, Irregular con estribillo; Suzanne Toolan, RSM. n. 1927
© 1966, 1970, 1986, 1993, 2005. GIA Publications, Inc.

I Am the Bread of Life

VERSES

1. ___ I am the Bread of life. You who
2. The bread that ___ I will give is my
3. Un - less ___ you eat of the
4. ___ I am the Res - ur - rec - tion, ___
5. ___ Yes, Lord, we be - lieve that ___

come to me shall not hun - ger; ___ and who be -
flesh for the life of the world ___ and if you
flesh of the Son of Man ___ and ___
I ___ am the life. ___ If you be -
you ___ are the Christ, ___ the

lieve in me shall not thirst. No one can come to
eat ___ of this bread, ___ you shall ___ live for
drink ___ of his blood, and drink ___ of his
lieve ___ in me, ___ e - ven ___ though you
Son ___ of God, ___ Who ___ has

me un - less the Fa - ther beck - ons.
ev - er, ___ you shall live for ev - er.
blood, you shall not have life with - in you.
die, ___ you shall live for ev - er.
come in - to ___ the world.

REFRAIN

And I will raise ___ you up, ___ and I will raise ___ you

up, ___ and I will raise ___ you up ___ on the last ___ day.

Text: John 6 and 11: Suzanne Toolan, RSM. b. 1927
Tune: BREAD OF LIFE, Irregular with refrain; Suzanne Toolan, RSM. b. 1927
© 1966, 1970, 1986, 1993, 2005. GIA Publications, Inc.

9 La Palabra de Dios nos alimenta

¡Escucha, Israel: el SEÑOR, nuestro Dios,
es el único Señor!

Basado en Deuteronomio 6:4

Compartimos

Aunque no podemos ver a Dios, sabemos que Él está con nosotros siempre.
Podemos sentir su presencia en el amor de los demás y en la belleza de
la creación. Dios nos ama y quiere que estemos cerca de Él. Nos llama,
especialmente a través de la Sagrada Escritura, para que seamos amigos suyos.
Cuando escuchamos las lecturas de la Sagrada Escritura en la Misa, podemos
empezar a entender las numerosas maneras en que Dios se nos revela.

Actividad

Lee los siguientes pasajes de la Sagrada Escritura. En los
renglones a continuación, escribe lo que aprendiste de
cada relato.

Jesús dijo a una gran multitud: "No se preocupen por tener
alimentos y ropa suficientes. Su Padre del cielo sabe lo que
cada uno de ustedes necesita. Sólo tengan fe en Dios y confíen
en Él, y Él se ocupará de darles todo lo que necesiten".

Basado en Mateo 5:1; 6:25–34

_____

_____

Jesús dijo a la multitud: "Traten a los demás como quieren
que ellos los traten a ustedes. Porque si ustedes aman
solamente a quienes los aman, ¿qué mérito tienen? Amen,
en cambio, a sus enemigos y háganles el bien. Entonces su
recompensa en el cielo será grande y serán hijos del Altísimo".

Basado en Lucas 6:31–32, 35

_____

_____

9 God's Word Feeds Us

Hear, O Israel: The LORD our God is one Lord!

Based on Deuteronomy 6:4

Share

Even though we cannot see God, we know he is always with us. We can sense his presence in the love of other people and in the beauty of creation. God loves us and wants us to be close to him. He calls us, especially through the Scriptures, to be his friends. When we listen to the Scripture readings at Mass, we can begin to understand the many ways in which God is revealing himself to us.

Activity

Read the following Scripture passages. On the lines below, write what you learned from each story.

Jesus said to a large crowd of people, "Do not worry about having enough food to eat or clothes to wear. Your heavenly Father knows what each of you needs. Only have faith in God and trust in him, and he will take care of all your needs."

Based on Matthew 5:1; 6:25–34

_____

_____

Jesus said to the crowd, "Do to others as you would have them do unto you. For if you love only those who love you, what reward is there in that? But rather, love your enemies and do good to them. Then your reward in heaven will be great, and you will be children of the Most High God."

Based on Luke 6:31–32, 35

_____

_____

✝ La Escritura El viaje a Emaús

Dos de los discípulos de Jesús iban caminando de Jerusalén a la aldea de Emaús. Hacía tres días que Jesús había muerto, así que estaban tristes y abatidos. Ninguno de los discípulos entendía que la muerte de Jesús era parte del plan de Dios para la salvación del mundo. Lo único que sabían era que habían matado injustamente a su querido maestro y amigo.

Mientras caminaban, un tercer viajero se les unió y les preguntó por qué estaban desanimados. Los discípulos le contaron acerca de Jesús y de cómo lo habían crucificado. Le dijeron que ellos creían que Jesús iba a redimir a Israel. Pero, ahora que estaba muerto, todas sus esperanzas se habían desvanecido.

Entonces el extraño dijo: "¿No entienden ustedes lo que dijeron los profetas hace mucho? ¡Está escrito en la Ley de Moisés y en los Salmos! El Mesías vendrá, pero debe padecer y morir. ¡Y al tercer día resucitará de entre los muertos!".

El extraño continuó explicando la Sagrada Escritura. Los discípulos notaron que, a medida que hablaba, se les encendía el corazón y ahora estaban llenos de alegría. Cuando llegaron a Emaús, le insistieron: "Por favor, quédate con nosotros". Mientras comían juntos, el extraño tomó el pan, lo bendijo, lo partió y se los dio. ¡Inmediatamente los dos discípulos reconocieron que el extraño era Jesús Resucitado! Entonces, ¡Jesús desapareció frente a sus ojos!

Basado en Lucas 24:13–31

Hear & Believe

✝ Scripture The Journey to Emmaus

Two of Jesus' disciples walked along the road from Jerusalem to the village of Emmaus. Both were feeling sad and hopeless after the death of Jesus three days earlier. Neither disciple understood that Jesus' death was part of God's plan for the salvation of the world. They only knew that their beloved teacher and friend had been put to death unfairly.

As they walked along, a third traveler joined them and asked them why they were upset. The disciples told him all about Jesus and how he had been crucified. They told the traveler that they thought Jesus would redeem Israel. But now Jesus was dead and all their hopes were gone.

Then the stranger said, "Do you not understand what the prophets of long ago said? It is written in the Law of Moses and in the Psalms! The Messiah will come, but must suffer and die. Then he will rise from the dead on the third day!"

The stranger continued to explain the Scriptures. The disciples noticed that as he talked their hearts had become lighter and were now filled with joy. When they reached Emmaus, the disciples urged the stranger, "Please stay with us." As they were eating together, the stranger took bread, blessed it, broke it, and gave it to them. Immediately the two disciples recognized that this stranger was the Risen Jesus! Then Jesus vanished before their eyes!

Based on Luke 24:13–31

Entender la Palabra de Dios

Cuando Jesús se unió a los discípulos en el camino a Emaús, no les dijo quién era. Entendió que los discípulos estuvieran tristes y desilusionados. Pero primero quiso fortalecer en ellos la fe en las promesas de Dios. Lo hizo explicándoles la Sagrada Escritura. A medida que los discípulos empezaron a entender la Sagrada Escritura y a confiar en la Palabra de Dios, fueron recuperando la fe.

Cuando por fin Jesús les reveló quién era, rebosaron de alegría. ¡Jesús no estaba muerto, sino que había resucitado! Lo que Dios había prometido en la Sagrada Escritura, lo había cumplido. Pronto los discípulos serían también testigos de la Ascensión de Jesús, cuando regresara con su Padre del cielo.

Nuestra Iglesia nos enseña

Creemos que Dios nos habla a través de la **Sagrada Escritura** y la **Tradición** de nuestra Iglesia. La Sagrada Escritura es la Palabra de Dios escrita, que se encuentra en la Biblia. El autor de la Biblia es Dios, porque los que escribieron la Biblia recibieron la inspiración del Espíritu Santo.

La Biblia se compone del Antiguo Testamento y del Nuevo Testamento. Los cuatro Evangelios nos enseñan acerca de la vida, el sufrimiento, la muerte y la Resurrección de Jesús.

La Tradición son las enseñanzas y los rituales oficiales de la Iglesia, y las costumbres de los Apóstoles que se han ido transmitiendo a lo largo de los siglos. La Tradición nos ayuda a comprender la Sagrada Escritura. La Iglesia interpreta el significado de la Sagrada Escritura de modo que podamos comprender la Palabra de Dios escrita. Así como Jesús explicó la Sagrada Escritura a los discípulos en el camino a Emaús, la Iglesia continúa su obra interpretando la Sagrada Escritura para los católicos de todas las generaciones.

Creemos

Nuestro amoroso Dios nos habla a través de la Sagrada Escritura. Jesús cumple la promesa hecha hace mucho de un Reino de amor y justicia para todas las personas.

Palabras de fe

Sagrada Escritura

La Sagrada Escritura es la Palabra de Dios escrita, que se encuentra en la Biblia. La Iglesia nos enseña que el autor de la Biblia es Dios, porque los que escribieron la Biblia recibieron la inspiración del Espíritu Santo.

Tradición

La Tradición son las enseñanzas y los rituales oficiales de la Iglesia, y las costumbres de los Apóstoles que se han ido transmitiendo a lo largo de los siglos.

Understanding God's Word

When Jesus joined the disciples on the road to Emmaus, he did not tell them who he was. Jesus understood that the disciples were sad and discouraged. He wanted first to build their faith in God's promises. He did this by explaining the Scriptures to them. As the disciples began to understand the Scriptures and to trust in God's Word, their faith was restored.

When Jesus finally revealed to the disciples who he was, they were overjoyed. Jesus was not dead but risen! What God had promised in the Scriptures, he had fulfilled. Soon, Jesus' disciples would also witness his Ascension—when he would return to his Father in heaven.

Our Church Teaches

We believe God speaks to us through **Scripture** and the **Tradition** of our Church. Scripture is the written Word of God found in the Bible. God is the author of the Bible because the writers of the Bible were inspired by the Holy Spirit.

The Bible is made up of the Old Testament and the New Testament. The four Gospels teach us about the life, suffering, death, and Resurrection of Jesus.

The Church's Tradition includes the Church's official teachings, rituals, and customs that have been handed down from the Apostles over the centuries. Tradition helps us to understand Scripture. The Church interprets the meaning of Scripture so that we can understand God's written Word. Just as Jesus explained the Scriptures to the disciples on the way to Emmaus, the Church continues Jesus' work by interpreting the Scriptures for Catholics of every generation.

We Believe

Our loving God speaks to us through the Scriptures. Jesus fulfills the promise made long ago for a Kingdom of love and fairness for all people.

Faith Words

Scripture

Scripture is the written Word of God found in the Bible. The Church teaches that God is the author of the Bible because the writers of the Bible were inspired by the Holy Spirit.

Tradition

Tradition includes the Church's official teachings, rituals, and customs that have been handed down from the Apostles over the centuries.

San Jerónimo y la Sagrada Escritura

Cuando escribieron la Sagrada Escritura por primera vez, fue en idioma hebreo y en griego. Solamente podían leer la Sagrada Escritura los que sabían esos idiomas. En el siglo IV, un sacerdote brillante llamado Jerónimo dedicó su vida a traducir la Sagrada Escritura. Él quería hacer posible que más personas pudieran leer la Palabra de Dios.

Jerónimo creía que con la lectura de la Sagrada Escritura la vida de las personas podía cambiar. Pasó más de 30 años traduciendo el Antiguo Testamento y el Nuevo Testamento al latín, que era el idioma más común en esa época. La traducción que hizo Jerónimo de la Biblia al latín se llamó *Vulgata*, que significa "edición popular". Con los siglos, la obra de San Jerónimo se ha traducido a muchos otros idiomas. Hoy en día, las personas de todo el mundo pueden leer la Biblia en su propio idioma y pueden conocer la bondad y la grandeza de Dios.

Respond

Saint Jerome and the Scriptures

When the Scriptures were first written, they were written in the Hebrew and Greek languages. Only people who knew those languages could read the Scriptures. In the fourth century, a brilliant priest named Jerome devoted his life to translating the Scriptures. He wanted to make it possible for more people to read the Word of God.

Jerome believed that people's lives could be changed by reading the Scriptures. He spent more than 30 years translating the Old Testament and the New Testament into Latin, which was the most common language at the time. Jerome's translation of the Bible into Latin is called the *Vulgate*, which means "popular edition." Over the centuries, Saint Jerome's work has been translated into many other languages. Today, people all over the world can read the Bible in their own languages and come to know the goodness and greatness of God.

153

Actividades

Traducir como San Jerónimo

1. Usa el siguiente código para completar los espacios con un mensaje de San Jerónimo.

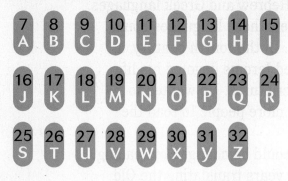

7 A	8 B	9 C	10 D	11 E	12 F	13 G	14 H	15 I
16 J	17 K	18 L	19 M	20 N	21 O	22 P	23 Q	24 R
25 S	26 T	27 U	28 V	29 W	30 X	31 Y	32 Z	

San Jerónimo dijo:

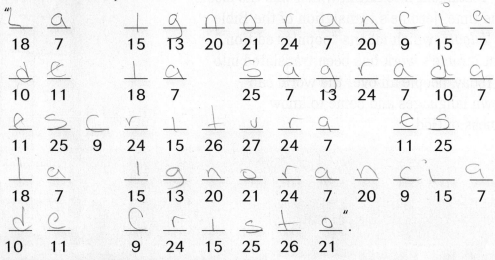

"__L__ __a__   __l__ __g__ __n__ __o__ __r__ __a__ __n__ __c__ __i__ __a__
18 7   15 13 20 21 24 7 20 9 15 7

__d__ __e__   __l__ __a__   __S__ __a__ __g__ __r__ __a__ __d__ __a__
10 11   18 7   25 7 13 24 7 10 7

__e__ __s__ __c__ __r__ __i__ __t__ __u__ __r__ __a__   __e__ __s__
11 25 9 24 15 26 27 24 7   11 25

__L__ __a__   __l__ __g__ __n__ __o__ __r__ __a__ __n__ __c__ __i__ __a__
18 7   15 13 20 21 24 7 20 9 15 7

__d__ __e__   __C__ __r__ __i__ __s__ __t__ __o__ ".
10 11   9 24 15 25 26 21

Difundir la Palabra

2. Vuelve a leer el relato de la Sagrada Escritura de la página 148. Luego escribe un mensaje de correo electrónico a un amigo para contarle el relato.

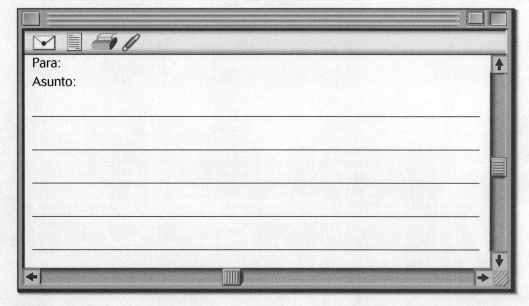

Para:

Asunto:

Activities

Translating like Saint Jerome

1. Use the code below to fill in a message from Saint Jerome.

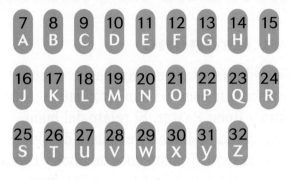

Saint Jerome said,

"

15	13	20	21	24	7	20	9	11	21	12

26	14	11	25	9	24	15	22	26	27	24	11	25

15	25	15	13	20	21	24	7	20	9	11

"

21	12	9	14	24	15	25	26

Spreading the Word

2. Read the Scripture story on page 149 again. Then write an e-mail message telling a friend about the story.

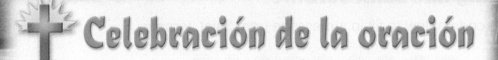

✝ Celebración de la oración

Oración de San Jerónimo

Jerónimo creía que la Sagrada Escritura nos ayuda a conocer a Jesús. En la siguiente oración que escribió San Jerónimo, a Jesús lo llama Buen Samaritano y Buen Pastor. El relato del buen samaritano está en el Evangelio de Lucas y el relato del buen pastor está en el Evangelio de Juan. Tómate unos minutos y evoca en silencio cada uno de estos relatos de la Sagrada Escritura.

Ahora piensa en lo que nos dice cada uno de ellos acerca de Jesús. Luego recen juntos en voz alta la oración de San Jerónimo.

Lector 1: Oh, Señor,
muéstrame tu misericordia
y reconfórtame el corazón.

Lector 2: Soy como el hombre
del camino a Jericó,
que los ladrones atacaron,
hirieron y
dejaron medio muerto:

Todos: Oh, Buen Samaritano,
ven en mi auxilio.

Lector 3: Soy como la oveja
que se descarrió:

Todos: Oh, Buen Pastor,
búscame y tráeme a casa
según sea tu voluntad.

Todos: Déjame vivir en tu morada
todos los días de mi vida y
alabarte por los siglos de los siglos.

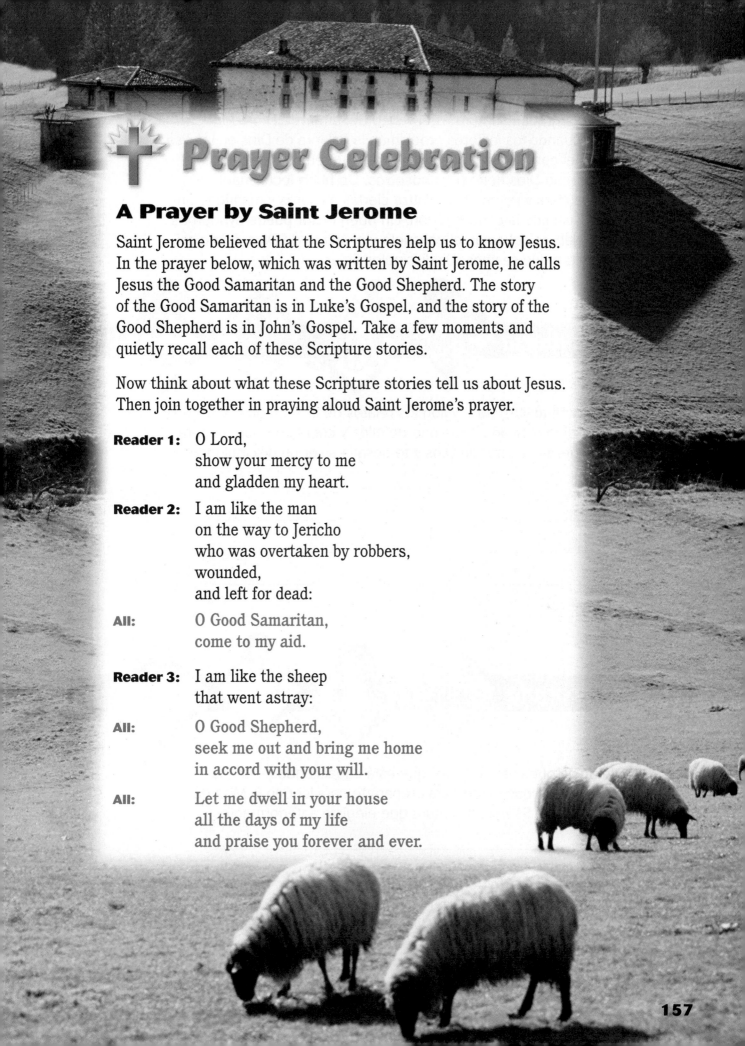

✝ Prayer Celebration

A Prayer by Saint Jerome

Saint Jerome believed that the Scriptures help us to know Jesus. In the prayer below, which was written by Saint Jerome, he calls Jesus the Good Samaritan and the Good Shepherd. The story of the Good Samaritan is in Luke's Gospel, and the story of the Good Shepherd is in John's Gospel. Take a few moments and quietly recall each of these Scripture stories.

Now think about what these Scripture stories tell us about Jesus. Then join together in praying aloud Saint Jerome's prayer.

Reader 1: O Lord,
show your mercy to me
and gladden my heart.

Reader 2: I am like the man
on the way to Jericho
who was overtaken by robbers,
wounded,
and left for dead:

All: O Good Samaritan,
come to my aid.

Reader 3: I am like the sheep
that went astray:

All: O Good Shepherd,
seek me out and bring me home
in accord with your will.

All: Let me dwell in your house
all the days of my life
and praise you forever and ever.

La fe en acción

Los lectores   La Sagrada Escritura es el relato del amor de Dios por su pueblo. Por eso, cuando los lectores proclaman la Palabra de Dios en la Misa, escuchamos con el corazón y la mente abiertos. Queremos oír el mensaje que nuestro amoroso Dios tiene para nosotros. Un buen lector habla en voz alta, en forma clara y reverente, enfatiza ciertas palabras y mantiene un buen contacto visual con la congregación. Un buen lector puede ayudarnos a escuchar las palabras del amor, el consuelo y el ánimo de Dios, como así también su desafío a que seamos sus discípulos fieles.

En la vida diaria

Actividad   Busca en tu libro de religión los relatos de la Sagrada Escritura que ya has aprendido este año. Elige uno de ellos y cuenta de qué manera este relato te recuerda el amor de Dios y te desafía a ser un discípulo fiel.

_____

_____

_____

_____

_____

En tu parroquia

Actividad   Imagina que eres un lector que está capacitándose. En los siguientes renglones, di qué harías para prepararte para leer en la Misa del domingo el relato de la Sagrada Escritura que elegiste anteriormente.

_____

_____

_____

_____

Faith in Action

Lectors   The Scriptures tell the story of God's love for his people. So when lectors proclaim the Word of God at Mass, we listen with open hearts and minds. We want to hear the message that our loving God has for us. A good lector speaks loudly, clearly, and reverently, emphasizes certain words, and makes good eye contact with the congregation. A good lector can help us hear the words of God's love, comfort, and encouragement, as well as his challenge to be his faithful disciples.

In Everyday Life

Activity   Look back through your religion book at the Scripture stories you have already learned this year. Choose one of the stories and tell how this story reminds you of God's love and challenges you to be a faithful disciple.

_____

_____

_____

_____

_____

In Your Parish

Activity   Imagine you are a lector in training. On the lines below, tell what you would do to prepare to read the Scripture story you chose above at Sunday Mass.

_____

_____

_____

_____

10 La Eucaristía

Jesús dijo: "¡Yo soy el pan vivo que bajó del cielo! El que coma de este pan vivirá para siempre".

Basado en Juan 6:51

Compartimos

La parte más importante de nuestra vida como católicos es venerar a Dios en la Eucaristía de los domingos. ¿Sabías que la palabra griega *Eucaristía* significa "acción de gracias"? Cuando participamos de la celebración eucarística en la Misa, damos gracias a Dios por todos sus dones de la creación y por enviarnos a su Hijo, Jesús, para que sea nuestro Salvador.

Actividad

En los tres primeros puntos, ordena cada grupo de letras y escribe los nombres de la Eucaristía en los espacios correspondientes. Para hallar el cuarto nombre, escribe la letra que corresponde al número indicado en cada espacio.

1. N C A E   L D E   Ñ R S O E

    _ _ _ _ _   _ _ _   _ _ _ _ _
        2

2. D R A A G A S   M U N N I Ó C O

    _ _ _ _ _ _ _   _ _ _ _ _ _ _ _
    9   5   6   3

3. A T O S N   F O I I S I C C A R

    _ _ _ _ _   _ _ _ _ _ _ _ _ _
    1   4   8   7

4.

    _ _ _ _ _   _ _ _ _
    1 2 3 4 5   6 7 8 9

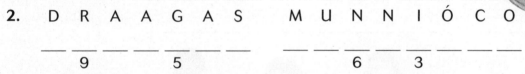

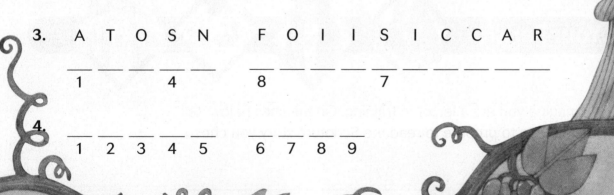

10 The Eucharist

Jesus said, "I am the living bread from heaven! Everyone who eats this bread will live forever."

Based on John 6:51

Share

The most important part of our lives as Catholics is worshiping God in the Sunday Eucharist. Did you know that in Greek the word *Eucharist* means "thanksgiving"? When we participate in the Eucharistic celebration at Mass, we are thanking God for all his gifts of creation and for sending his Son, Jesus, to be our Savior.

Activity

For the first three items, unscramble each group of letters and write the names for the Eucharist in the appropriate spaces. To find the fourth name, write the letter that corresponds to the number in the space provided.

1. D O L R S   P E R U S P

    __ __ __ __ __   __ __ __ __ __ __
     2   8   7

2. O H L y   M U N N I O C O M

    __ __ __ __   __ __ __ __ __ __ __ __
       3   4   5

3. y O H L   F R I I S A C C E

    __ __ __ __   __ __ __ __ __ __ __ __
    1   6

4. __ __ __ __   __ __ __ __
    1   2   3   4   5   6   7   8

Escuchamos y creemos

 ## El culto La Última Cena

*En la Última Cena, Jesús sabía que pronto sufriría y moriría para salvarnos del pecado. Quería dar a los Apóstoles y a nosotros una manera especial de recordarlo y de estar siempre con Él. En esta comida, Nuestro Señor Jesús dio a los Apóstoles el Sacramento de la **Eucaristía**. En la Eucaristía, recibimos lo más preciado: el Cuerpo y la Sangre de Jesucristo.*

Mientras el sacerdote reza las siguientes palabras en la Misa, recordamos las palabras y acciones de Jesús en la Última Cena.

El cual, la víspera de su Pasión
tomó pan en sus santas y venerables manos,
y, elevando los ojos al cielo,
hacia ti, Dios, Padre suyo todopoderoso,
dando gracias te bendijo,
lo partió,
y lo dio a sus discípulos, diciendo:
"Tomad y comed todos de él,
porque esto es mi Cuerpo,
que será entregado
por vosotros".
Del mismo modo, acabada la cena,
tomó este cáliz glorioso
en sus santas y venerables manos,
dando gracias te bendijo,
y lo dio a sus discípulos, diciendo:
"Tomad y bebed todos de él,
porque éste es el cáliz de mi Sangre,
Sangre de la alianza nueva y eterna
que será derramada por vosotros
y por todos los hombres
para el perdón de los pecados.
Haced esto en conmemoración mía".

Plegaria Eucarística I

la página **378** para leer acerca de las partes de la Misa.

Hear & Believe

 Worship The Last Supper

*At the Last Supper, Jesus knew that soon he would suffer and die to save us from sin. He wanted to give the Apostles and us a special way to remember him and to be with him always. At this meal, Our Lord Jesus gave the Apostles the Sacrament of the **Eucharist**. In the Eucharist, we receive the most precious Body and Blood of Jesus Christ.*

As the priest prays the following words at Mass, we remember Jesus' words and actions at the Last Supper.

On the day before he was to suffer
he took bread in his holy and venerable hands,
and with eyes raised to heaven
to you, O God, his almighty Father,
giving you thanks, he said the blessing,
broke the bread
and gave it to his disciples, saying:
TAKE THIS, ALL OF YOU, AND EAT IT OF IT,
FOR THIS IS MY BODY
WHICH WILL BE GIVEN UP FOR YOU.
In a similar way, when supper was ended,
he took this precious chalice
in his holy and venerable hands,
and once more giving you thanks, he said the blessing
and gave the chalice to his disciples, saying:
TAKE THIS, ALL OF YOU, AND DRINK FROM IT,
FOR THIS IS THE CHALICE OF MY BLOOD,
THE BLOOD OF THE NEW AND ETERNAL COVENANT,
WHICH WILL BE POURED OUT FOR YOU AND FOR MANY
FOR THE FORGIVENESS OF SINS.
DO THIS IN MEMORY OF ME.

Eucharistic Prayer I

 page 379 to read about the parts of the Mass.

El Sacramento de la Eucaristía

La Eucaristía es el más importante de los siete sacramentos. Celebramos el Sacramento de la Eucaristía en la Misa. En cada Misa, se hace presente el sacrificio de Jesús en la cruz para salvar a todas las personas del pecado. Nos unimos en la oración de toda la Iglesia de todos los lugares para alabar y dar gracias a Dios por enviar al mundo a su amado Hijo para salvarnos. La Misa es la oración más importante en la tierra.

La celebración de la Misa sólo puede ser presidida por un sacerdote porque Jesús mismo actúa a través del ministerio del sacerdote.

La Misa se divide en dos partes principales. Durante la **Liturgia de la Palabra**, escuchamos la Palabra de Dios de la Sagrada Escritura. Nos enteramos del amor de Dios por su pueblo y de la vida y las enseñanzas de su Hijo, Jesús.

Durante la **Liturgia Eucarística**, se nos hace presente el Misterio Pascual de Jesús: su sufrimiento, muerte, Resurrección y Ascensión. El sacerdote acepta nuestros dones del pan de trigo y el vino de uva, y proclama las palabras de Jesús en la Última Cena: "Éste es mi Cuerpo. Éste es el cáliz de mi Sangre". A través del poder del Espíritu Santo y de las palabras y acciones del sacerdote, el pan y el vino se convierten en el Cuerpo y la Sangre de Jesús. Recibimos el Cuerpo y la Sangre de Jesús en la Sagrada Comunión.

Cuando recibimos a Jesús en la Sagrada Comunión, nuestra alma se llena de gracia. Jesús vive en nosotros y nosotros vivimos en Él. El amor divino de Jesús por nosotros nos hace santos, nos fortalece y nos ayuda a amarnos los unos a los otros.

Nuestra Iglesia nos enseña

La Iglesia nos enseña que debemos asistir a Misa todos los domingos y los días de precepto. Se requiere que los católicos reciban la Sagrada Comunión al menos una vez por año en el tiempo de Pascua. Sin embargo, la Iglesia nos anima encarecidamente a que recibamos a Jesús en la Sagrada Comunión siempre que asistamos a Misa.

The Sacrament of the Eucharist

The Eucharist is the greatest of the seven sacraments. We celebrate the Sacrament of the Eucharist at Mass. At every Mass, Jesus' sacrifice on the cross to save all people from sin is made present. We join in the prayer of the whole Church around the world in praising and thanking God for sending his beloved Son into our world to save us. The Mass is the greatest prayer on earth.

Only a priest can preside at the celebration of the Mass. This is because Jesus himself acts through the ministry of the priest.

The Mass is divided into two major parts. During the **Liturgy of the Word**, we listen to God's Word from Scripture. We hear about God's love for his people and about the life and teachings of his Son, Jesus.

During the **Liturgy of the Eucharist**, Jesus' Paschal Mystery—his suffering, death, Resurrection, and Ascension—is made present for us. The priest accepts our gifts of wheat bread and grape wine and proclaims the words of Jesus at the Last Supper: "FOR THIS IS MY BODY... FOR THIS IS THE CHALICE OF MY BLOOD." Through the power of the Holy Spirit and the words and actions of the priest, the bread and wine become the Body and Blood of Jesus. We receive the Body and Blood of Jesus in Holy Communion.

When we receive Jesus in Holy Communion, our souls are filled with grace. Jesus lives in us and we live in him. Jesus' divine love for us makes us holy, strengthens us, and helps us to love one another.

Our Church Teaches

The Church teaches us that we must attend Mass every Sunday and on the Holy Days of Obligation. Catholics are required to receive Holy Communion at least once a year during the Easter season. However, the Church strongly encourages us to receive Jesus in Holy Communion whenever we attend Mass.

We Believe

Jesus Christ is present in the Mass through the priest, the people gathered, the Scriptures, and especially the consecrated bread and wine.

Faith Words

Eucharist
The Eucharist is the sacrament of the Body and Blood of Jesus Christ.

Liturgy of the Word
The Liturgy of the Word is the first part of the Mass, which centers on the Scripture readings.

Liturgy of the Eucharist
The Liturgy of the Eucharist is the second part of the Mass, which centers on the Eucharistic Prayer and Holy Communion.

Nombres de la Eucaristía

El *Catecismo de la Iglesia Católica* nos da distintos nombres para la Eucaristía. Algunos de ellos aparecen a continuación. Cada uno de estos nombres nos ayuda a entender más sobre este importante sacramento.

El término **Santo Sacrificio de la Misa** significa que cada vez que se celebra la Misa está presente el sacrificio único de Jesús del Viernes Santo.

La Eucaristía también se denomina la **Cena del Señor**. Jesús, Nuestro Señor, antes de morir, nos dio el Sacramento de la Eucaristía.

El término **Santa y Divina Liturgia** nos recuerda que la Eucaristía es la parte más importante de nuestro culto.

Otro nombre de la Eucaristía es la **"fracción del pan"**. En la Última Cena, Jesús partió el pan y lo compartió con sus Apóstoles. En el camino a Emaús, los discípulos reconocieron a Jesús cuando partió el pan y lo compartió con ellos.

¡Cuando recibimos la Sagrada Comunión, recibimos a Jesús! No hay don más importante en el mundo que el don de Jesús en la Eucaristía. Para mostrar nuestro amor y respeto por Jesús, debemos estar siempre en estado de gracia antes de recibir la Sagrada Comunión. Esto significa que no debemos haber cometido ningún pecado grave. Si hemos cometido un pecado grave, debemos confesarlo a un sacerdote en el Sacramento de la Reconciliación, antes de recibir la Sagrada Comunión.

Actividades

1. En el siguiente espacio, explica con tus propias palabras por qué debemos siempre tratar a la Eucaristía con amor y respeto.

_____

_____

_____

Respond

Names for the Eucharist

The *Catechism of the Catholic Church* tells us about the different names for the Eucharist. Some of the names are shown below. Each of these names helps us to understand more about this great sacrament.

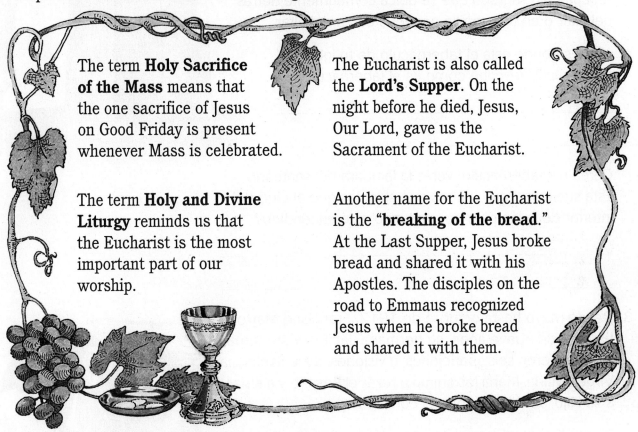

The term **Holy Sacrifice of the Mass** means that the one sacrifice of Jesus on Good Friday is present whenever Mass is celebrated.

The term **Holy and Divine Liturgy** reminds us that the Eucharist is the most important part of our worship.

The Eucharist is also called the **Lord's Supper**. On the night before he died, Jesus, Our Lord, gave us the Sacrament of the Eucharist.

Another name for the Eucharist is the "**breaking of the bread**." At the Last Supper, Jesus broke bread and shared it with his Apostles. The disciples on the road to Emmaus recognized Jesus when he broke bread and shared it with them.

When we receive Holy Communion, we are receiving Jesus! There is no greater gift in the whole world than the gift of Jesus in the Eucharist. To show our love and respect for Jesus, we must always be in a state of grace before receiving Holy Communion. This means that we must not have committed any serious sins. If we have committed a serious sin, we must confess that sin to a priest in the Sacrament of Reconciliation before receiving Holy Communion.

Activities

1. In the space below, explain in your own words why we should always treat the Eucharist with love and reverence.

_____

_____

_____

2. El **Santísimo Sacramento** es otro nombre para la Eucaristía. Usamos el nombre Santísimo Sacramento para la Eucaristía que queda después de la Sagrada Comunión y que se coloca en el tabernáculo. El tabernáculo es un receptáculo sagrado que se ubica comúnmente detrás del altar o en una capilla pequeña cerca del altar.

¿Sabes dónde está el tabernáculo de tu iglesia parroquial? Describe cómo es el tabernáculo.

_____

_____

Cerca del tabernáculo, verás la lámpara del santuario. Ésta suele ser roja. ¿Sabes qué significa que el cirio del interior de la lámpara del santuario esté encendido?

_____

_____

3. Desde mayo hasta octubre de 1917, Francisco Marto, un niño de nueve años, su hermana Jacinta y su prima Lucía tuvieron seis apariciones, o visiones, de la Santísima Virgen María. María los animó a rezar el Rosario y a amar a su Hijo, Jesús, con todo el corazón.

Pronto Francisco empezó a pasar más y más tiempo ante el Santísimo Sacramento en su iglesia parroquial. Llamaba al Santísimo Sacramento el "Jesús escondido". Por su fe, Francisco comprendía que aunque no pudiera ver a Jesús en la hostia consagrada, Jesús estaba totalmente presente.

Como Francisco, todos los católicos pueden visitar a Jesús en el Santísimo Sacramento de su iglesia parroquial. En los siguientes renglones, escribe una oración especial para el "Jesús escondido".

_____

_____

_____

_____

2. The **Blessed Sacrament** is another name for the Eucharist. We use the name Blessed Sacrament for the Eucharist that remains after Holy Communion and is placed in the tabernacle. The tabernacle is a sacred container that usually sits behind the altar or in a small chapel near the altar.

Do you know where the tabernacle is in your parish church? Describe what the tabernacle looks like.

_____

_____

Next to the tabernacle you will see the sanctuary lamp. Often this lamp is red. Do you know what it means when the candle inside the sanctuary lamp is lit?

_____

_____

3. From May to October of 1917, nine-year-old Francisco Marto and his sister Jacinta and cousin Lucía saw six apparitions, or visions, of the Blessed Virgin Mary. Mary encouraged the children to pray the Rosary and to love her Son, Jesus, with all their heart.

Soon Francisco found that he spent more and more time visiting the Blessed Sacrament in his parish church. He called the Blessed Sacrament the "hidden Jesus." Francisco understood by faith that even though he could not see Jesus in the consecrated Host, Jesus was fully present.

Like Francisco, every Catholic can visit Jesus in the Blessed Sacrament at his or her parish church. On the lines below, write a special prayer to the "hidden Jesus."

_____

_____

_____

_____

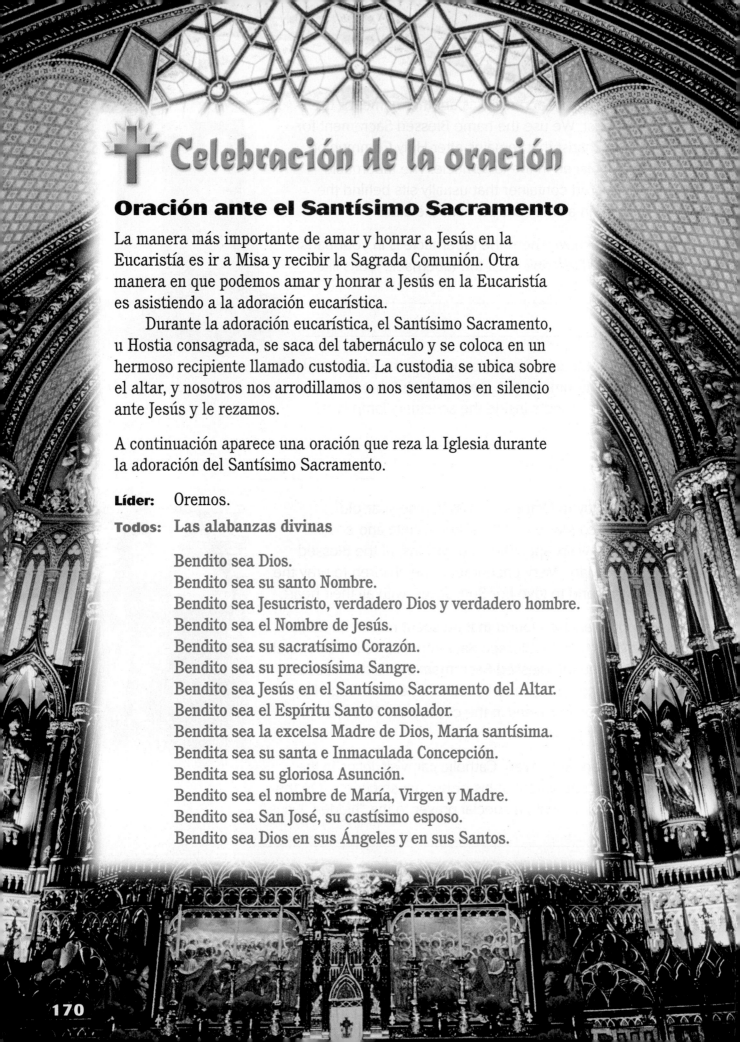

✝ Celebración de la oración

Oración ante el Santísimo Sacramento

La manera más importante de amar y honrar a Jesús en la Eucaristía es ir a Misa y recibir la Sagrada Comunión. Otra manera en que podemos amar y honrar a Jesús en la Eucaristía es asistiendo a la adoración eucarística.

Durante la adoración eucarística, el Santísimo Sacramento, u Hostia consagrada, se saca del tabernáculo y se coloca en un hermoso recipiente llamado custodia. La custodia se ubica sobre el altar, y nosotros nos arrodillamos o nos sentamos en silencio ante Jesús y le rezamos.

A continuación aparece una oración que reza la Iglesia durante la adoración del Santísimo Sacramento.

Líder: Oremos.

Todos: Las alabanzas divinas

Bendito sea Dios.
Bendito sea su santo Nombre.
Bendito sea Jesucristo, verdadero Dios y verdadero hombre.
Bendito sea el Nombre de Jesús.
Bendito sea su sacratísimo Corazón.
Bendito sea su preciosísima Sangre.
Bendito sea Jesús en el Santísimo Sacramento del Altar.
Bendito sea el Espíritu Santo consolador.
Bendita sea la excelsa Madre de Dios, María santísima.
Bendita sea su santa e Inmaculada Concepción.
Bendita sea su gloriosa Asunción.
Bendito sea el nombre de María, Virgen y Madre.
Bendito sea San José, su castísimo esposo.
Bendito sea Dios en sus Ángeles y en sus Santos.

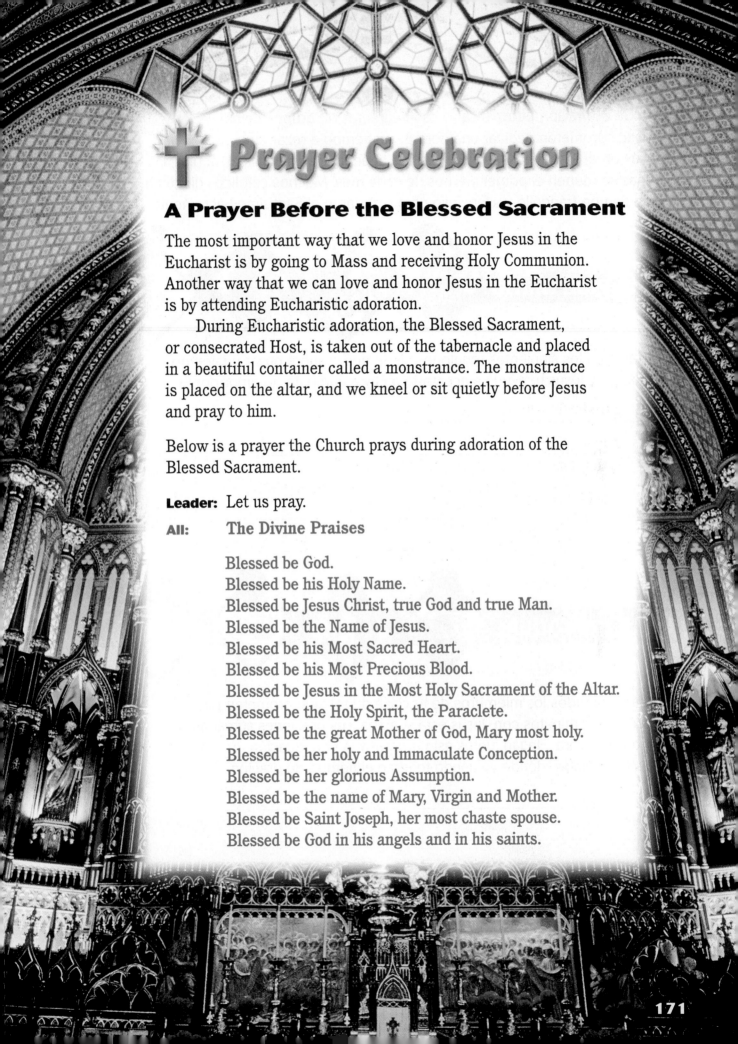

✠ Prayer Celebration

A Prayer Before the Blessed Sacrament

The most important way that we love and honor Jesus in the Eucharist is by going to Mass and receiving Holy Communion. Another way that we can love and honor Jesus in the Eucharist is by attending Eucharistic adoration.

During Eucharistic adoration, the Blessed Sacrament, or consecrated Host, is taken out of the tabernacle and placed in a beautiful container called a monstrance. The monstrance is placed on the altar, and we kneel or sit quietly before Jesus and pray to him.

Below is a prayer the Church prays during adoration of the Blessed Sacrament.

Leader: Let us pray.

All: The Divine Praises

Blessed be God.
Blessed be his Holy Name.
Blessed be Jesus Christ, true God and true Man.
Blessed be the Name of Jesus.
Blessed be his Most Sacred Heart.
Blessed be his Most Precious Blood.
Blessed be Jesus in the Most Holy Sacrament of the Altar.
Blessed be the Holy Spirit, the Paraclete.
Blessed be the great Mother of God, Mary most holy.
Blessed be her holy and Immaculate Conception.
Blessed be her glorious Assumption.
Blessed be the name of Mary, Virgin and Mother.
Blessed be Saint Joseph, her most chaste spouse.
Blessed be God in his angels and in his saints.

La fe en acción

Grupo de adoración eucarística   Los integrantes de grupos de adoración eucarística prometen dedicar una hora de su tiempo a rezar en la presencia de Jesús en el Santísimo Sacramento. Para hacerlo, en muchas parroquias, las personas se reúnen el primer viernes de cada mes. Muchos católicos disfrutan de este tiempo tranquilo y silencioso para rezar ante el Santísimo Sacramento.

En la vida diaria

Actividad   En los siguientes renglones, di de qué manera pasar un tiempo hablando con Jesús te ayuda a acercarte a Él y a aumentar tu amor por Él.

_____

_____

_____

_____

_____

En tu parroquia

Actividad   Si todos los miembros de tu clase de religión prometen pasar de cinco a diez minutos con Jesús esta semana, sus oraciones sumarían, al menos, una hora. Hagan juntos esta promesa. A continuación, escribe algunas ideas sobre dónde y cuándo tendrán el tiempo de oración.

_____

_____

_____

_____

Faith in Action

Eucharistic Adoration Society   Members of Eucharistic adoration societies promise to give one hour of their time to pray in the presence of Jesus in the Blessed Sacrament. In many parishes, people come together on the first Friday of each month to do this. Many Catholics enjoy this peaceful, quiet time praying before the Blessed Sacrament.

In Everyday Life

Activity   On the lines below, tell how spending time talking to Jesus helps you to grow closer to him and to grow in your love for him.

_____

_____

_____

_____

_____

In Your Parish

Activity   If every person in your religion class promises to spend five to ten minutes with Jesus this week, your prayers would add up to at least one hour. Make a promise together to do this. Write below some ideas for where and when you will spend your prayer time.

_____

_____

_____

_____

173

11 La Comunión de los Santos

"Creo en el Espíritu Santo, la santa Iglesia Católica, la Comunión de los Santos..."

Del Credo de los Apóstoles

Compartimos

Las personas siempre han tenido que tomar decisiones. No es diferente para nosotros hoy. Cada día, nos enfrentamos a decisiones nuevas. Algunas pueden ser fáciles de tomar, mientras que otras pueden ser difíciles. Cuando estamos abiertos a Dios, Él ilumina nuestro camino para ayudarnos a tomar decisiones buenas.

Actividad

Piensa en las decisiones que hayas oído o visto tomar a personas durante el mes pasado. Podría ser algo que hayas oído en el noticiero, leído en un libro, visto en una película o experimentado en tu propia vida. En los siguientes renglones, describe tres decisiones buenas y tres decisiones malas.

Tres decisiones buenas

1. _____

2. _____

3. _____

Tres decisiones malas

1. _____

2. _____

3. _____

11 The Communion of Saints

"I believe in the Holy Spirit, the holy catholic Church, the communion of saints, . . ."

From the Apostles' Creed

Share

People have always had to make choices. It is no different for us today. Each day we are faced with new choices. Some may be easy to make, while others may be difficult. When we are open to God, he lights our way to help us make good choices.

Activity

Think about the choices you have heard or seen people make during this past month. It could be something you have heard on the news, read in a book, seen in a movie, or experienced in your own life. On the lines below, describe three good choices and three bad choices.

Three good choices

1. _____

2. _____

3. _____

Three bad choices

1. _____

2. _____

3. _____

Escuchamos y creemos

✝ La Escritura La Luz del Mundo

Después de que Jesús enseñó a sus discípulos las Bienaventuranzas, les pidió que se imaginaran a sí mismos como la luz del mundo. Esto es lo que Jesús dijo.

"Ustedes son la luz del mundo. No se puede ocultar una ciudad iluminada intensamente que está en una montaña. Las personas no encienden lámparas y luego ocultan la luz debajo de una canasta grande, ¿no es cierto? No, ponen la luz sobre un candelero para que alumbre la casa entera.

Ustedes deben ser así. Deben dejar que su luz brille para que todos vean. Luego, las personas verán el bien que ustedes hacen y glorificarán al Padre de ustedes que está en el cielo."

Basado en Mateo 5:14–16

Hear & Believe

✠ Scripture The Light of the World

After Jesus taught his disciples the Beatitudes, he asked them to imagine themselves as the light of the world. This is what Jesus said.

"You are the light of the world. A brightly lit city on a mountain cannot be hidden. People don't light lamps and then hide the light under a bushel basket, do they? No, they set the light on a lamp stand so that it lights the whole house.

"You must be like this. You must let your light shine for all to see. Then, people will see the good that you do, and they will glorify your Father in heaven."

Based on Matthew 5:14–16

Estamos llamados a ser santos

En el relato de la Sagrada Escritura, Jesús nos dice que debemos ser la luz del mundo. Debemos dejar que el amor de Dios brille a través de nosotros para que todo el mundo vea. Podemos hacerlo trabajando cada día para volvernos **santos**. Los santos son las personas que llevaron una vida santa en la tierra y que ahora viven con Dios en el cielo.

Los santos nos muestran cómo ser discípulos de Jesús. Obedecieron los mandamientos y vivieron las Bienaventuranzas. Cuando cometieron errores, no se desalentaron. Más bien, volvieron a Dios en busca de ayuda. Sabían que no podían volverse santos por sí mismos. Sabían que necesitaban la gracia de Dios, así que iban a Misa y a la confesión, y rezaban con frecuencia. Los santos confiaban en que el amor y la gracia de Dios los ayudaría.

Nuestra Iglesia nos enseña

Como católicos bautizados, somos miembros de la Comunión de los Santos. La **Comunión de los Santos** está formada por todos los seguidores de Jesús, tanto vivos como muertos. En la Comunión de los Santos hay tres niveles.

santos del cielo: Los santos del cielo son las personas que hicieron la voluntad de Dios en la tierra y que ahora viven con Él en el cielo. Podemos rezar a los santos y pedirles que recen por nosotros.

almas del purgatorio: Las almas del **purgatorio** son las personas que han muerto, pero que todavía no han ido al cielo. Estas almas necesitan crecer en santidad antes de unirse a Dios en el cielo.

creyentes en la tierra: Los creyentes en la tierra son todos los fieles de Dios que viven en la tierra.

La Iglesia nos enseña que durante la Misa, especialmente en la consagración, cuando el pan y el vino se transforman en el Cuerpo y la Sangre de Jesús, los santos del cielo, las almas del purgatorio y los creyentes en la tierra están todos unidos. Durante la Misa, el cielo y la tierra se unen para alabar y dar gracias a Dios.

Creemos

Profesamos nuestra creencia en la Comunión de los Santos cuando rezamos el Credo de los Apóstoles.

Palabras de fe

santos
Los santos son personas que llevaron una vida santa en la tierra y que ahora viven eternamente con Dios en el cielo.

Comunión de los Santos
La Comunión de los Santos está formada por todos los seguidores de Jesús del cielo, del purgatorio y de la tierra.

purgatorio
El purgatorio es una purificación final que prepara a los que han llevado una vida buena para que entren en el cielo.

We Are Called to Be Saints

In the Scripture story, Jesus tells us that we must be the light of world. We must let God's love shine through us for all the world to see. We can do this by working each day to become a **saint**. The saints are people who lived holy lives on earth and who now live with God in heaven.

The saints show us how to be disciples of Jesus. They obeyed the commandments and lived the Beatitudes. When they made mistakes, they did not get discouraged. Instead they turned to God for help. They knew that they could not become holy all by themselves. They knew that they needed God's grace, so they went to Mass and confession and prayed often. The saints trusted in God's love and grace to help them.

Our Church Teaches

As baptized Catholics, we are members of the Communion of Saints. The **Communion of Saints** is made up of all the followers of Jesus, both living and dead. There are three levels of the Communion of Saints.

saints in heaven: The saints in heaven are those people who did God's will on earth and who now live with God in heaven. We can pray to the saints and ask them to pray for us.

souls in purgatory: The souls in **purgatory** are those people who have died but have not yet gone to heaven. These souls need to grow in holiness before being united with God in heaven.

believers on earth: The believers on earth are all of God's faithful people living on earth.

The Church teaches us that during Mass, especially at the consecration when the bread and wine become the Body and Blood of Jesus, the saints in heaven, the souls in purgatory, and the believers on earth are united together. During Mass, heaven and earth unite together to give praise and thanks to God.

We Believe

We profess our belief in the Communion of Saints when we pray the Apostles' Creed.

Faith Words

saint
A saint is a person who lived a holy life on earth and who now lives forever with God in heaven.

Communion of Saints
The Communion of Saints is made up of all the followers of Jesus in heaven, in purgatory, and on earth.

purgatory
Purgatory is a final purification that prepares those who have led a good life to enter heaven.

179

Respondemos

San Juan Bosco

En el siglo XIX, vivió en Italia un santo llamado Padre Juan Bosco. Dios llamó a Juan para que trabajara con los niños que no tenían a nadie que los guiara. Debido a que eran pobres, cientos de niños habían dejado su familia para trabajar en las ciudades. Juan ayudó a los niños a hallar alojamiento y trabajo. Les dio alimento y una educación. Jugaba con ellos, cantaba con ellos y hasta hacía malabarismos para hacerlos reír.

Juan también enseñó a los niños acerca de Jesús y sobre cómo vivir una vida cristiana. Como era sacerdote, Juan siempre decía Misa para los niños. Juan sabía que amando a los niños y enseñándoles la Sagrada Escritura, ellos aprenderían a tomar decisiones buenas. Muchos de estos niños llegaron a ser personas santas.

Actividades

Guiar a los demás

1. San Juan Bosco creía en los niños pobres de Italia. Sabía que cada uno de ellos estaba llamado por Dios para ser santo. Por medio de su ejemplo, San Juan mostró a los niños cómo ser discípulos de Jesús.

Nombra a alguien que conozcas que te haya mostrado como ser discípulo de Jesús.

Respond

Saint John Bosco

In the 1800s, a saint named Father John Bosco lived in Italy. God called John to work with children who had no one to guide them. Because they were poor, hundreds of children had left their families to work in the cities. John helped the children find shelter and work. He provided them with food and an education. He played games with them, sang songs with them, and even juggled to make them laugh.

John also taught the children about Jesus and about how to live a Christian life. Because he was a priest, John always said Mass for the children. John knew that by loving the children and teaching them the Scriptures, the children would learn to make good choices. Many of these children grew up to be holy people.

Activities

Guiding Others

1. Saint John Bosco believed in the poor children of Italy. He knew that each one of them was called by God to be a saint. Through his example, Saint John showed the children how to be disciples of Jesus.

   Name someone in your life who has shown you how to be a disciple of Jesus.

_____

2. Tal vez creas que nunca podrás ser un santo porque los santos siempre hicieron grandes cosas por Dios. Pero sólo piensa en Santa Teresa. Aún cuando era niña, todo lo que quería era ser santa, pero no creía poder servir a Dios de maneras grandes. Por el contrario, creía que podía hacerse santa haciendo cosas pequeñas por Dios, pero con gran amor. De esta manera, desarrollo su "pequeño camino" y se volvió una santa demostrando su amor por Dios a través de todas las pequeñas cosas afectuosas que hacía por los demás. Enumera tres maneras, grandes o pequeñas, que digan cómo demuestras tu amor por los demás.

a. _____

_____

b. _____

_____

c. _____

_____

3. Todos los santos, incluso San Juan Bosco y Santa Teresa, se comportaron de forma que permitió que el amor de Dios brillara a través de ellos. Por ejemplo, todos siguieron los mandamientos y se volvieron a Dios cuando necesitaron ayuda. Cuando haces estas cosas, también estás dejando que el amor de Dios brille a través de ti. Piensa un poco más en los santos y su comportamiento. Describe algunas otras maneras en que puedes tratar de imitar las acciones de los santos y dejar que el amor de Dios brille a través de ti.

_____

_____

_____

_____

_____

_____

2. Maybe you think that you could never be a saint because the saints always did great things for God. But, just think about Saint Thérèse. Even as a little girl, all she wanted was to be a saint, but she didn't think she could serve God in big ways. Instead, she believed that she could become a saint by doing little things for God with great love. So, she developed her "Little Way," and became a saint by showing her love for God through all the little loving things she did for others. List three ways, big or little, that tell how you show your love for others.

a. _____

_____

b. _____

_____

c. _____

_____

3. All the saints, including Saint John Bosco and Saint Thérèse, acted in ways that let God's love shine through them. For instance, they all followed the commandments and turned to God when they needed help. When you do these things, you are letting God's love shine through you, too. Think some more about the saints and their behaviors. Describe some other ways that you try to imitate the saints' actions and let God's love shine through you.

_____

_____

_____

_____

_____

_____

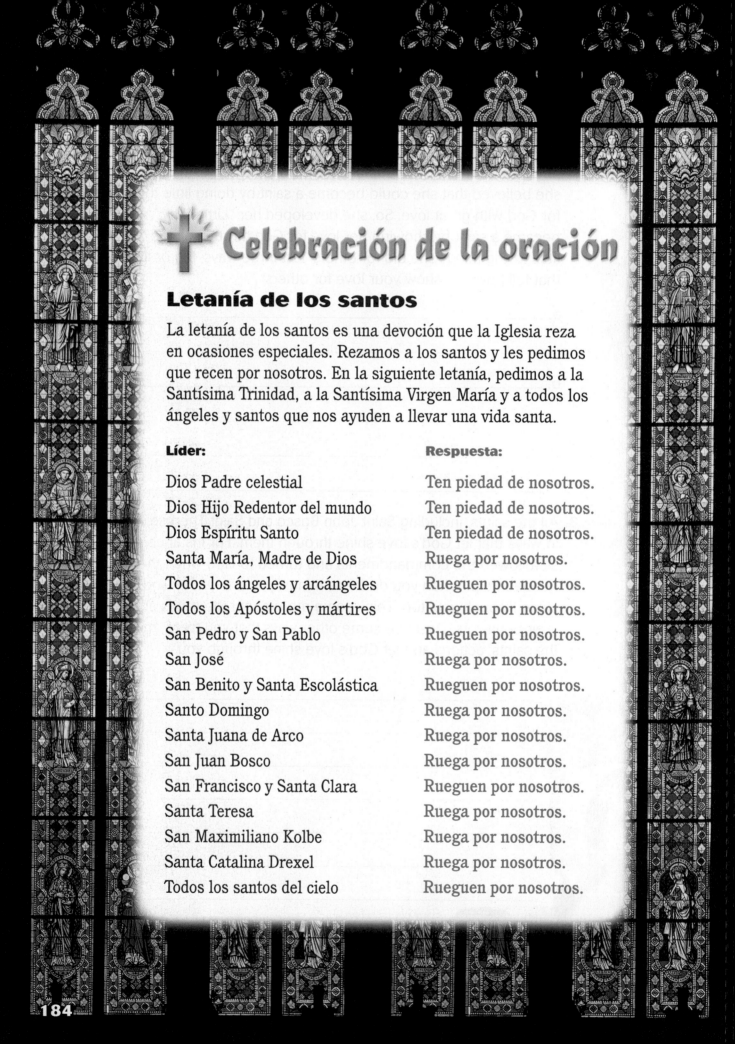

✝ Celebración de la oración

Letanía de los santos

La letanía de los santos es una devoción que la Iglesia reza en ocasiones especiales. Rezamos a los santos y les pedimos que recen por nosotros. En la siguiente letanía, pedimos a la Santísima Trinidad, a la Santísima Virgen María y a todos los ángeles y santos que nos ayuden a llevar una vida santa.

Líder:	Respuesta:
Dios Padre celestial	Ten piedad de nosotros.
Dios Hijo Redentor del mundo	Ten piedad de nosotros.
Dios Espíritu Santo	Ten piedad de nosotros.
Santa María, Madre de Dios	Ruega por nosotros.
Todos los ángeles y arcángeles	Rueguen por nosotros.
Todos los Apóstoles y mártires	Rueguen por nosotros.
San Pedro y San Pablo	Rueguen por nosotros.
San José	Ruega por nosotros.
San Benito y Santa Escolástica	Rueguen por nosotros.
Santo Domingo	Ruega por nosotros.
Santa Juana de Arco	Ruega por nosotros.
San Juan Bosco	Ruega por nosotros.
San Francisco y Santa Clara	Rueguen por nosotros.
Santa Teresa	Ruega por nosotros.
San Maximiliano Kolbe	Ruega por nosotros.
Santa Catalina Drexel	Ruega por nosotros.
Todos los santos del cielo	Rueguen por nosotros.

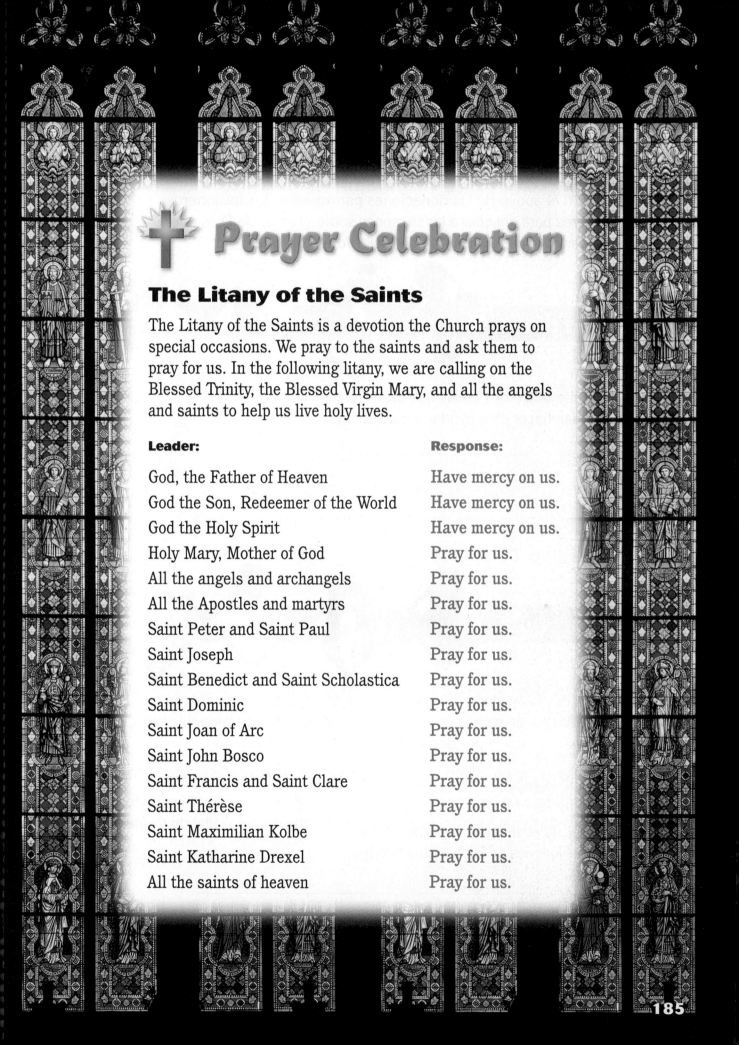

✟ Prayer Celebration

The Litany of the Saints

The Litany of the Saints is a devotion the Church prays on special occasions. We pray to the saints and ask them to pray for us. In the following litany, we are calling on the Blessed Trinity, the Blessed Virgin Mary, and all the angels and saints to help us live holy lives.

Leader:	Response:
God, the Father of Heaven	Have mercy on us.
God the Son, Redeemer of the World	Have mercy on us.
God the Holy Spirit	Have mercy on us.
Holy Mary, Mother of God	Pray for us.
All the angels and archangels	Pray for us.
All the Apostles and martyrs	Pray for us.
Saint Peter and Saint Paul	Pray for us.
Saint Joseph	Pray for us.
Saint Benedict and Saint Scholastica	Pray for us.
Saint Dominic	Pray for us.
Saint Joan of Arc	Pray for us.
Saint John Bosco	Pray for us.
Saint Francis and Saint Clare	Pray for us.
Saint Thérèse	Pray for us.
Saint Maximilian Kolbe	Pray for us.
Saint Katharine Drexel	Pray for us.
All the saints of heaven	Pray for us.

La fe en acción

Misiones mundiales   Al terminar cada Misa, el sacerdote nos envía al mundo para amar y servir al Señor. Las misiones son lugares a los que podemos ir en respuesta a este llamado. Principalmente, son lugares donde las personas son muy pobres, tienen pocos alimentos y no tienen ni escuelas ni hospitales. Con el apoyo de las donaciones parroquiales, los misioneros van a estos lugares para enseñar a las personas sobre el amor de Dios por ellos y para llevarles la esperanza de una mejor forma de vida.

En la vida diaria

Actividad   Escribe una o dos cosas que crees que los niños de tu edad podrían hacer para ayudar a los misioneros.

_____

_____

_____

En tu parroquia

Actividad   Si pudieras ayudar a decidir al sacerdote de la parroquia sobre una actividad misionera nueva para apoyar el año que viene, ¿cuál de las siguientes actividades elegirías? Explica por qué en los renglones a continuación.

___ Reparar un convento en Egipto

___ Construir hogares para familias en el Líbano

___ Comprar máquinas de coser para ayudar a preparar a las jóvenes de Etiopía para trabajar

___ Construir un seminario en la India

___ Proveer equipamiento médico para un hospital de Guatemala

_____

_____

_____

186

Faith in Action

World Missions At the end of each Mass, the priest sends us into the world to love and serve the Lord. Missions are places we can go to in response to this call. Mostly, they are places where the people are very poor, have little food, and no schools or hospitals. Supported by donations from parishes, missionaries go to these places to teach the people about God's love for them and to bring hope of a better way of life.

In Everyday Life

Activity Write one or two things you think kids your age could do to help missionaries.

_____

_____

_____

_____

In Your Parish

Activity If you could help your parish priest decide on one new mission activity to support in this coming year, which activity below would you choose? Explain why on the lines below.

___ Repair a convent in Egypt

___ Build homes for families in Lebanon

___ Buy sewing machines to help train young women in Ethiopia for jobs

___ Build a seminary in India

___ Provide medical equipment for a hospital in Guatemala

_____

_____

_____

12 Rezamos el Padre Nuestro

Recen siempre, recen en todas partes. Den gracias a Dios siempre; denle gracias en todas partes.

Basado en Efesios 6:18; 5:20

Compartimos

San Pablo aconsejaba a las personas que rezaran siempre y en todas partes. San Cutberto fue hasta la orilla del mar y cantó alabanzas a Dios hasta que el amanecer atravesó el cielo. La Beata Kateri Tekakwitha rezaba en un lugar tranquilo en el bosque. Santa Teresa descubrió que podía rezar mientras realizaba tareas aburridas y humildes. Podemos rezar en cualquier lugar y en cualquier momento.

Actividad

En el siguiente espacio, diseña un pequeño cartel para ti que te recuerde rezar con frecuencia. Usa palabras, símbolos y muchos colores.

12 We Pray the Lord's Prayer

Pray always, pray everywhere. Give thanks to God always, give thanks to him everywhere.

Based on Ephesians 6:18; 5:20

Share

Saint Paul advised people to pray always and everywhere. Saint Cuthbert went to the seashore and sang praises to God until dawn streaked the sky. Blessed Kateri Tekakwitha prayed in a quiet place in the woods. Saint Thérèse found she could pray while doing boring, humble jobs. We can pray in any place and at any time.

Activity

In the space below, design a small poster for yourself that reminds you to pray regularly. Use words, symbols, and plenty of color.

✝ La Escritura El Padre Nuestro

*Un día, uno de los discípulos de Jesús le dijo: "Señor, ¿nos enseñarás a rezar?". A continuación está la **oración** que Jesús les dio a sus discípulos.*

Padre nuestro, que estás en el cielo,
santificado sea tu Nombre;
venga a nosotros tu reino;
hágase tu voluntad en la tierra como en el cielo.
Danos hoy nuestro pan de cada día;
perdona nuestras ofensas,
como también nosotros perdonamos
a los que nos ofenden;
no nos dejes caer en la tentación,
y líbranos del mal.
Amén.

Basado en Mateo 6:9–13

Hear & Believe

✝ Scripture The Lord's Prayer

*One day, one of Jesus' disciples said to him, "Lord, will you teach us to pray?" Below is the **prayer** that Jesus gave to his disciples.*

Our Father, who art in heaven,
hallowed be thy name;
thy kingdom come;
thy will be done on earth as it is in heaven.
Give us this day our daily bread;
and forgive us our trespasses as we forgive
those who trespass against us;
and lead us not into temptation,
but deliver us from evil.
Amen.

Based on Matthew 6:9–13

Rezar a nuestro Padre celestial

Los discípulos de Jesús lo veían con frecuencia irse solo para rezar. Veían cuánto amaba Jesús a su Padre celestial y querían aprender a rezar del modo en que Él lo hacía. Entonces Jesús entregó a sus discípulos el texto del **Padre Nuestro**. También le decimos "la Oración del Señor" porque Jesús, nuestro Señor, nos la dio. Rezamos el Padre Nuestro en todas las Misas.

El Padre Nuestro es la más perfecta de todas las oraciones. Es un resumen de todo el Evangelio. Jesús empieza el Padre Nuestro enseñándonos a llamar a Dios "Padre nuestro". Cuando rezamos el Padre Nuestro, nos unimos a Dios, nuestro Padre, y a Jesús, nuestro Hermano.

Nuestra Iglesia nos enseña

Cuando rezamos a nuestro Padre celestial, crece en nosotros el deseo de parecernos más a Él. Queremos ser amorosos, gentiles y humildes. Cuando rezamos a Dios, nuestro Padre, nuestro amor por Él y nuestra fe en Él se fortalecen.

Creemos

La Iglesia nos alienta a rezar siempre. Siempre debemos dedicar tiempo para rezar a Dios. Cuando rezamos, le estamos diciendo a Dios que lo amamos y que confiamos en Él.

Palabras de fe

oración
La oración es hablar con Dios y escucharlo.

Padre Nuestro
El Padre Nuestro, o la Oración del Señor, es la oración que Jesús nos dio.

Praying to Our Father in Heaven

The disciples of Jesus often saw him go off by himself to pray. They saw how much Jesus loved his Father in heaven, and they wanted to learn to pray the way that he did. So Jesus gave his disciples the words of the **Lord's Prayer**. We call this prayer "the Lord's Prayer" because Jesus, our Lord, gave it to us. We pray the Lord's Prayer at every Mass.

The Lord's Prayer is the most perfect of prayers. It is a summary of the whole Gospel. Jesus begins the Lord's Prayer by teaching us to call God "Our Father." When we pray the Lord's Prayer, we are uniting ourselves with God our Father and with Jesus, our Brother.

Our Church Teaches

When we pray to our Father in heaven, a desire grows in us to be more like him. We want to be loving, gentle, and humble. When we pray to God our Father, our love for him and our faith in him grow stronger.

Respondemos

Rezar como Jesús nos enseñó

Si queremos rezar como Jesús nos enseñó, necesitamos comprender lo que quiso decir con las palabras que nos dio.

Padre nuestro, que estás en el cielo,
Por medio de estas palabras, Jesús nos invita a llamar "Padre" a Dios. Jesús nos llama para que conozcamos a Dios como nuestro Padre amoroso, que vela por nosotros y nos cuida.

santificado sea tu Nombre;
La palabra *santificado* significa "santo". ¡Dios es glorioso! Queremos glorificar, u honrar, a Dios.

venga a nosotros tu reino;
Averiguamos cómo será el Reino de Dios cuando practicamos las Bienaventuranzas. Cuando actuamos con justicia y caridad, mostramos el Reino a los demás.

hágase tu voluntad en la tierra como en el cielo.
Debemos esforzarnos por hacer lo que Dios nos pide.

Danos hoy nuestro pan de cada día;
Rezamos pidiendo sólo lo que necesitamos en el día de hoy. Confiamos en que Dios nos dará lo que necesitemos mañana. Rezamos también por aquellos que tienen menos que nosotros. También se nos recuerda de la Eucaristía, que nutre nuestra alma.

perdona nuestras ofensas como también nosotros perdonamos a los que nos ofenden;

Ofender significa dañar, o pecar, contra alguien. Pedimos a Dios que nos perdone por lo que hemos hecho mal. Rezamos a Dios para que nos perdone así como nosotros también perdonamos a los demás.

no nos dejes caer en la tentación,
Nos damos cuenta de que existen muchas cosas que nos tientan para tomar decisiones malas. Le pedimos a Dios que nos ayude a tomar decisiones buenas.

y líbranos del mal.
Le pedimos a Dios que nos proteja de todo daño.

Amén.
Al usar esta palabra hebrea, decimos "Esto es verdad".

Respond

Praying As Jesus Taught Us

If we are to pray as Jesus taught, we need to understand what he meant by the words he gave us.

Our Father, who art in heaven,
Through these words, Jesus invites us to call God "Father." Jesus calls us to know God as our loving Father, who watches over us and takes care of us.

hallowed be thy name;
The word *hallowed* means "holy." God is glorious! We want to glorify, or honor, God.

thy kingdom come;
We find out what God's Kingdom will be like when we practice the Beatitudes. When we act with justice and kindness, we show the Kingdom to others.

thy will be done on earth as it is in heaven.
We must strive to do what God asks of us.

Give us this day our daily bread;
We pray, asking only for what we need today. We trust that God will give us what we need tomorrow. We pray too for those who have less than we have. We are also reminded of the Eucharist, which nourishes our souls.

and forgive us our trespasses as we forgive those who trespass against us;
To trespass means to offend, or to sin against. We ask God's forgiveness for what we have done wrong. We pray God will forgive us as we too forgive others.

and lead us not into temptation,
We realize there is much to tempt us to make bad choices. We ask God to help us make good choices.

but deliver us from evil.
We ask God to protect us from harm.

Amen.
By using this Hebrew word, we are saying "This is true."

Actividad

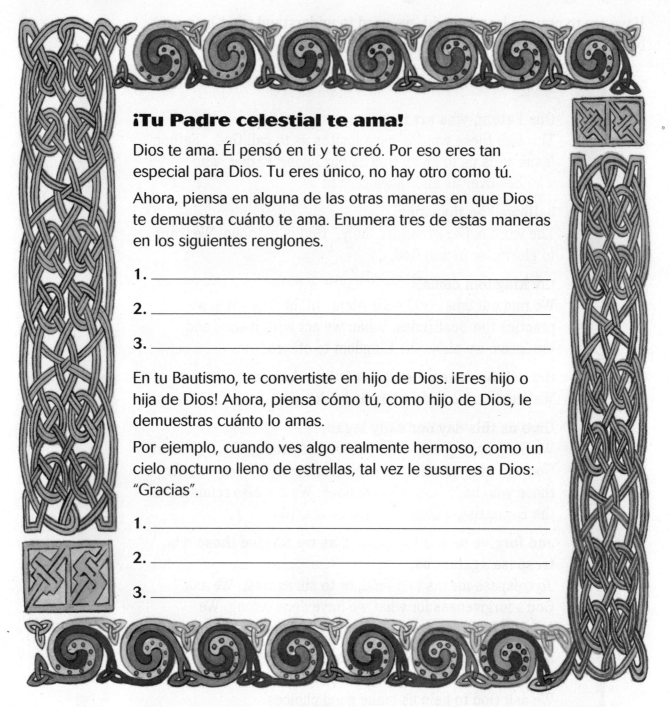

¡Tu Padre celestial te ama!

Dios te ama. Él pensó en ti y te creó. Por eso eres tan especial para Dios. Tu eres único, no hay otro como tú.

Ahora, piensa en alguna de las otras maneras en que Dios te demuestra cuánto te ama. Enumera tres de estas maneras en los siguientes renglones.

1. _____

2. _____

3. _____

En tu Bautismo, te convertiste en hijo de Dios. ¡Eres hijo o hija de Dios! Ahora, piensa cómo tú, como hijo de Dios, le demuestras cuánto lo amas.

Por ejemplo, cuando ves algo realmente hermoso, como un cielo nocturno lleno de estrellas, tal vez le susurres a Dios: "Gracias".

1. _____

2. _____

3. _____

Cada uno de nosotros es el fruto de
un pensamiento de Dios.
Cada uno de nosotros es deseado, cada
uno es amado, cada uno es necesario.

Papa Benedicto XVI,
Homilía de la Misa Inaugural,
24 de abril del 2005

Activity

Your Father in Heaven Loves You!

God loves you. He thought you up and created you. That's how special you are to God. You're the one and only you.

Now, think about some of the other ways that God shows you how much he loves you. List three of these ways on the lines below.

1. _____

2. _____

3. _____

At your Baptism, you became a child of God. You are a son or a daughter of God! Now, think about how you, as God's child, show him how much you love him.

For example, when you see something really beautiful, like a night sky filled with stars, maybe you whisper to God, "Thank you."

1. _____

2. _____

3. _____

Each of us is the result of a thought of God.
Each of us is willed, each of us is loved,
each of us is necessary.

Pope Benedict XVI,
Inaugural Mass Homily
April 24, 2005

✝ Celebración de la oración

El Padre Nuestro

Juntos rezaremos las palabras que Jesús nos dio. Rezaremos en dos lenguajes: con nuestra voz y con nuestras manos.

 , que estás en el  ,

santificado sea tu Nombre; venga a nosotros tu reino, hágase tu

voluntad en la como en el cielo. Danos

nuestro pan de cada día; perdona nuestras ofensas como

también nosotros  a los que nos ofenden; no nos

dejes caer en la tentación; y líbranos del mal.

198

 Prayer Celebration

The Lord's Prayer

Together we will pray the words that Jesus gave us. We will pray in two languages: with our voices and with our hands.

 , who art in  ,

hallowed be thy name; thy kingdom come; thy will be done

on as it is in heaven. Give us this

our daily bread; and forgive us our trespasses

as we  those who trespass against us; and lead

us not into temptation, but deliver us from evil.

La fe en acción

Retiros espirituales de la parroquia Partidos de fútbol, clases de danza, Exploradores, ir de compras con mamá... ¡nuestra vida puede volverse muy agitada! No tenemos tiempo suficiente para hacer todas las cosas que queremos. Es fácil olvidarse de cosas como rezar. Los retiros espirituales nos dan una oportunidad de irnos, por algunas horas o algunos días, a un lugar tranquilo donde podemos rezar, aprender y acercarnos más a Dios. Igual que los domingos, los retiros espirituales son un momento de descanso y un momento de devoción a Dios. Cuando escuchamos a Dios en el silencio, podemos recibir el don de su paz y una fuerza nueva para hacer todo lo que Él nos pide que hagamos.

En la vida diaria

Actividad Habla sobre tu lugar preferido a dónde vas para alejarte cuando necesitas algo de paz y de tranquilidad, cuando necesitas rezar o cuando sólo quieres estar solo.

En tu parroquia

Actividad Lee el Salmo 23. A continuación, escribe por qué este salmo sería una buena oración para un retiro espiritual en tu parroquia, que podría incluir a tu familia, tus amigos y a todo aquél que quiera ir.

Faith in Action

Parish Retreats Soccer games, dance lessons, Scouts, shopping with Mom . . . our lives can get so busy! We don't have enough time to do all the things we want to do. It's easy to forget about things such as praying. Retreats give us a chance to get away, for a few hours or a few days, to a quiet place where we can pray, learn, and grow closer to God. Like Sundays, retreats are a time of rest and a time of devotion to God. When we listen to God in the quiet, we can receive the gift of his peace and new strength to do all that he calls us to do.

In Everyday Life

Activity Tell about your favorite place to get away to when you need some peace and quiet, need to pray, or just want to be alone.

In Your Parish

Activity Read Psalm 23. Write below why this psalm would make a good prayer for a retreat in your parish that could include your family, friends, and anyone else who wants to come.

Jesús proclama que ha venido a perdonar los pecados. Durante todo su ministerio, curó a los enfermos, en el cuerpo y en el alma. A través de los sacramentos de la Reconciliación y de la Unción de los Enfermos, nos curamos por las acciones salvadoras de Cristo.

¿Hay entre ustedes alguno desanimado? Que rece.
¿Está alguno alegre? Que cante himnos a Dios.

Santiago 5:13

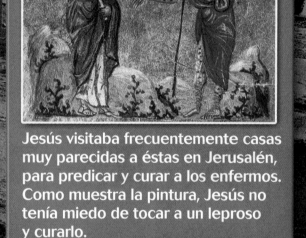

Jesús visitaba frecuentemente casas muy parecidas a éstas en Jerusalén, para predicar y curar a los enfermos. Como muestra la pintura, Jesús no tenía miedo de tocar a un leproso y curarlo.

Reconciliation and Anointing of the Sick

Jesus proclaims that he has come to forgive sins. Throughout his ministry, he healed the sick in body and in soul. Through the sacraments of Reconciliation and Anointing of the Sick, we are healed by the saving actions of Christ.

Is anyone among you suffering? He should pray. Is anyone in good spirits? He should sing praise.

James 5:13

Jesus often visited homes much like these in Jerusalem, to preach and heal the sick. As the painting shows, Jesus was not afraid to touch a leper and cure him.

Perdona a tu pueblo

ESTRIBILLO

Per - do - na a tu pue - blo, Se - ñor, per -
do - na a tu pue - blo, per - dó - na - le, Se - ñor.

ESTROFAS

1. No es - tés e - ter - na - men - te e - no - ja - do,
2. Por las pro - fun - das lla - gas cru - e - les,
3. Por las he - ri - das de pies y ma - nos,

No es - tés e - ter - na - men - te e - no
Por las sa - li - vas y por las
Por los a - zo - tes tan in - hu -

D.C.

ja - do: Per - dó - na - le, Se - ñor.
hie - les: Per - dó - na - le, Se - ñor.
ma - nos: Per - dó - na - le, Se - ñor.

4. Por los tres clavos que te clavaron,
Y las espinas que te punzaron:
Perdónale, Señor.

5. Por las tres horas de tu agonía,
En que por Madre diste a María:
Perdónale, Señor.

6. Por la abertura de tu costado,
No estés eternamente enojado:
Perdónale, Señor.

7. Por ese amor que nos redimía
Y es nuestra fuerza de cada día:
Perdónale, Señor.

Texto: Anónimo: tr. por Mary Louise Bringle, n. 1953, © 2005, GIA Publications, Inc.
Música: Anónimo: arm. por Ronald F. Kriman, n. 1946, © 2005, GIA Publications, Inc.

Forgive Us, Your People

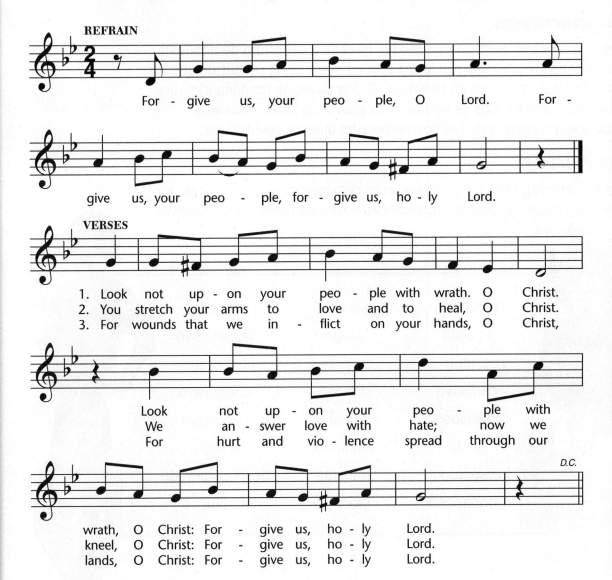

REFRAIN

For - give us, your peo - ple, O Lord. For - give us, your peo - ple, for - give us, ho - ly Lord.

VERSES

1. Look not up - on your peo - ple with wrath. O Christ.
2. You stretch your arms to love and to heal, O Christ.
3. For wounds that we in - flict on your hands, O Christ,

Look not up - on your peo - ple with
We an - swer love with hate; now we
For hurt and vio - lence spread through our

D.C.

wrath, O Christ: For - give us, ho - ly Lord.
kneel, O Christ: For - give us, ho - ly Lord.
lands, O Christ: For - give us, ho - ly Lord.

4. For dignity we mock with our thorns,
   O Christ;
   For outcast ones we jeer at and scorn,
   O Christ: Forgive us, holy Lord.

5. For hours you spent in pain on the cross,
   O Christ;
   With Mary, comfort all stunned by loss,
   O Christ: Forgive us, holy Lord.

6. For all the sorrows borne on your path,
   O Christ;
   Look not upon your people with wrath,
   O Christ: Forgive us, holy Lord.

7. With love that draws us back when we stray,
   O Christ,
   Redeeming us afresh every day,
   O Christ: Forgive us, holy Lord.

Text: Anonymous: tr. by Mary Louise Bringle, b. 1953, © 2005, GIA Publications, Inc.
Music: Anonymous: harm. by Ronald F. Kriman, b. 1946, © 2005, GIA Publications, Inc.

13 Dios nos salva

OREMOS

En tu verdad guíame y enséñame,
porque tú eres el Dios de mi salvación.

Basado en el Salmo 25:5

Compartimos

Dios nos ha dado muchas cualidades buenas a cada uno de nosotros.
Estas cualidades buenas son la manera en que hemos permitido que los
dones de Dios crecieran en nosotros. Todos tenemos también algunas
malas costumbres. Con la ayuda de la gracia de Dios, podemos
transformar nuestras malas costumbres en buenas costumbres.

Actividad

Mira la siguiente lista. Encierra en un círculo cuatro características que
creas que mejor te describen. Selecciona tres características positivas
y una negativa.

generosa	servicial	honesto
egoísta	alegre	jactancioso
respetuoso	perezoso	egocéntrico
caritativo	celoso	compasivo
malicioso	leal	trabajador
gentil	alentador	amable
irrespetuoso	valiente	desconsiderado
bondadoso	gracioso	afectuoso

De las características positivas que encerraste en un círculo,
¿cuál te parece que es tu mejor característica?

_____

¿Qué podrías hacer para modificar la característica negativa
que seleccionaste?

_____

_____

13 God Saves Us

Guide me in your truth and teach me,
for you are the God of my salvation.

Based on Psalm 25:5

Share

God has given each one of us many good qualities. These good qualities are ways in which we have allowed God's gifts to grow in us. We each have some bad habits, too. With the help of God's grace, we can change our bad habits into good habits.

Activity

Look at the list below. Circle four characteristics that you think best describe you. Include three positive characteristics and one negative characteristic.

generous	helpful	honest
selfish	cheerful	boastful
respectful	lazy	self-centered
kind	jealous	compassionate
spiteful	loyal	hard-working
gentle	encouraging	thoughtful
disrespectful	brave	inconsiderate
caring	humorous	loving

Of the positive characteristics that you circled, which one do you think is your best characteristic?

_____

_____

How could you go about changing the negative characteristic that you circled?

_____

_____

✝ La Escritura La caída del hombre

En el libro del Génesis, leemos el relato de Adán y Eva, nuestros primeros padres. Adán y Eva cayeron en la tentación y desobedecieron a Dios. Con su pecado, hirieron a toda la familia humana.

Adán y Eva vivían en el jardín del Edén. Dios le dijo a Adán que él y Eva podían comer de cualquiera de los árboles excepto uno. Éste era el árbol de la ciencia del bien y del mal. Dios dijo: "Si comen de ese árbol, están condenados a morir".

Pero en el jardín vivía la astuta serpiente. Éste le dijo a Eva: "No morirán si comen el fruto de ese árbol. Más bien, verán lo que es bueno y lo que es malo, como lo ve Dios". Como el fruto se veía atractivo para comerlo y les daría sabiduría, Eva lo comió y lo compartió con Adán. De inmediato vieron el mal y el bien, les dio vergüenza y se escondieron de Dios. Pero Dios sabía lo que habían hecho. Y Él dijo a Adán y Eva: "Como han pecado en contra de mí, deben irse del jardín. Ustedes y toda su descendencia deberán trabajar duro para cultivar su propio alimento. Cada generación sufrirá para dar a luz sus hijos. Y después de haber trabajado la tierra toda la vida para conseguir el alimento, morirán y regresarán a ella".

Basado en Génesis 2:16–17, 3:1–19

Hear & Believe

 **Scripture** The Fall of Man

In the Book of Genesis, we read the story of Adam and Eve, our first parents. Adam and Eve gave into temptation and disobeyed God. Through their sin, they hurt the whole human family.

Adam and Eve were living in the Garden of Eden. God told Adam that he and Eve could eat from any of the trees except one. This was the tree of the knowledge of good and bad. God said, "If you eat from that tree, you are doomed to die."

Now in the garden lived the cunning serpent. He said to Eve, "You will not die from the fruit of that tree. Rather, if you eat the fruit, you will see what is good and bad, as God does." Since the fruit looked good to eat and would give them wisdom, Eve shared some with Adam. Immediately they saw evil and goodness, and they were ashamed and hid from God. But God knew what they had done. He said to Adam and Eve, "Since you have sinned against me, you must leave the garden. You and all those who come after you must work hard to raise your own food. Each generation will suffer to give life to children. And after you have worked the earth all your life for food, you will return to it by dying."

Based on Genesis 2:16–17, 3:1–19

Dios salva a su pueblo

Cuando Adán y Eva vivían en el jardín del Edén, estaban en perfecta amistad y felicidad con Dios. Disfrutaban de todos los dones de la creación de Dios. Pero, un día, no estuvieron satisfechos con las cosas buenas que Dios les había dado. Cayeron en la tentación y lo desobedecieron.

Por este pecado, al que llamamos **pecado original**, Adán y Eva perdieron su estrecha relación con Dios y la santidad que Él les había dado. El pecado de Adán y Eva no afectaba solamente a ellos, sino a todos aquellos que nacerían después de ellos. Por esta razón, todas las personas nacen ya con el pecado original. Todos nacemos sin la gracia de Dios en el alma.

Sin embargo, a pesar de que Adán y Eva habían pecado contra Dios, Él siguió amándolos. Dios amaba también a todas las personas que todavía estaban por nacer. Así que creó un plan para la **salvación** del mundo. Dios Padre enviaría a Jesús, su único Hijo, a que muriera en la cruz para salvarnos del pecado y de la muerte eterna. Con su pasión, muerte, Resurrección y Ascensión, Jesucristo restablece nuestra amistad con la Santísima Trinidad y nos da la **vida eterna**.

Nuestra Iglesia nos enseña

Los siete sacramentos son parte del plan de Dios para nuestra salvación. Por medio del Bautismo, nos libramos del pecado original y nuestra alma se llena de la gracia de Dios.

No obstante, a causa del pecado original, nuestra naturaleza humana ha quedado debilitada. A veces, hacemos malas elecciones y pecamos contra Dios. Para el perdón de los pecados que cometemos después del Bautismo, Dios nos ha dado el Sacramento de la Reconciliación. Aprenderemos más sobre este sacramento en el próximo capítulo.

God Saves His People

When Adam and Eve lived in the Garden of Eden, they lived in perfect friendship and happiness with God. They enjoyed all of God's gifts of creation. But one day, they were not satisfied with the good things God had given them. They gave into temptation and disobeyed him.

Through this sin, which we call **original sin**, Adam and Eve lost their closeness to God and the holiness he had given them. Adam and Eve's sin hurt not only them, but all the people who would be born after them. For this reason, each person is born with original sin. Each person is born without God's grace in his or her soul.

However, even though Adam and Eve had sinned against God, he continued to love them. God also loved all the people who were yet to be born. So he created a plan for the **salvation** of the world. God the Father would send his only Son, Jesus, to die on the cross to save us from sin and eternal death. Through his suffering, death, Resurrection, and Ascension, Jesus Christ restores our friendship with the Blessed Trinity and gives us **eternal life**.

Our Church Teaches

The seven sacraments are part of God's plan for our salvation. Through Baptism, we are freed from original sin, and our souls are filled with God's grace.

But, because of original sin, our human nature has been weakened. Sometimes we make bad choices and we sin against God. For the forgiveness of any sins we commit after Baptism, God has given us the Sacrament of Reconciliation. We will learn more about this sacrament in the next chapter.

We Believe

God loves us so much that he sent his only Son to die on the cross to save us from sin and eternal death.

Faith Words

salvation
Salvation is the forgiveness of sins and the restoration of friendship with God, which can be done by God alone.

eternal life
Eternal life is living forever with God in heaven in perfect happiness.

Respondemos

La Santísima Virgen María

La Santísima Virgen María cumplió una función muy especial en el plan de Dios para la salvación del mundo. Dios le pidió que fuera la madre de Jesús, su Hijo. María confiaba en Dios y dijo que sí a su voluntad de todo corazón. Por este motivo, la Iglesia llama a María la **"Nueva Eva"**. La primera Eva desobedeció a Dios y trajo el pecado y la muerte al mundo. María, la Nueva Eva, confió en Dios y ayudó a traer la salvación al mundo convirtiéndose en la madre de Jesús, nuestro Salvador.

Madona con Niño de Bartolomé Esteban Murillo

María estuvo llena de la gracia de Dios desde el primer instante de su vida. Fue concebida sin pecado original. A esta creencia la llamamos **Inmaculada Concepción**. Dios le dio a María este don especial porque ella iba a ser la madre de su Hijo. En toda su vida, María nunca pecó contra Dios. Ella es nuestro modelo de discípulo fiel. Nos enseña a amar y a obedecer a Dios y a confiar en su voluntad para nuestra vida.

La Iglesia enseña que, al final de su vida, María fue llevada en cuerpo y alma a la gloria del cielo. María participa plenamente en la Resurrección de Jesucristo, su Hijo. A esta creencia la llamamos **Asunción**. María es la santa más importante del cielo. Es la Madre de Dios y la Madre de la Iglesia.

Respond

The Blessed Virgin Mary

The Blessed Virgin Mary played a very special part in God's plan for the salvation of the world. God asked Mary to be the mother of his Son, Jesus. Mary trusted in God and said yes to his will with her whole heart. For this reason, the Church calls Mary the **"New Eve."** The first Eve disobeyed God and brought sin and death into the world. Mary, the New Eve, trusted in God and helped to bring salvation to the world by becoming the mother of Jesus, our Savior.

The Virgin and Child **by Bartolome Esteban Murillo**

Mary was filled with God's grace from the first moment of her life. She was conceived without original sin. We call this belief the **Immaculate Conception.** God gave Mary this special gift because she was to be the mother of his Son. Throughout her life, Mary never sinned against God. She is our model of a faithful disciple. She teaches us to love and obey God and to trust in his will for our lives.

The Church teaches that at the end of Mary's life, she was taken body and soul into the glory of heaven. Mary fully shares in the Resurrection of her Son, Jesus Christ. We call this belief the **Assumption.** Mary is the greatest of the saints in heaven. She is the Mother of God and the Mother of the Church.

Nuestra Madre Santísima

Mientras moría en la cruz, Jesús le dijo al apóstol Juan: "Ahí tienes a tu madre". Desde ese momento, San Juan se llevó a María a su casa y la cuidó como a su propia madre. Con estas palabras dichas en la cruz, Jesús dio a María a todos los cristianos para que la tuvieran como madre. Por eso decimos que María es "nuestra Madre Santísima". María es verdaderamente nuestra madre, que siempre nos señala el camino a su Hijo, Jesucristo.

Actividad

Imagina que eres un periodista del siglo I. Estás entrevistando a la Madre Santísima sobre cómo ser un fiel seguidor de Jesús. En los siguientes renglones, escribe una pregunta que te gustaría hacerle y la respuesta que crees que ella podría dar.

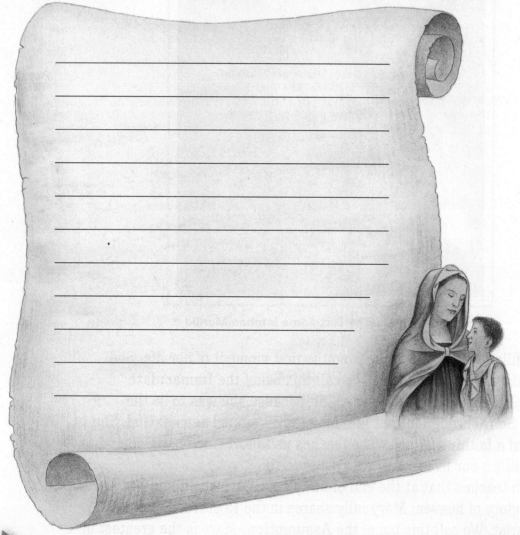

 la página 18 y reza el Rosario, una oración especial que honra a María.

Our Blessed Mother

As Jesus was dying on the cross, he said to the apostle John, "Behold, your mother." From that moment, Saint John took Mary into his home and cared for her as his own mother. Through his words on the cross, Jesus gave Mary to all Christians to have as their mother. This is why we call Mary "our Blessed Mother." Mary is truly our mother, who always points us the way to her Son, Jesus Christ.

Activity

Imagine that you are a reporter in the first century. You are interviewing the Blessed Mother about how to be a faithful follower of Jesus. On the lines below, write a question that you would like to ask her and a response that you think she might give.

 page 19 and pray the Rosary, a special prayer that honors Mary.

215

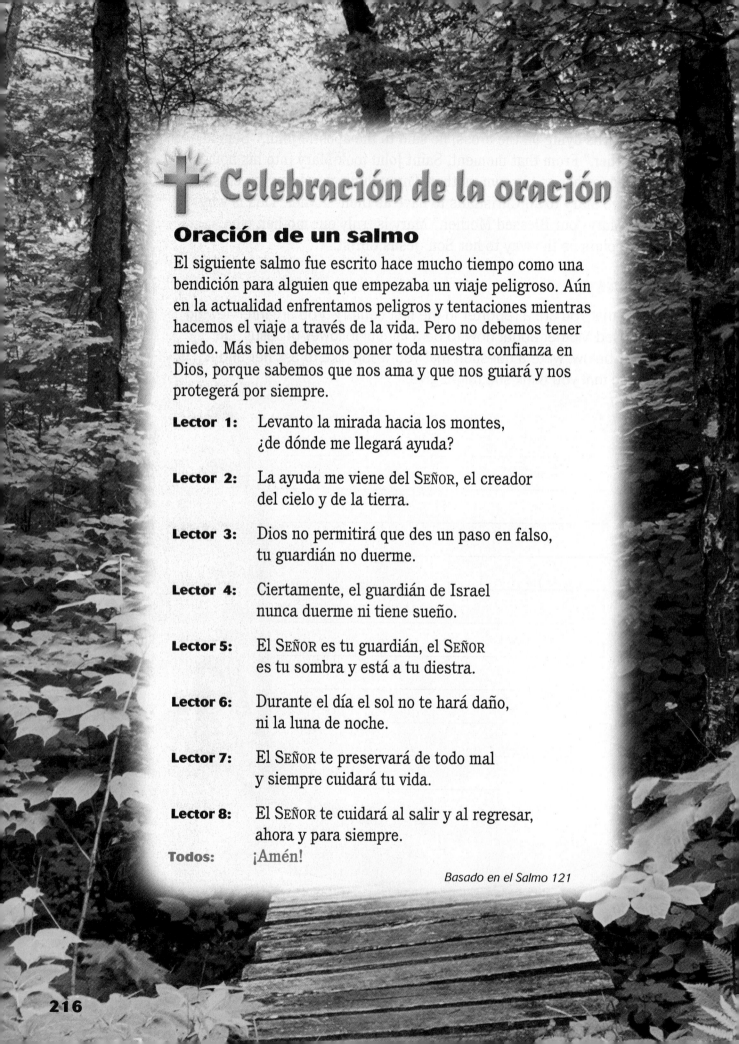

✝ Celebración de la oración

Oración de un salmo

El siguiente salmo fue escrito hace mucho tiempo como una bendición para alguien que empezaba un viaje peligroso. Aún en la actualidad enfrentamos peligros y tentaciones mientras hacemos el viaje a través de la vida. Pero no debemos tener miedo. Más bien debemos poner toda nuestra confianza en Dios, porque sabemos que nos ama y que nos guiará y nos protegerá por siempre.

Lector 1: Levanto la mirada hacia los montes, ¿de dónde me llegará ayuda?

Lector 2: La ayuda me viene del Señor, el creador del cielo y de la tierra.

Lector 3: Dios no permitirá que des un paso en falso, tu guardián no duerme.

Lector 4: Ciertamente, el guardián de Israel nunca duerme ni tiene sueño.

Lector 5: El Señor es tu guardián, el Señor es tu sombra y está a tu diestra.

Lector 6: Durante el día el sol no te hará daño, ni la luna de noche.

Lector 7: El Señor te preservará de todo mal y siempre cuidará tu vida.

Lector 8: El Señor te cuidará al salir y al regresar, ahora y para siempre.

Todos: ¡Amén!

Basado en el Salmo 121

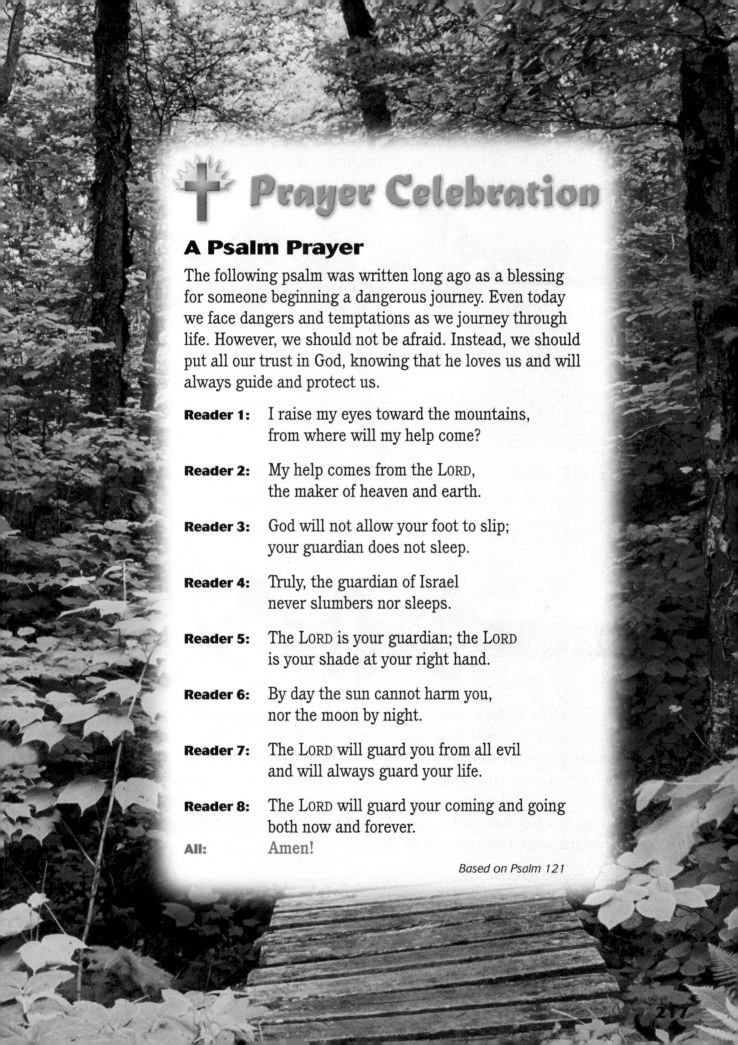

✚ Prayer Celebration

A Psalm Prayer

The following psalm was written long ago as a blessing for someone beginning a dangerous journey. Even today we face dangers and temptations as we journey through life. However, we should not be afraid. Instead, we should put all our trust in God, knowing that he loves us and will always guide and protect us.

Reader 1: I raise my eyes toward the mountains, from where will my help come?

Reader 2: My help comes from the LORD, the maker of heaven and earth.

Reader 3: God will not allow your foot to slip; your guardian does not sleep.

Reader 4: Truly, the guardian of Israel never slumbers nor sleeps.

Reader 5: The LORD is your guardian; the LORD is your shade at your right hand.

Reader 6: By day the sun cannot harm you, nor the moon by night.

Reader 7: The LORD will guard you from all evil and will always guard your life.

Reader 8: The LORD will guard your coming and going both now and forever.

All: Amen!

Based on Psalm 121

La fe en acción

La Sociedad del Rosario   La Sociedad del Rosario es un grupo parroquial que goza de una devoción especial por la Santísima Virgen María. Al rezar a María como la Reina del Santo Rosario, los miembros de la Sociedad del Rosario procuran la ayuda y la guía de María en todas las cosas.

En la vida diaria

Actividad   En los siguientes renglones, escribe dos cosas que podrías hacer para que crezcan en ti el amor y la devoción por María.

1. _____

   _____

   _____

2. _____

   _____

   _____

En tu parroquia

Actividad   En el 2004, el Papa Juan Pablo II escribió una carta apostólica llamada *Rosario de la Virgen María* para animar a los católicos a rezar el Rosario. Además, presentó los nuevos "Misterios Luminosos", que también se llaman "Misterios de la Luz". Estos misterios se centran en el ministerio público de Jesús, que es la Luz del Mundo. (Ve a la página 18.) En el siguiente espacio, nombra a algún lugar en oscuridad del mundo de hoy que necesite nuestras oraciones y que brille en él la luz de Jesús.

_____

_____

_____

_____

Faith in Action

The Rosary Society   The Rosary Society is a parish group that enjoys a special devotion to the Blessed Virgin Mary. In praying to Mary as the Queen of the Holy Rosary, the members of a Rosary Society seek Mary's help and guidance in all things.

In Everyday Life

Activity   On the lines below, list two things you could do to grow in your love for and devotion to Mary.

1. _____

_____

_____

2. _____

_____

_____

In Your Parish

Activity   In 2004, Pope John Paul II wrote an apostolic letter called *Rosary of the Virgin Mary* to encourage Catholics to pray the Rosary. He also introduced the new "Luminous Mysteries," which are also called the "Mysteries of Light." These mysteries focus on the public ministry of Jesus, who is the Light of the World. (See page 19.) In the space below, tell about a place of darkness in today's world that needs our prayers and the light of Jesus to shine there.

_____

_____

_____

_____

219

14 Reconciliación y Unción de los Enfermos

¿Hay entre ustedes alguno desanimado? Que rece.
¿Está alguno alegre? Que cante himnos a Dios.

Santiago 5:13

Compartimos

Kevin tiene una enfermedad que afecta su capacidad de caminar, así que usa una silla de ruedas. Un día, cuando Kevin iba a su clase de ciencias sociales, tuvo problemas para pasar su silla de ruedas por la puerta del salón de clases. Algunos compañeros empezaron a reírse.

¿Qué te parece que podrían hacer los compañeros de Kevin para mostrarle que estaban arrepentidos de haberse reído de él?

_____

_____

_____

14 Reconciliation and Anointing of the Sick

 Is anyone among you suffering? He should pray.
Is anyone in good spirits? He should sing praise.

James 5:13

Share

Kevin has a disease that affects his ability to walk, so he uses a wheelchair. One day, as Kevin was going to his social studies class, he had trouble getting his wheelchair through the classroom doorway. Some of the kids in the class began to laugh.

What do you think the kids in the class could do to show Kevin they were sorry for laughing at him?

_____

_____

_____

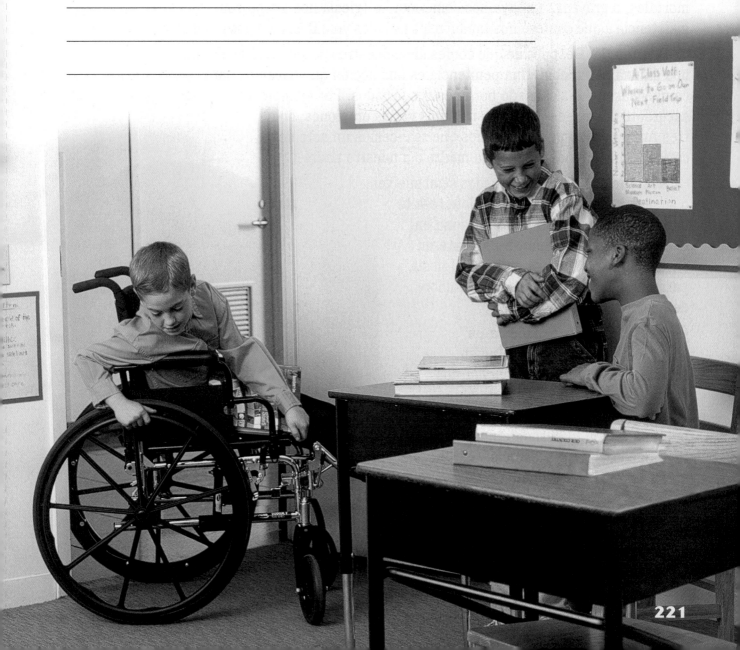

El culto Reconciliación

Por medio del Sacramento de la **Reconciliación**, recibimos el perdón de Dios por todos los pecados que cometemos después del Bautismo. Un **pecado** es cualquier pensamiento, palabra o acción que nos aparta de la Ley de Dios.

El Sacramento de la Reconciliación consiste en cuatro partes principales.

Contrición: La contrición es el arrepentimiento que sentimos por nuestros pecados. Cuando recibimos el Sacramento de la Reconciliación, debemos estar verdaderamente arrepentidos de nuestros pecados. También debemos tomar la firme decisión de no volver a pecar en el futuro.

Confesión: Confesamos nuestros pecados diciéndoselos a un sacerdote. Cuando nos confesamos, debemos decirle al sacerdote todos los pecados mortales, o graves, que hayamos cometido. La Iglesia nos anima con insistencia a que confesemos también los pecados veniales, o menos graves.

Penitencia: Después de que confesamos nuestros pecados, el sacerdote nos da una penitencia. Una penitencia es una acción que hacemos para compensar el daño causado por nuestros pecados. Por ejemplo, el sacerdote nos puede pedir que recemos varias oraciones, como tres Avemarías, o puede pedirnos que realicemos un acto de caridad, como ayudar a nuestra madre o a nuestro padre.

Absolución: Nuestros pecados se absuelven, o se perdonan, cuando el sacerdote reza la oración de absolución y nos perdona en el nombre de Jesucristo. Solamente un sacerdote tiene la autoridad de la Iglesia para perdonar los pecados en el nombre de Jesucristo.

Confesar nuestros pecados a un sacerdote y recibir la absolución son la forma común de reconciliarnos con Dios y con la Iglesia. Es también costumbre de la Iglesia que una persona reciba el perdón en el Sacramento de la Reconciliación antes de tomar su Primera Comunión.

Worship Reconciliation

Through the Sacrament of **Reconciliation**, we receive God's forgiveness for any sins that we commit after our Baptism. A **sin** is any thought, word, or action that turns us away from God's Law.

The Sacrament of Reconciliation consists of four major parts.

Contrition: Contrition is the sorrow we feel for our sins. When we receive the Sacrament of Reconciliation, we must be truly sorry for our sins. We must also make a firm decision to sin no more in the future.

Confession: We confess our sins by telling them to a priest. When we confess, we must tell the priest any mortal, or serious, sins that we have committed. The Church also strongly encourages us to confess any venial, or less serious, sins.

Penance: After we confess our sins, the priest gives us a penance. A penance is an action that we do to make up for the harm caused by our sins. For example, the priest may ask us to pray several prayers, such as three Hail Marys, or he may ask us to perform a charitable act, such as helping our mother or father.

Absolution: Our sins are absolved, or forgiven, when the priest prays the prayer of absolution and forgives us in the name of Jesus Christ. Only a priest has the authority of the Church to forgive sins in the name of Jesus Christ.

The ordinary means of reconciliation with God and the Church is by confessing our sins to a priest and by receiving absolution. It is also the custom of the Church that a person receive forgiveness in the Sacrament of Reconciliation before making his or her First Holy Communion.

Unción de los Enfermos

El Sacramento de la **Unción de los Enfermos** celebra el amor y el poder curador de Dios. Todos los miembros de la Iglesia moribundos, enfermos de gravedad o sufriendo por causa de su edad avanzada deben recibir este sacramento.

La gracia especial que recibe la persona en este sacramento tiene los siguientes efectos:

- la persona se une más cerca a Jesús y a su padecimiento en la cruz;
- la persona recibe la fortaleza, la paz y la valentía para soportar los pesares de la edad avanzada o de la enfermedad;
- si no pudo recibir el Sacramento de Reconciliación, la persona recibe el perdón de sus pecados;
- si es la voluntad de Dios, la salud de la persona se recupera;
- si la persona está en peligro de muerte, se prepara para ella y para la esperanza de la vida eterna con Dios.

El Sacramento de la Unción de los Enfermos pueden darlo solamente los obispos y los sacerdotes. Con el óleo que el obispo ha bendecido, el obispo o el sacerdote, mientras reza, unge la frente y las manos del enfermo.

Una persona puede recibir el Sacramento de la Unción de los Enfermos más de una vez.

Nuestra Iglesia nos enseña

Los sacramentos de la Reconciliación y de la Unción de los Enfermos se llaman **Sacramentos de Curación**. La Reconciliación es el sacramento que celebra el perdón amoroso de Dios. La Unción de los Enfermos es el sacramento que celebra el amor curador de Dios.

Anointing of the Sick

The Sacrament of **Anointing of the Sick** celebrates God's love and healing power. Any members of the Church who are dying, seriously ill, or suffering because of old age should receive this sacrament.

The special grace a person receives in this sacrament has the following effects.

- The person becomes more closely united to Jesus and his suffering on the cross.
- The person receives the strength, peace, and courage to endure the sufferings of old age or illness.
- The person receives forgiveness for his or her sins if he or she was unable to receive the Sacrament of Reconciliation.
- The person's health is restored if it is God's will.
- If the person is in danger of dying, he or she is prepared for death and the hope of everlasting life with God.

Only bishops and priests may give the Sacrament of Anointing of the Sick. Using oil that the bishop has blessed, the bishop or priest anoints the sick person's forehead and hands as he prays.

A person may receive the Sacrament of Anointing of the Sick more than once.

Our Church Teaches

The sacraments of Reconciliation and Anointing of the Sick are called **Sacraments of Healing.** Reconciliation is the sacrament that celebrates God's loving forgiveness. Anointing of the Sick is the sacrament that celebrates God's healing love.

Faith Words

Reconciliation
Reconciliation is the Sacrament of Healing through which we receive God's forgiveness for our sins and are reconciled with God and the Church.

Anointing of the Sick
Anointing of the Sick is the Sacrament of Healing through which persons who are very sick, elderly, or dying receive Christ's strength, comfort, and healing.

Respondemos

Reconciliar y reconstruir

Grace llegó a casa furiosa. Rebecca, su mejor amiga, había contado a unos chicos de la escuela el secreto de Grace de que le daba miedo nadar. Avergonzada, enojada y herida, Grace arrojó sus libros al piso. Uno cayó encima de una cabañita de juguete hecha con una caja de zapatos y la aplastó. Lily, la hermanita de Grace, chilló: "¡Mi cabaña! ¡Trabajé mucho para hacerla! ¡Es para la escuela! ¡No debes arrojar tus libros!".

"¡Bueno, tú no debes dejar tus cosas por el piso!", le gritó Grace. "¡Es una estúpida cabaña! ¡Fuiste una tonta en hacerla de cartón!" Lily empezó a llorar justo cuando sonó el teléfono. Grace contestó.

"¿Grace?" Era Rebecca, su voz se oía muy baja. "Estoy muy arrepentida de lo que te hice. Pensé que te reirías. Cuando vi lo molesta que te pusiste, me sentí muy mal. De verdad, lo siento. ¿Me perdonas?"

"¡Por supuesto que te perdono!", exclamó feliz Grace.

"¡Gracias!", dijo Rebecca. "¿Puedes venir a mi casa?"

Grace miró a Lily, que estaba tratando de arreglar su cabaña. "Puedo ir más tarde. Primero tengo que ayudar a mi hermana con algo", dijo Grace. "Ahora me toca a mí decir que lo siento."

Actividades

1. En el Sacramento de la Reconciliación, nos reconciliamos con Dios. En nuestra vida diaria, también tenemos que reconciliarnos con nuestra familia y nuestros amigos. En los siguientes renglones, escribe sobre una ocasión en que hayas pedido a alguien que te perdonara o en que tú hayas perdonado a alguien que te hirió.

_____

_____

_____

_____

_____

_____

Respond

Reconciling and Rebuilding

Grace came home furious. Her best friend, Rebecca, had told some of the kids at school Grace's secret, that she was afraid to swim. Embarrassed, angry, and hurt, Grace threw her books to the floor. One landed on a little toy cabin made out of a shoebox, crushing it. Grace's little sister, Lily, shrieked, "My cabin! I worked hard on that! It's for school! You shouldn't throw your books!"

"Well, you shouldn't leave your stuff on the floor!" Grace yelled back. "It's a stupid cabin! You were dumb to make it out of cardboard!" Lily began to cry just as the phone rang. Grace answered.

"Grace?" It was Rebecca, her voice sounded very small. "I'm so sorry for what I did to you. I thought you'd laugh. When I saw how upset you were, I felt terrible. I really am sorry. Will you forgive me?"

"Of course I forgive you!" Grace exclaimed happily.

"Thank you," Rebecca said. "Can you come over to my house?"

Grace looked at Lily trying to fix her cabin. "I can come over later. I have to help my sister with something first," Grace said. "Now it's my turn to say I'm sorry."

Activities

1. In the Sacrament of Reconciliation, we are reconciled to God. In our everyday lives, we also need to be reconciled to our family and friends. On the lines below, write about a time when you asked someone to forgive you or when you forgave someone who hurt you.

_____

_____

_____

_____

_____

2. En el Sacramento de la Unción de los Enfermos, celebramos el poder del amor curador de Dios. Algunas de las personas que reciben este sacramento reciben una curación física. Otras personas no pueden curarse físicamente, pero su alma se fortalece de modo que puedan soportar su enfermedad. Sin embargo, lo más importante es que los que reciben este sacramento confíen verdaderamente en el amor de Dios por ellos.

¿Pero qué significa confiar en Dios? Para confiar plenamente en Dios, no podemos dejar que nuestros miedos y nuestra dudas se interpongan en el camino. Más bien debemos recordar cuánto nos ama Dios y que Él tiene todo resuelto en nuestra vida por un buen propósito.

Describe una ocasión en que hayas confiado en que Dios te ayude cuando realmente lo necesitaste.

_____

_____

_____

Describe algo que podrías hacer para que crezca en ti la confianza en el amor que tiene Dios por ti.

_____

_____

_____

_____

Explica con tus propias palabras por qué es importante para los católicos jóvenes desarrollar el hábito de confiar siempre en Dios.

_____

_____

_____

_____

2. In the Sacrament of Anointing of the Sick, we celebrate the power of God's healing love. Some people who receive this sacrament receive a physical healing. Other people may not be physically healed, but their souls are strengthened so that they can endure their illness. The most important thing, however, is that the persons receiving this sacrament really trust in God's love for them.

So what does it mean to trust in God? To fully trust in God, we cannot let our fears and doubts get in the way. Instead we have to keep reminding ourselves of how much God loves us and that he is working out everything in our lives for a good purpose.

Describe a time when you trusted in God to help you when you really needed help.

_____

_____

_____

Describe one thing you could do to grow in your trust in God's love for you.

_____

_____

_____

_____

Explain in your own words why it's important for young Catholics to develop the habit of trusting in God always.

_____

_____

_____

_____

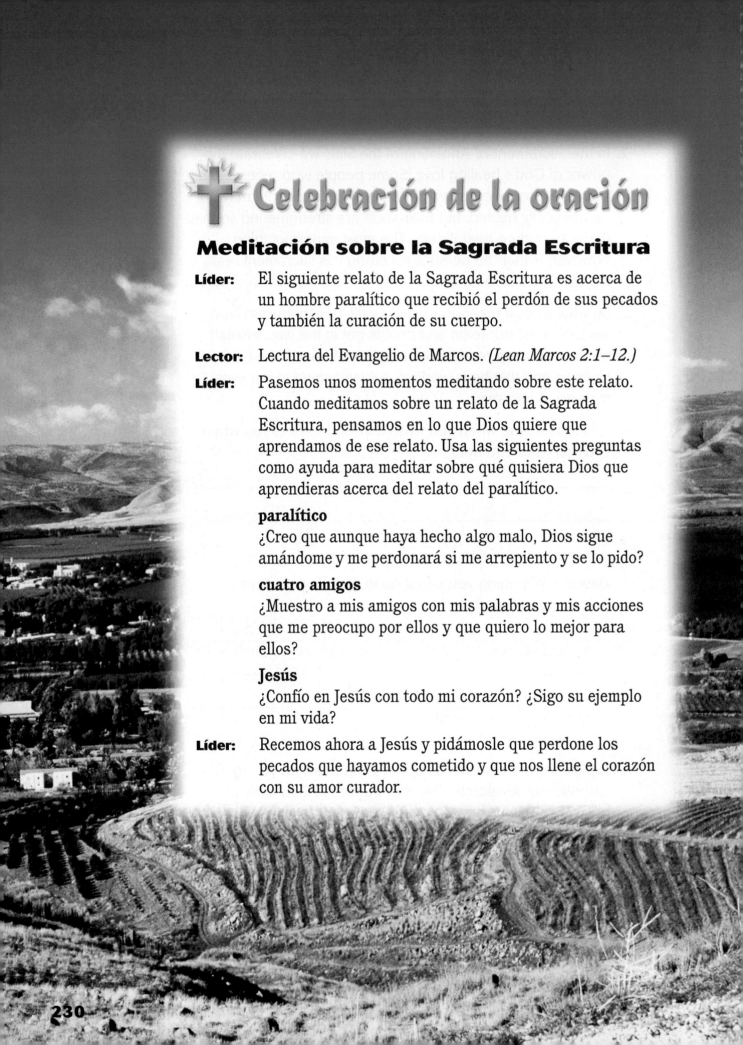

✝ Celebración de la oración

Meditación sobre la Sagrada Escritura

Líder: El siguiente relato de la Sagrada Escritura es acerca de un hombre paralítico que recibió el perdón de sus pecados y también la curación de su cuerpo.

Lector: Lectura del Evangelio de Marcos. *(Lean Marcos 2:1–12.)*

Líder: Pasemos unos momentos meditando sobre este relato. Cuando meditamos sobre un relato de la Sagrada Escritura, pensamos en lo que Dios quiere que aprendamos de ese relato. Usa las siguientes preguntas como ayuda para meditar sobre qué quisiera Dios que aprendieras acerca del relato del paralítico.

paralítico
¿Creo que aunque haya hecho algo malo, Dios sigue amándome y me perdonará si me arrepiento y se lo pido?

cuatro amigos
¿Muestro a mis amigos con mis palabras y mis acciones que me preocupo por ellos y que quiero lo mejor para ellos?

Jesús
¿Confío en Jesús con todo mi corazón? ¿Sigo su ejemplo en mi vida?

Líder: Recemos ahora a Jesús y pidámosle que perdone los pecados que hayamos cometido y que nos llene el corazón con su amor curador.

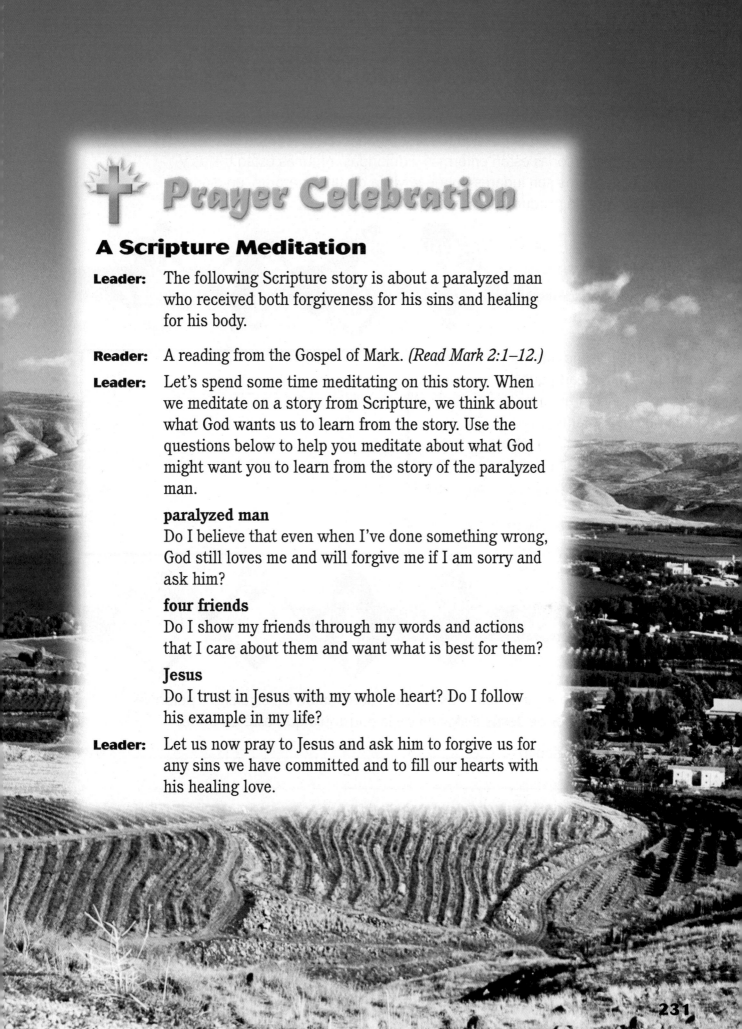

Prayer Celebration

A Scripture Meditation

Leader: The following Scripture story is about a paralyzed man who received both forgiveness for his sins and healing for his body.

Reader: A reading from the Gospel of Mark. *(Read Mark 2:1–12.)*

Leader: Let's spend some time meditating on this story. When we meditate on a story from Scripture, we think about what God wants us to learn from the story. Use the questions below to help you meditate about what God might want you to learn from the story of the paralyzed man.

paralyzed man

Do I believe that even when I've done something wrong, God still loves me and will forgive me if I am sorry and ask him?

four friends

Do I show my friends through my words and actions that I care about them and want what is best for them?

Jesus

Do I trust in Jesus with my whole heart? Do I follow his example in my life?

Leader: Let us now pray to Jesus and ask him to forgive us for any sins we have committed and to fill our hearts with his healing love.

La fe en acción

Cuidado pastoral de los enfermos   Para muchas personas, los hospitales y los hogares de ancianos pueden resultar lugares raros, atemorizadores y solitarios. Las personas están enfermas y doloridas. Algunas están tristes y tienen miedo. Estos son lugares donde la visita de un sacerdote, un diácono o un amigo puede producir un verdadero cambio.

En la vida diaria

Actividad   Diseña una tarjeta para desearle que se mejore y alegrar a un miembro de la familia o a un amigo enfermo. Asegúrate de recordarle a esa persona cuánto la ama Dios.

En tu parroquia

Actividad   Escribe algunas maneras en que cada una de las siguientes personas puede llevar el amor de Jesús a alguien de la parroquia que esté enfermo.

1. Sacerdote o diácono _____

_____

2. Miembro de la familia _____

_____

3. Compañero de clase _____

_____

4. Vecino _____

_____

Faith in Action

Pastoral Care of the Sick   Hospitals and nursing homes can be strange, scary, and lonely places for many people. People are sick and hurting. Some are sad and afraid. These are places where a visit from a priest, a deacon, or a friend can make a really big difference.

In Everyday Life

Activity   Design a get-well card to cheer up a sick family member or friend. Be sure to remind the person of how much he or she is loved by God.

In Your Parish

Activity   List some of the ways each person below can bring Jesus' love to someone in the parish who is sick.

1. Priest or deacon _____

   _____

2. Family member _____

   _____

3. Classmate _____

   _____

4. Neighbor _____

   _____

15 Vivir los mandamientos de Dios

 Dios, nuestro SEÑOR, que bendices a todo el que vive con rectitud y obedece tu Ley.

Basado en el Salmo 119:1 del Leccionario para las misas con niños

Compartimos

Imagina un mundo sin leyes de tránsito. Los conductores podrían ir por cualquier lado de la calle. Nadie se detendría ante las luces rojas, los autobuses escolares, ni los peatones. Sería muy peligroso. Las leyes y las reglas son necesarias en todos los niveles de la vida. Nuestro gobierno federal dicta leyes para proteger a los estadounidenses. Los hospitales tienen reglas para proteger a los pacientes, las escuelas y las familias también tienen reglas. Las leyes y las reglas se han usado durante siglos. Si queremos vivir en armonía y en paz con los demás, siempre harán falta leyes y reglas.

Actividades

Nombra cinco reglas que hayas aprendido de tu familia.

Reglas que he aprendido:

1. _____
2. _____
3. _____
4. _____
5. _____

FLORIDA

15 Living God's Commandments

Our LORD, you bless everyone who lives right and obeys your Law.

Based on Psalm 119:1 from the Lectionary for Masses with Children

Share

Imagine a world without traffic laws. Drivers could drive on either side of the road. No one would stop for red lights, school buses, or pedestrians. It would be very dangerous. Laws and rules are necessary at all levels of life. Our federal government makes laws to protect Americans. Hospitals have rules to protect patients, schools and families have rules, too. Laws and rules have been used for centuries. If we are to live in harmony and peace with other people, there will always be a need for laws and rules.

Activity

Name five rules you have learned from your family.

Rules I've Learned
1. _____
2. _____
3. _____
4. _____
5. _____

✝ La Escritura Los Diez Mandamientos

Dios le dio los Diez Mandamientos a Moisés en el monte Sinaí.
Los Diez Mandamientos son la Ley de Dios. Nos enseñan a vivir
como hijos suyos. Dios espera que obedezcamos los mandamientos
todos los días de nuestra vida.

Yo soy el SEÑOR, tu Dios. No tendrás otros
dioses fuera de mí.

No tomes el nombre del SEÑOR,
tu Dios, en vano.

Acuérdate del día Sábado, para santificarlo.

Respeta a tu padre y a tu madre.

No mates.

No cometas adulterio.

No robes.

No atestigües en falso contra tu prójimo.

No codicies la esposa de tu prójimo.

No codicies nada de lo que le
pertenece a tu prójimo.

Basado en Éxodo 20:2–17

VE A la página 390 para aprender más acerca de los Diez Mandamientos.

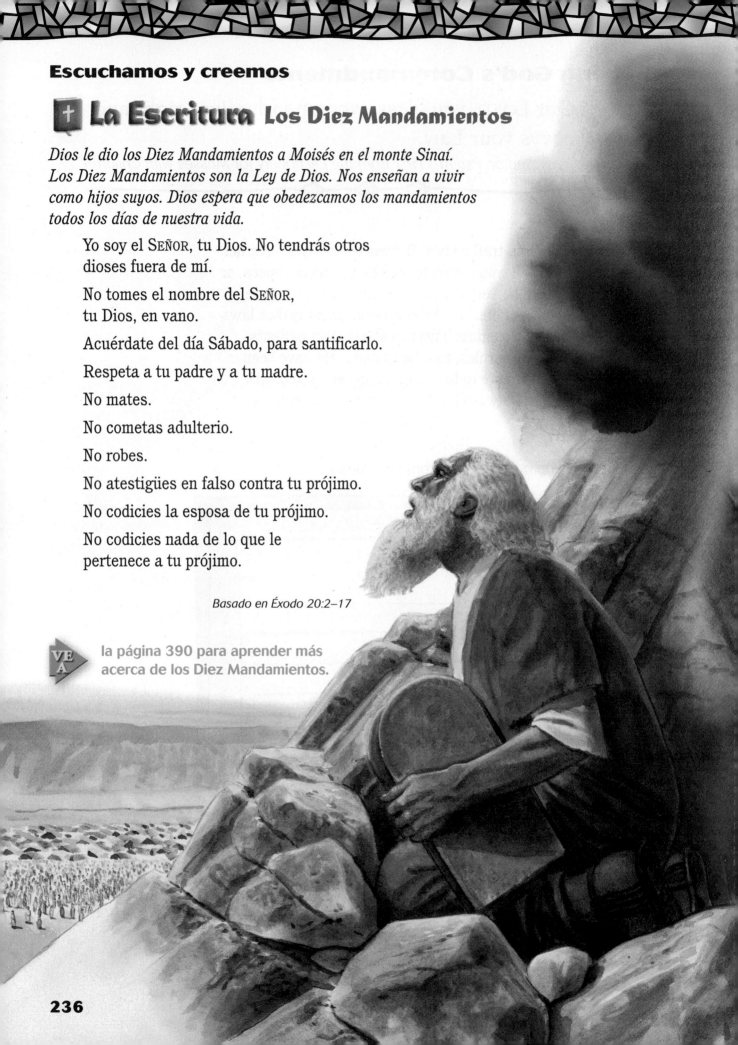

Hear & Believe

✝ Scripture   The Ten Commandments

God gave the Ten Commandments to Moses on Mount Sinai. The Ten Commandments are God's Law. They show us how to live as his children. God expects us to obey the commandments every day of our lives.

I am the LORD, your God. You shall not have other gods besides me.

You shall not take the name of the LORD, your God, in vain.

Remember to keep holy the Sabbath day.

Honor your father and mother.

You shall not kill.

You shall not commit adultery.

You shall not steal.

You shall not bear false witness against your neighbor.

You shall not covet your neighbor's wife.

You shall not covet anything that belongs to your neighbor.

Based on Exodus 20:2–17

GO TO page 391 to learn more about the Ten Commandments.

Cumplir los mandamientos

Dios le dio a Moisés los Diez Mandamientos porque nos ama y quiere que nuestra conducta sea buena y santa. Los tres primeros mandamientos nos enseñan a amar a Dios y a ponerlo siempre primero en nuestra vida. El cuarto mandamiento nos enseña a amar y a respetar a nuestros padres. Los seis mandamientos siguientes nos enseñan a amar y a respetar a los demás.

Dios nos ayuda a cumplir sus mandamientos al darnos su gracia en los sacramentos. Cuando le confesamos nuestros pecados a un sacerdote y cuando recibimos a Jesús en la Eucaristía, la gracia que recibimos nos da fuerzas para cumplir los mandatos de Dios.

Nuestra Iglesia nos enseña

Nuestra **conciencia** es nuestra habilidad de reconocer lo que es bueno y lo que es malo. Los Diez Mandamientos nos ayudan a formar una conciencia honesta y sincera. Seguir las enseñanzas de la Iglesia, leer la Biblia y obedecer a nuestros padres son todas maneras de formar una buena conciencia.

El formar una buena conciencia nos ayuda a decir que no al pecado. La Iglesia nos enseña que hay dos tipos de pecado. Un **pecado mortal** es una violación muy grave de la Ley de Dios. Destruye la gracia de Dios en el alma de la persona. Para cometer un pecado mortal, la persona debe: 1.) hacer algo muy malo, 2.) comprender cabalmente que es malo y 3.) hacerlo de todas maneras. Los pecados mortales debemos confesarlos a un sacerdote en el Sacramento de la Reconciliación.

Un **pecado venial** es un pecado menos grave. Debilita nuestro amor por Dios y por los demás, y puede derivar en pecado mortal. La Iglesia insiste en que confesemos en el Sacramento de la Reconciliación cualquier pecado venial que hayamos cometido.

También podemos recibir el perdón por los pecados veniales durante la Misa. Cuando recibimos la Sagrada Comunión, recibimos el perdón de Dios por los pecados veniales que hayamos cometido. La gracia que recibimos en la Sagrada Comunión nos fortalece de manera que podamos resistir la tentación de volver a pecar.

Creemos

Creemos que el Espíritu Santo nos limpia de nuestros pecados. En el Sacramento de la Reconciliación, experimentamos el gran amor de Dios y nos renovamos.

Palabras de fe

conciencia
Nuestra conciencia es nuestra habilidad de decidir qué es bueno y qué es malo.

pecado mortal
Un pecado mortal es una violación grave de la Ley de Dios. Se lo debe confesar en el Sacramento de la Reconciliación.

pecado venial
Un pecado venial es un pecado menos grave. Debilita nuestro amor por Dios y por los demás, y puede derivar en pecado mortal.

Following the Commandments

God gave Moses the Ten Commandments because he loves us and wants us to act in ways that are good and holy. The first three commandments teach us to love God and to put him first in our lives. The fourth commandment teaches us to love and respect our parents. The next six commandments teach us to love and respect others.

God helps us to follow his commandments by giving us his grace in the sacraments. When we confess our sins to a priest and when we receive Jesus in the Eucharist, the grace we receive strengthens us to follow God's commands.

Our Church Teaches

Our **conscience** is our ability to know what is right and what is wrong. The Ten Commandments help us to form an honest and truthful conscience. Following the teachings of the Church, reading the Bible, and obeying our parents are all ways that we form a good conscience.

Forming a good conscience helps us to say no to sin. The Church teaches us that there are two types of sin. A **mortal sin** is a very serious violation of God's Law. It destroys God's grace in a person's soul. To commit a mortal sin, a person must 1.) do something that is very wrong, 2.) fully know that it is wrong, and 3.) do it anyway. We must confess any mortal sins to a priest in the Sacrament of Reconciliation.

A **venial sin** is a less serious sin. It weakens our love for God and others and can lead to mortal sin. The Church strongly encourages us to confess any venial sins we have committed in the Sacrament of Reconciliation.

We can also receive forgiveness for venial sins during Mass. When we receive Holy Communion, we receive God's forgiveness for any venial sins we have committed. The grace we receive in Holy Communion strengthens us so that we can resist the temptation to sin again.

Faith Words

conscience
Our conscience is our ability to judge what is right and what is wrong.

mortal sin
A mortal sin is a serious violation of God's Law. It must be confessed in the Sacrament of Reconciliation.

venial sin
A venial sin is a less serious sin. It weakens our love for God and others and can lead to mortal sin.

San Agustín: Un hombre inquieto por Dios

Agustín nació en la parte norte de África a mediados del siglo IV de una madre cristiana y un padre pagano. Como integrante de la clase acaudalada, recibió una buena educación y tuvo una vida de privilegio. Gozaba de todas las posesiones y placeres de un joven rico y talentoso. Sin embargo, al cabo de unos años, sintió que su vida era egoísta y no tenía mucho significado.

Agustín empezó a estudiar religión y a buscar la sabiduría de muchos intelectuales importantes de su época. A medida que viajaba por el mundo romano, enseñando y escribiendo, se convencía más de que debía abandonar su vida de riquezas materiales y vivir de manera más simple y más humilde, más abierto a lo que Dios quería de él.

Finalmente, a la edad de 33 años, se bautizó en la fe cristiana que su madre le había enseñado en su niñez. Llegó a ser uno de los escritores y predicadores más importantes de la Iglesia. En 1295, San Agustín fue nombrado Doctor de la Iglesia. Celebramos su día el 28 de agosto.

> Nos has creado para ti y nuestro corazón estará inquieto hasta que descanse en ti.
>
> *San Agustín*

Respond

Saint Augustine: A Man Restless for God

Augustine was born in northern Africa in the middle of the fourth century to a Christian mother and a pagan father. As a member of the wealthy class, he was well educated and lived a privileged life. He had all the possessions and pleasures of a rich and talented young man. But after several years, he felt that his life was one of selfishness and without much meaning.

Augustine began to study religion and to seek the wisdom of many important thinkers of his day. As he traveled throughout the Roman world, teaching and writing, he became more convinced that he should give up his life of material wealth and live more simply and humbly, more open to what God wanted of him.

Finally, at age 33, Augustine was baptized into the Christian faith his mother had taught him in childhood. He went on to become one of the Church's greatest writers and preachers. Saint Augustine was named a Doctor of the Church in 1295. We celebrate his feast day on August 28.

> You have made us for yourself, and our heart is restless until it rests in you.
>
> *Saint Augustine*

Actividades

1. Lo que le ocurrió a San Agustín se llama conversión. Él cambió su vida de egoísmo por una vida de amor cristiano. Une la conducta de conversión de la Columna B con la conducta egoísta descrita en la Columna A.

Columna A	Columna B
____ **1.** Siempre hago las cosas a mi manera.	**A.** Me preocupa que los demás tengan lo que necesitan.
____ **2.** Trato de tener la parte más grande y lo mejor de todo.	**B.** Siempre soy honesto.
____ **3.** Quiero ser el centro de atención.	**C.** A veces dejo que se destaquen los demás.
____ **4.** Nunca me preocupo por las necesidades de los demás.	**D.** Soy un buen jugador en equipo.
____ **5.** Ayudo a los demás solamente cuando voy a recibir una recompensa.	**E.** Puedo aceptar menos si eso es lo justo.
____ **6.** Puedo hacer trampas si eso me va a ayudar a avanzar.	**F.** Ayudo a los demás porque es lo que corresponde.

2. En el siguiente espacio, escribe acerca de una parte de tu vida en la que te haga falta la conversión. Luego reza para pedir ayuda para mejorar.

_____

_____

_____

_____

_____

Activities

1. What happened to Saint Augustine is called a conversion.
   He changed his life from one of selfishness to one of
   Christian love. Match the conversion behavior in Column B
   with the selfish behavior described in Column A.

Column A	Column B
_____ 1. I always get my own way.	A. I am concerned whether others have what they need.
_____ 2. I try to have the biggest and the best of everything.	B. I am always honest.
_____ 3. I want to be the center of attention.	C. I sometimes let others have the spotlight.
_____ 4. I never worry about other people's needs.	D. I am a good team player.
_____ 5. I only help others when I will get a reward.	E. I can accept less if it is the fair thing to do.
_____ 6. I can cheat if it will help me get ahead.	F. I help others because it is right to do.

2. In the space below, write about one part of your life in which
   you need conversion. Then pray for help in doing better.

   _____

   _____

   _____

   _____

   _____

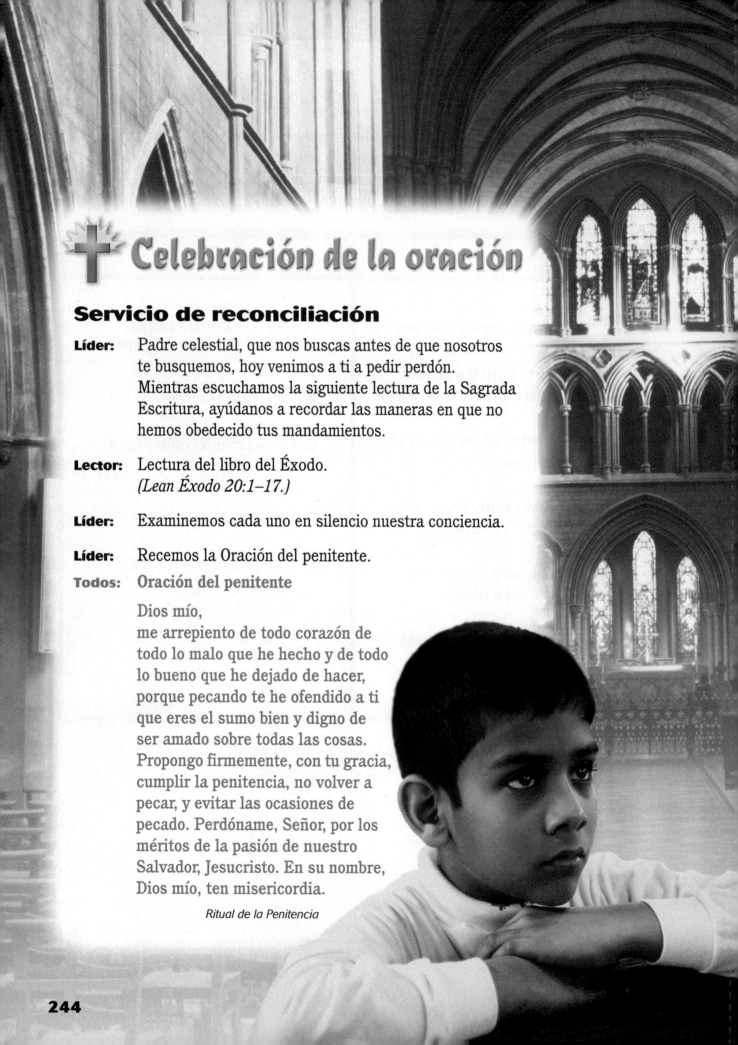

✝ Celebración de la oración

Servicio de reconciliación

Líder: Padre celestial, que nos buscas antes de que nosotros te busquemos, hoy venimos a ti a pedir perdón. Mientras escuchamos la siguiente lectura de la Sagrada Escritura, ayúdanos a recordar las maneras en que no hemos obedecido tus mandamientos.

Lector: Lectura del libro del Éxodo.
(Lean Éxodo 20:1–17.)

Líder: Examinemos cada uno en silencio nuestra conciencia.

Líder: Recemos la Oración del penitente.

Todos: **Oración del penitente**

Dios mío,
me arrepiento de todo corazón de todo lo malo que he hecho y de todo lo bueno que he dejado de hacer, porque pecando te he ofendido a ti que eres el sumo bien y digno de ser amado sobre todas las cosas. Propongo firmemente, con tu gracia, cumplir la penitencia, no volver a pecar, y evitar las ocasiones de pecado. Perdóname, Señor, por los méritos de la pasión de nuestro Salvador, Jesucristo. En su nombre, Dios mío, ten misericordia.

Ritual de la Penitencia

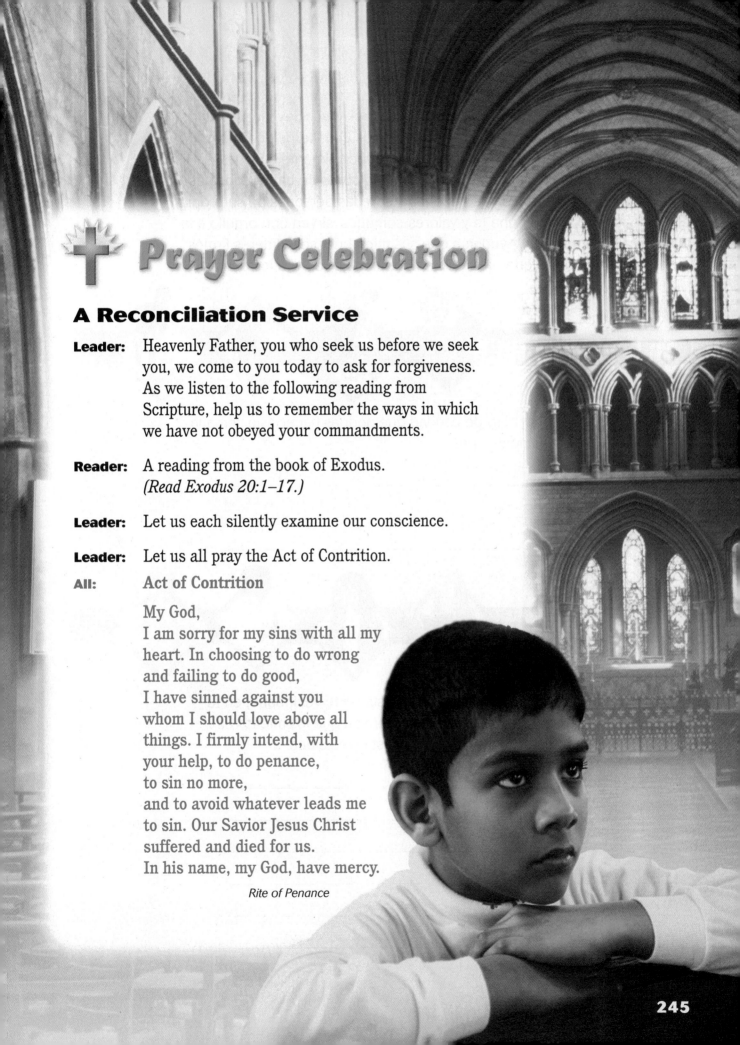

✠ Prayer Celebration

A Reconciliation Service

Leader: Heavenly Father, you who seek us before we seek you, we come to you today to ask for forgiveness. As we listen to the following reading from Scripture, help us to remember the ways in which we have not obeyed your commandments.

Reader: A reading from the book of Exodus. *(Read Exodus 20:1–17.)*

Leader: Let us each silently examine our conscience.

Leader: Let us all pray the Act of Contrition.

All: Act of Contrition

My God,
I am sorry for my sins with all my heart. In choosing to do wrong and failing to do good,
I have sinned against you whom I should love above all things. I firmly intend, with your help, to do penance, to sin no more, and to avoid whatever leads me to sin. Our Savior Jesus Christ suffered and died for us.
In his name, my God, have mercy.

Rite of Penance

La fe en acción

Caballeros de Colón En 1882, el Padre Michael McGivney fundó una organización para hombres católicos llamada los Caballeros de Colón. Al principio, los Caballeros de Colón ayudaban principalmente a viudas y a huérfanos. Hoy en día continúan apoyando las obras de caridad locales que contribuyen a satisfacer las necesidades de las personas de su propia comunidad. Al compartir una fe y valores comunes, sirven con orgullo a la Iglesia y a la comunidad. Ayudan a que sus miembros sean líderes firmes, de espíritu generoso y que brinden siempre lo mejor de sí a los demás.

En la vida diaria

Actividad Piensa en un acto de caridad que podrías hacer esta semana por cada una de las siguientes personas.

1. padres: _____
2. amigo: _____
3. vecino: _____

En tu parroquia

Actividad Piensa en una necesidad que exista en tu vecindario, en tu escuela o en tu comunidad. Escribe una manera en que los miembros de tu parroquia podrían ayudar a satisfacer esta necesidad.

_____
_____
_____
_____
_____
_____

Faith in Action

Knights of Columbus In 1882, Father Michael McGivney founded an organization for Catholic men called the Knights of Columbus. In their earliest days, the Knights of Columbus mostly helped widows and orphans. Today, they continue to support local charities that help meet the needs of people in their own communities. Sharing a common faith and values, the Knights of Columbus proudly serve the Church and the community. They help their members become strong leaders with generous spirits that always give the very best of themselves to others.

In Everyday Life

Activity List an act of charity you could do this week for each of the following people.

1. **parent:** _____

2. **friend:** _____

3. **neighbor:** _____

In Your Parish

Activity Think of a need that exists in your neighborhood, school, or community. Write one way members of your parish could help meet this need.

_____

_____

_____

_____

_____

16 Dios es compasivo

Den gracias al SEÑOR, pues él es bueno,
pues su bondad perdura para siempre.

Salmo 118:1

Compartimos

Dios es amoroso. Aun cuando nos olvidamos de Dios, Él sigue
amándonos. Aun cuando pecamos en su contra, Él sigue amándonos
y está dispuesto a perdonarnos. Cuando rezamos, buscamos a Dios,
pero Dios ya nos ha estado buscando a nosotros.

Actividad

Sigue el siguiente camino de piedras para hallar un mensaje
acerca de Dios. Encierra en un círculo cada tercera piedra para
descodificar una verdad acerca de nuestro amoroso Dios.

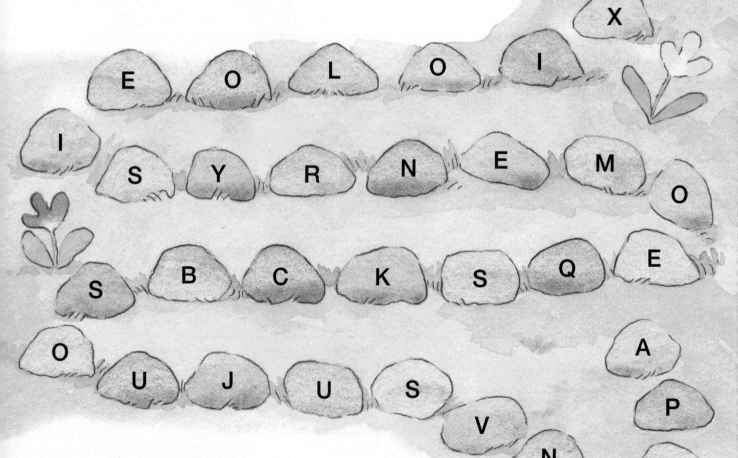

Escribe la verdad acerca de Dios en el siguiente renglón.

_____

16 God Is Merciful

Give thanks to the LORD, for he is good,
for his mercy endures forever.

Based on Psalm 118:1

Share

God is all loving. Even when we forget God, he still loves us.
Even when we sin against him, he still loves us and is ready to
forgive us. When we pray, we are looking for God, but God has
already been seeking us.

Activity

Follow the path of stepping stones below to find a message
about God. Circle every third stone in the path to decode a
truth about our loving God.

Write the truth about God on the line below.

_____

✝ La Escritura La parábola del fariseo y el publicano

Una vez Jesús contó una parábola acerca de dos personas muy diferentes: un fariseo y un publicano. Un fariseo era un miembro de un grupo de judíos que se enorgullecían de observar todas las leyes religiosas. Los fariseos eran personas muy importantes para la mayoría de los judíos. Un publicano era odiado por muchos judíos debido a su trabajo. Él recaudaba impuestos para el Imperio Romano, que los gobernaba.

Jesús contó el siguiente relato por aquellos que se consideraban mejores que los demás.

Dos personas fueron al Templo a rezar. Una era un fariseo, la otra, un publicano. El fariseo se puso de pie y dijo orgulloso: 'Oh, Dios, te doy gracias porque no soy como los demás, que son avaros, deshonestos e infieles. Te doy gracias porque no soy como este publicano. Dos veces por semana, ayuno y entrego generosamente mi dinero'.

"El publicano estaba parado más atrás. Mantenía baja la mirada y rezaba: 'Oh, Dios, ten piedad de mí, un pecador'. "El que volvió a su casa con el perdón de Dios fue el publicano", dijo Jesús. "Porque el que se ensalza a sí mismo será humillado y el que se humilla será ensalzado."

Basado en Lucas 18:9–14

La gran misericordia de Dios

En la parábola del fariseo y el publicano, el fariseo presumió de ayunar dos veces por semana y de dar dinero al Templo. Creyó que él era mejor que el modesto publicano. Pero Jesús nos dice que es con el publicano que Dios está complacido, porque el publicano sabe que es pecador. Él se queda en la parte de atrás del Templo y le dice a Dios lo verdaderamente arrepentido que está por sus pecados.

Jesús quiere que seamos como el publicano del relato. Quiere que nos arrepintamos de nuestros pecados y que prometamos tratar de mejorar. Jesús quiere también que confiemos en la misericordia de Dios. La **misericordia** es la bondad amorosa que Dios muestra a los pecadores. Nunca debemos tener miedo de acudir a Dios y pedirle su perdón cuando hayamos pecado. Jesús nos enseña que Dios es compasivo y está siempre dispuesto a perdonarnos los pecados cuando acudimos a Él.

Hear & Believe

✝ Scripture   The Parable of the Pharisee and the Tax Collector

Jesus once told a parable about two very different people: a Pharisee and a tax collector. A Pharisee was a member of a group of Jews who prided themselves on observing all the religious laws. Pharisees were very important people to most Jews. A tax collector was hated by many of the Jewish people because of his job. He collected money for the Roman Empire, which ruled over them.

Jesus told the following story for those who thought of themselves as better than others.

"Two people went to the Temple to pray. One was a Pharisee, the other a tax collector. The Pharisee stood up proudly and said, 'O God, I thank you that I am not like others who are greedy, dishonest, and unfaithful people. I thank you that I am not like this tax collector. Twice a week I fast, and I give generously of my money.'

"The tax collector stood in the background. He kept his eyes lowered, praying, 'O God, be merciful to me, a sinner.' "It was the tax collector who went home, forgiven by God," Jesus said. "For everyone who exalts himself shall be humbled, and he who humbles himself shall be exalted."

Based on Luke 18:9–14

The Great Mercy of God

In the Parable of the Pharisee and the Tax Collector, the Pharisee boasted about fasting twice a week and giving money to the Temple. He thought that he was better than the lowly tax collector. But Jesus tells us that it is the tax collector that God is pleased with. The tax collector knows that he is a sinner. He stands at the back of the Temple and tells God how truly sorry he is for his sins.

Jesus wants us to be like the tax collector in the story. He wants us to be sorry for our sins and promise to try and do better. Jesus also wants us to trust in God's mercy. **Mercy** is the loving kindness that God shows to sinners. We should never be afraid to come to God and ask his forgiveness when we have sinned. Jesus teaches us that God is merciful and is always ready to forgive our sins when we come to him.

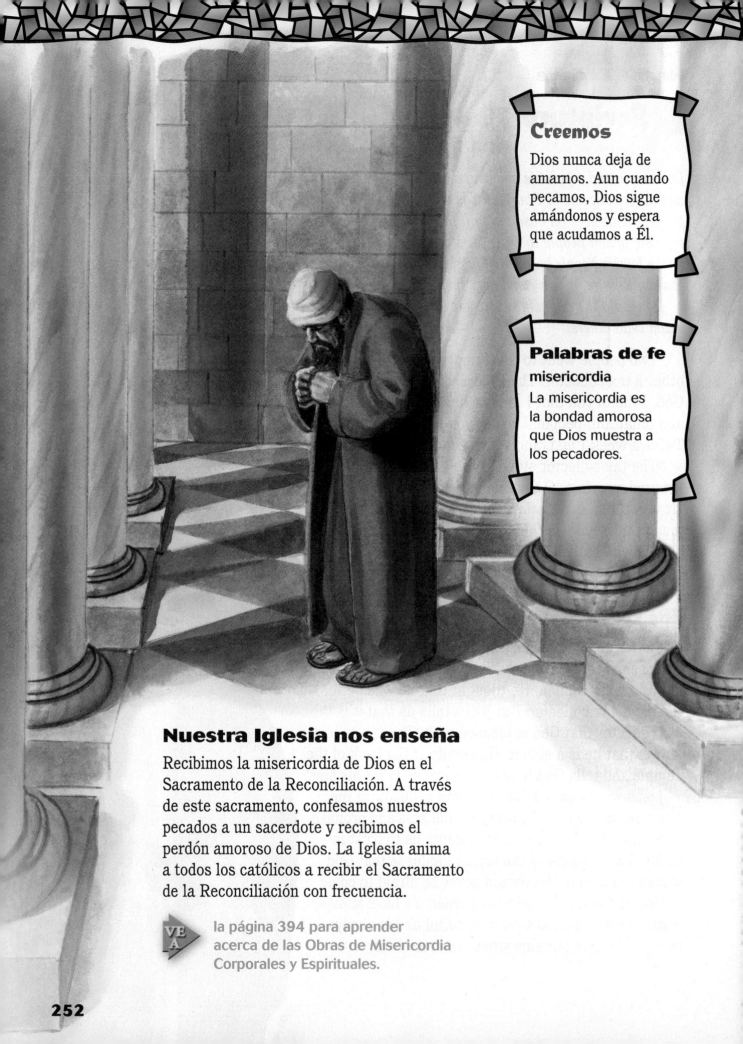

Creemos

Dios nunca deja de amarnos. Aun cuando pecamos, Dios sigue amándonos y espera que acudamos a Él.

Palabras de fe

misericordia

La misericordia es la bondad amorosa que Dios muestra a los pecadores.

Nuestra Iglesia nos enseña

Recibimos la misericordia de Dios en el Sacramento de la Reconciliación. A través de este sacramento, confesamos nuestros pecados a un sacerdote y recibimos el perdón amoroso de Dios. La Iglesia anima a todos los católicos a recibir el Sacramento de la Reconciliación con frecuencia.

VE A la página 394 para aprender acerca de las Obras de Misericordia Corporales y Espirituales.

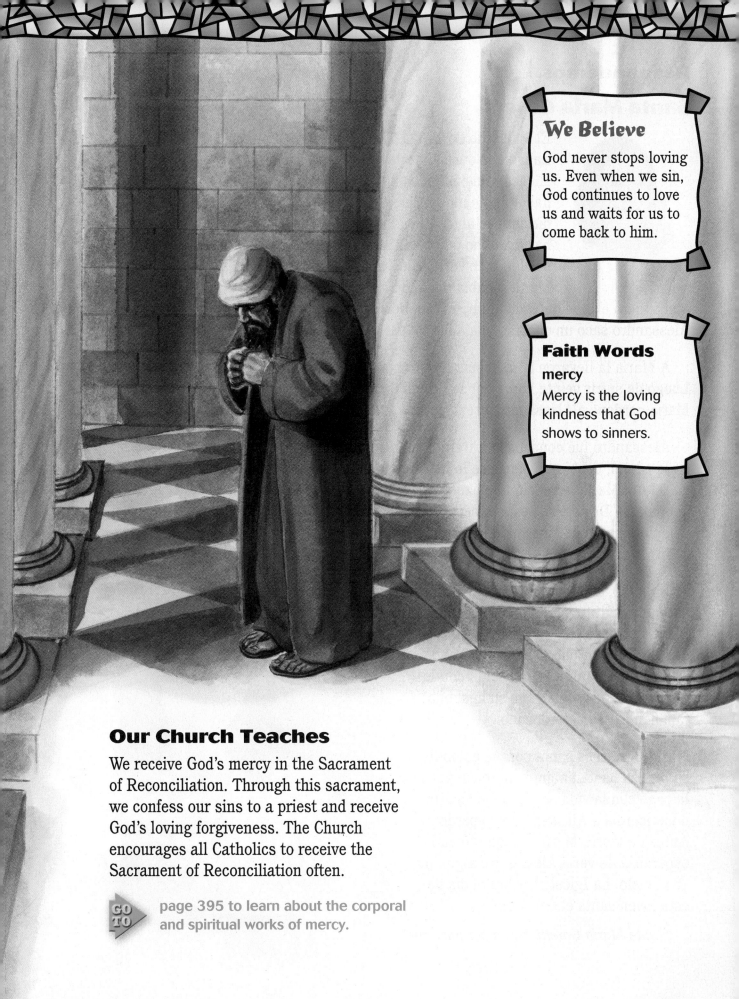

Our Church Teaches

We receive God's mercy in the Sacrament of Reconciliation. Through this sacrament, we confess our sins to a priest and receive God's loving forgiveness. The Church encourages all Catholics to receive the Sacrament of Reconciliation often.

GO TO page 395 to learn about the corporal and spiritual works of mercy.

Respondemos

Santa María Goretti

El 5 de julio de 1902, María Goretti, una niña italiana de once años de edad, estaba sentada en silencio remendando una camisa. En la casa no había nadie más. Alessandro, un vecino de diecinueve años, fue a la casa de María. Como hacía mucho que venía acosando a María, ella no se alegró de verlo. Alessandro sentía atracción por María y había decidido aprovecharse de ella. La atacó, pero ella se defendió. María le suplicó que no pecara contra Dios. Alessandro sacó un cuchillo y la apuñaló varias veces. Después escapó.

A María la llevaron a un hospital, pero poco pudo hacerse por ella. Luego de sufrir veinte horas por sus heridas, murió. Antes de morir, María perdonó a Alessandro y rezó por él.

Alessandro fue condenado a treinta años de prisión. Mientras estaba en la cárcel, contó que María se le había aparecido en un sueño. Según su relato, María le regaló una azucena por cada vez que él la había apuñalado. Después de esta experiencia, Alessandro se arrepintió completamente de su pecado. Tuvo una conversión y pasó el resto de su vida haciendo penitencia.

En 1950, en la plaza San Pedro, en el Vaticano, ante una multitud de 250,000 personas, el Papa Pío XII declaró a María Goretti santa y mártir de la Iglesia Católica. Alessandro concurrió a la ceremonia de canonización con la madre de María. Igual que su hija, ella también lo había perdonado.

María Goretti es santa porque defendió su pureza hasta un grado heroico, pues la pagó con la vida, y porque le mostró misericordia a Alessandro y lo perdonó. Antes de morir, María dijo que tenía la esperanza de ver a Alessandro algún día en el cielo. La Iglesia celebra el día de esta joven santa el 6 de julio.

¡Santa María Goretti, ruega por nosotros!

Respond

Saint Maria Goretti

On July 5, 1902, Maria Goretti, an eleven-year-old Italian girl, was sitting quietly as she mended a shirt. No one else was home. Alessandro, a nineteen-year-old neighbor, stopped by. He had been bothering Maria for a long time, so she was not glad to see him. Alessandro was attracted to Maria and had decided to take advantage of her. He attacked Maria, but she fought against him. Maria pleaded with Alessandro not to sin against God. Alessandro pulled out a knife and stabbed her many times. Then he ran away.

Maria was taken to a hospital, but little could be done for her. After twenty hours of suffering from her wounds, she died. Before her death, Maria forgave Alessandro and prayed for him.

Alessandro was sent to prison for thirty years. While he was in prison, he said that Maria appeared to him in a dream. According to Alessandro, Maria gave him one white lily for each time he had stabbed her. After this experience, Alessandro fully repented for his sin. He had a conversion and spent the rest of his life doing penance.

In 1950, in St. Peter's Square at the Vatican, before a crowd of 250,000 people, Pope Pius XII declared Maria Goretti a saint and martyr of the Catholic Church. Alessandro attended the canonization ceremony with Maria's mother. Like Maria, she too had forgiven him.

Maria Goretti is a saint because she defended her purity to a heroic degree, paying with her life, and because she showed mercy to Alessandro and forgave him. Before she died Maria said that she hoped one day to see Alessandro in heaven. The Church celebrates the feast of this young saint on July 6.

Saint Maria Goretti, pray for us!

Actividad

Comparte tus reacciones al relato de Santa María Goretti.

1. ¿Qué lección quiere la Iglesia que aprendamos de Santa María Goretti?

_____

_____

_____

2. ¿Por qué te parece que María perdonó a Alessandro?

_____

_____

_____

3. ¿Admiras a la madre de María por haber perdonado a Alessandro? ¿Por qué?

_____

_____

4. El Papa Pío XII declaró a María santa patrona de los jóvenes. Con tus propias palabras, explica por qué María es un buen modelo de conducta para los jóvenes de hoy.

_____

_____

_____

_____

_____

_____

Activity

Share your reactions to the story of Saint Maria Goretti.

1. What lesson does the Church want us to learn from Saint Maria Goretti?

_____

_____

_____

2. Why do you think Maria forgave Alessandro?

_____

_____

_____

3. Do you admire Maria's mother for forgiving Alessandro? Why or why not?

_____

_____

4. Pope Pius XII declared Maria the patron saint of young people. In your own words, explain why Maria is a good role model for young people today.

_____

_____

_____

_____

_____

_____

✝ Celebración de la oración

Oración de arrepentimiento de la Misa

Líder: Recemos la siguiente oración del Acto
Penitencial de la Misa para pedirle a Dios
su misericordia y su perdón.

Todos: Yo confieso ante Dios todopoderoso,
y ante ustedes, hermanos,
que he pecado mucho
de pensamiento, palabra, obra y omisión.
Por mi culpa, por mi culpa, por mi gran culpa.
Por eso ruego a santa María, siempre Virgen,
a los ángeles, a los santos
y a vosotros, hermanos,
que intercedáis por mí ante Dios,
nuestro Señor.

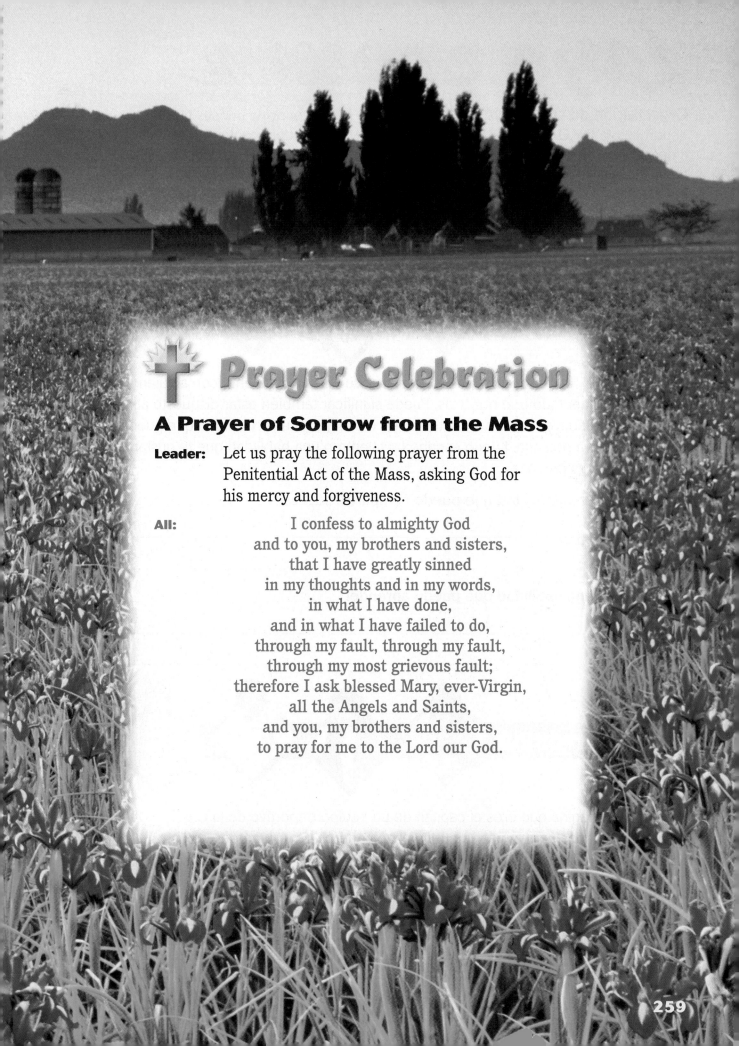

✝ Prayer Celebration

A Prayer of Sorrow from the Mass

Leader: Let us pray the following prayer from the
Penitential Act of the Mass, asking God for
his mercy and forgiveness.

All:
I confess to almighty God
and to you, my brothers and sisters,
that I have greatly sinned
in my thoughts and in my words,
in what I have done,
and in what I have failed to do,
through my fault, through my fault,
through my most grievous fault;
therefore I ask blessed Mary, ever-Virgin,
all the Angels and Saints,
and you, my brothers and sisters,
to pray for me to the Lord our God.

La fe en acción

Organización de la Juventud Católica (C.Y.O.) Mejor conocida por sus programas deportivos, la C.Y.O. (por su sigla en inglés) sirve a niños y adolescentes ayudándolos a desarrollar sus dones y habilidades, y dándoles la oportunidad de compartirlos. En todas sus actividades se enfatiza el trato a todos con dignidad y respeto. Se crean buenas amistades mientras los jóvenes comparten el espíritu sólido de su equipo, ya sea que el objetivo es ganar un partido o trabajar juntos para llevar a cabo un proyecto de servicio especial. Los jóvenes aprenden que cada uno tiene algo para ofrecer.

En la vida diaria

Actividad Ser "comprensivo" puede significar compartir un talento con alguien menos experimentado que nosotros. Puede significar también estar dispuesto a aprender algo nuevo. Escribe a continuación un talento o una habilidad que puedas enseñarle a otra persona. Luego escribe un talento o una habilidad que te gustaría aprender de otra persona.

Un talento o una habilidad que puedo compartir: _____

_____

_____

Un talento o una habilidad que puedo aprender: _____

_____

_____

En tu parroquia

Actividad Imagina que eres el capitán de un equipo deportivo de la C.Y.O. ¿Qué cosas harías para ayudar a que tus compañeros de equipo desarrollen fuertes valores católicos?

_____

_____

_____

Faith in Action

The Catholic Youth Organization (C.Y.O.)   Best known for its sports programs, C.Y.O. serves children and teens by helping them develop their gifts and skills and by giving them opportunities to share them. Treating everyone with dignity and respect is emphasized in all activities. Good friendships develop as young people share their strong team spirit, whether the goal is to win a game or to work together to complete a special service project. Young people learn that they each have something to give.

In Everyday Life

Activity   Being a "good sport" can mean sharing a talent with someone less experienced than us. It can also mean being willing to learn something new. Write below one talent or skill you can teach to someone else. Then write a talent or skill you would like to learn from someone else.

A talent or skill I can share: _____

_____

_____

A talent or skill I can learn: _____

_____

_____

In Your Parish

Activity   Imagine that you are the captain of a C.Y.O. sports team. What are some things you would do to help your teammates develop strong Catholic values?

_____

_____

_____

Orden Sagrado y Matrimonio

Todos los cristianos bautizados tienen una vocación. Los obispos, los sacerdotes y los diáconos tienen un llamado especial al liderazgo en la Iglesia. Las parejas casadas son los líderes de la "iglesia doméstica", la familia.

Jesús envió a cada uno de sus Apóstoles a enseñar como Él mismo lo hacía.

Basado en Marcos 3:14

Jesús eligió al apóstol Pedro para que fuera el primer líder de su Iglesia. El Monasterio de Santa Catalina, situado al pie del monte Sinaí, fue una de las primeras comunidades de la Iglesia.

Every baptized Christian has a vocation. Bishops, priests, and deacons have a special call to leadership in the Church. Married couples are the leaders of the "domestic church," the family.

Jesus sent each of his Apostles to teach as he himself taught.
Based on Mark 3:14

Jesus chose the apostle Peter to be the first leader of his Church. St. Catherine's Monastery, located at the foot of Mount Sinai, was an early church community.

El llamado

1. Si te lla - mo, ¿se - gui - rás Mis pa - sos sin
2. Si te lla - mo, ¿de - ja - rás Tus bie - nes y
3. Si te lla - mo, ¿de - ja - rás Que pue - da_el cie -
4. Si te lla - mo, ¿a - ma - rás Tu ver - da - de -
5. Tú me lla - mas, se - gui - ré Tus pa - sos, mi

ce - sar?_____ ¿Al des - co - no - ci - do_i - rás? ¿Te
tu_ho - gar?_____ ¿Cui - da - rás a los de - más? ¿Te
go - ver?_____ ¿A los pre - sos li - bra - rás, Y
ro - ser?_____ ¿Tu tem - or re - cha - za - rás?— Po -
Se - ñor._____ Y cam - bia - do es - ta - ré, Se -

de - ja - rás cam - biar?_____ ¿Les de - mos - tra - rás mi_a -
de - ja - rás cam - biar?_____ ¿No te_im - por - ta - rá_el mi -
cam - bia - rás tu ser?_____ ¿Al le - pro - so be - sa -
drás en mí ven - cer._____ ¿Tra - e - rás a mi crea -
gu - ro* en tu_a - mor._____ Jun - to_a ti ca - mi - na -

mor?_____ ¿O - bra - rás siem - pre_en mi_ho - nor?_____ ¿De - ja -
rar_____ Del hos - til an - te tu_o - brar?_____ Pon tus
rás?_____ ¿En se - cre - to ser - vi - rás?_____ ¿An - te_el
ción_____ Nue - va vi - da, paz, per - dón?_____ ¿Vi - vi -
ré,_____ Don - de va - yas, yo i - ré._____ Por tu

rás que crez - ca_en ti, Y cre - ce - rás en mí?_____
sú - pli - cas en mí— Yo es - ta - ré en ti._____
mun - do mos - tra - rás Que cre - es tú en mí?_____
rás co - mo vi - ví Y vi - vo yo en ti?_____
fuer - za vi - vi - ré En ti, y tú en mí.

*Segura

Texto: John L. Bell, n. 1949, © 1987, Comunidad de Iona. GIA Publications, Inc., agente: tr. por Ronald F. Kriman, n. 1946. GIA Publications, Inc.
Música: KELVINGROVE 7 6 7 6 777 6; tradicional de Escocia

The Summons

1. Will you come and fol-low me If I but call your name?_____ Will you go where you don't know And nev-er be the same?_____ Will you let my love be shown,_____ Will you let my life be grown In you and you in me?_____
2. Will you leave your-self be-hind If I but call your name?_____ Will you care for cruel and kind And nev-er be the same?_____ Will you risk the hos-tile stare_____ Should your life at-tract or scare?_____ Will you let me an-swer prayer In you and you in me?_____
3. Will you let the blind-ed see If I but call your name?_____ Will you set the pris-'ners free And nev-er be the same?_____ Will you kiss the lep-er clean,_____ And do such as this un-seen,_____ And ad-mit to what I mean In you and you in me?_____
4. Will you love the 'you' you hide If I but call your name?_____ Will you quell the fear in-side And nev-er be the same?_____ Will you use the faith you've found_____ To re-shape the world a-round,_____ Through my sight and touch and sound In you and you in me?_____
5. Lord, your sum-mons ech-oes true When you but call my name._____ Let me turn and fol-low you And nev-er be the same. In your com-pa-ny I'll go_____ Where your love and foot-steps show. Thus I'll move and live and grow In you and you in me._____

Text: John L. Bell, b. 1949, © 1987, Iona Community. GIA Publications, Inc., agent
Tune: KELVINGROVE 7 6 7 6 777 6; Scottish traditional: arr. by John L. Bell, b. 1949, © 1987, Iona Community, GIA Publications, Inc., agent

17 Jesús funda su Iglesia

OREMOS

Tú eres Pedro y, sobre esta piedra, edificaré mi Iglesia.

Basado en Mateo 16:18

Compartimos

Piensa en las cualidades que hacen que una persona sea un buen líder. Por ejemplo, los buenos líderes son muy trabajadores. Se comprometen a dar lo mejor de sí mismos para terminar un trabajo y están dispuestos a hacer sacrificios. Los buenos líderes también son capaces de inspirar a los demás para que den lo mejor de sí. Mientras trabajas en la siguiente actividad, piensa en las cualidades de liderazgo que tú puedas tener.

Actividad

Encierra en un círculo dos de las cualidades más importantes que te parezca que debe tener una persona para ser un buen líder.

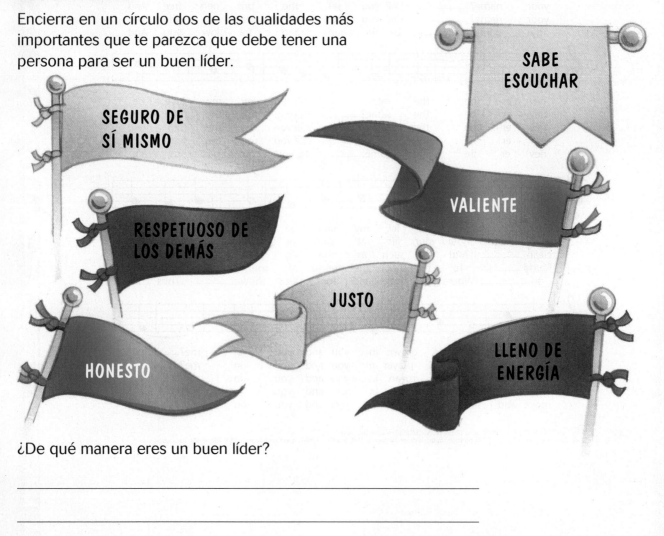

SABE ESCUCHAR

SEGURO DE SÍ MISMO

VALIENTE

RESPETUOSO DE LOS DEMÁS

JUSTO

HONESTO

LLENO DE ENERGÍA

¿De qué manera eres un buen líder?

_____

_____

_____

_____

17 Jesus Establishes His Church

Based on Matthew 16:18

Share

Think about the qualities that make a person a good leader. For example, good leaders are hard working. They commit themselves to doing their very best to get a job done and are willing to make sacrifices. Good leaders are also able to inspire others to do their best. As you work on the activity below, think about the leadership qualities that you may have.

Activity

Circle the two most important qualities you think a person should have to be a good leader.

GOOD LISTENER

SELF-CONFIDENT

COURAGEOUS

RESPECTFUL OF OTHERS

FAIR

HONEST

ENERGETIC

In what ways are you a good leader?

_____

_____

_____

_____

✝ La Escritura Jesús elige a Pedro

Pedro era pescador. Cuando Jesús le pidió que viniera y lo siguiera, él dejó su bote y sus redes. Pedro se transformó, junto con su hermano Andrés, en uno de los doce Apóstoles. Pedro estuvo con Jesús durante los tres años de su ministerio público.

Aunque a veces tenía dudas y cometía errores, Pedro fue un hombre fiel. Amaba a Jesús con todo el corazón. Pedro fue el primero de los Apóstoles en comprender que Jesús era el Mesías, que verdaderamente era el Hijo de Dios. Jesús sabía que, con el tiempo, Pedro llegaría a ser un líder firme y que conduciría su Iglesia con fidelidad.

El nombre de Pedro había sido "Simón", pero Jesús lo llamó Pedro, que significa "piedra". Pedro era fuerte y firme como una piedra. Al pasar los siglos, nuestra Iglesia se ha edificado sobre la obra y el ejemplo de San Pedro.

Jesús dijo: "Simón, yo te digo: tú eres Pedro. Sobre esta piedra edificaré mi Iglesia. Y tú tendrás la facultad de guiar al Pueblo de Dios".

Basado en Mateo 16:18–19

Hear & Believe

✝ Scripture Jesus Chooses Peter

Peter was a fisherman. He left his boat and nets when Jesus asked him to come and follow him. Peter, along with his brother Andrew, became one of the Twelve Apostles. Peter was with Jesus throughout the three years of Jesus' public ministry.

Although he sometimes had doubts and made mistakes, Peter was a faithful man. He loved Jesus with all his heart. Peter was the first of the Apostles to understand that Jesus was the Messiah, that he was truly the Son of God. Jesus knew that with time Peter would become a strong leader and that he would faithfully lead his Church.

Peter's name had been "Simon," but Jesus called him Peter, which means "rock." Peter was strong and steady like a rock. Over the centuries, our Church has been built on Saint Peter's work and example.

Jesus said, "Simon, I say to you, you are Peter. Upon this rock, I shall build my Church. And you shall have the power to guide the People of God."

Based on Matthew 16:18–19

Los líderes de la Iglesia Católica

Jesús fundó la Iglesia sobre San Pedro y los Apóstoles. A ellos les confió que llevaran a cabo su misión de enseñar la Buena Nueva de la salvación. A lo largo de los siglos, los papas y los obispos han continuado la obra de San Pedro y los Apóstoles.

El **papa** es el sucesor de San Pedro. Esto quiere decir que es la cabeza de la Iglesia Católica y el Obispo de Roma. El papa participa en el ministerio de San Pedro de conducir y guiar a la Iglesia en el mundo entero. El papa es responsable de cuidar las almas de toda la Iglesia.

Los **obispos** son los sucesores de los Apóstoles. Ayudan al papa en la conducción de la Iglesia. Las responsabilidades más importantes de los obispos son enseñar la fe católica, celebrar los sacramentos, especialmente la Eucaristía, y guiar al pueblo católico. Los sacerdotes y los diáconos ayudan a los obispos en su tarea.

Nuestra Iglesia nos enseña

La Iglesia Católica es **apostólica** porque Jesucristo la edificó sobre San Pedro y los Apóstoles. El papa es la cabeza de la Iglesia Católica. Los obispos, junto con el papa, son los maestros principales de la Iglesia Católica.

The Leaders of the Catholic Church

Jesus founded the Church on Saint Peter and the Apostles. Jesus entrusted Saint Peter and the Apostles with carrying on his mission of teaching the Good News of salvation. Throughout the centuries, the popes and bishops have continued the work of Saint Peter and the Apostles.

The **pope** is the successor of Saint Peter. This means that he is the head of the Catholic Church and the Bishop of Rome. The pope shares in Saint Peter's ministry of leading and guiding the entire Church throughout the world. The pope is responsible for the care of souls throughout the Church.

The **bishops** are the successors of the Apostles. They help the pope in leading the Church. The most important responsibilities of the bishops are teaching the Catholic faith, celebrating the sacraments, especially the Eucharist, and guiding the Catholic people. Priests and deacons help the bishops in their work.

Our Church Teaches

The Catholic Church is **apostolic** because Jesus Christ built the Church on Saint Peter and the Apostles. The pope is the head of the Catholic Church. The bishops, together with the pope, are the chief teachers of the Church.

Faith Words

pope
The pope is the head of the Catholic Church and the Bishop of Rome. He is the successor of Saint Peter.

bishops
Bishops are the chief teachers of the Catholic Church. They are the successors of the Apostles.

apostolic
The Catholic Church is apostolic because Jesus Christ built the Church on Saint Peter and the Apostles.

Respondemos

Beato Pío IX y Beato Juan XXIII

A continuación aparecen relatos sobre dos grandes papas. A estos papas los llamamos "Beatos" porque la Iglesia ha declarado que estos hombres llevaron vidas muy santas. Incluso es posible que algún día la Iglesia los declare santos.

Cada uno de estos papas convocó, o llamó a, un concilio ecuménico. Un **concilio ecuménico** es una reunión del papa y de todos los obispos de la Iglesia. El papa puede llamar a un concilio por varias razones, como explicar la fe, interpretar la Sagrada Escritura o resolver controversias relacionadas con la fe y la moral.

El **Beato Pío IX** fue papa desde 1846 hasta 1878. Llamó a los obispos al Concilio Vaticano I. En el concilio, el Beato Pío y los obispos declararon la doctrina de la **infalibilidad**. El Beato Pío enseñó que la infalibilidad es un don del Espíritu Santo. Asegura que cuando el papa o el papa junto con los obispos enseñan la fe y la moral, enseñan siempre la verdad. A través del don de la infalibilidad, el Espíritu Santo protege al papa y a los obispos de cometer errores en sus enseñanzas.

El **Beato Juan XXIII** fue papa desde 1958 hasta 1963. Aunque fue papa durante poco tiempo, hizo muchas cosas buenas por la Iglesia y fue querido por las personas alrededor del mundo. En 1962, el Beato Juan llamó al Concilio Vaticano II. Este concilio trató cuestiones de la Iglesia de la sociedad moderna.

Una de las cuestiones que trató el concilio fue que Dios llama a todas las personas, no solamente a los obispos y a los sacerdotes, a llevar una vida santa. ¡El Concilio Vaticano II nos enseña que todos estamos llamados a ser santos!

Los papas, los obispos y los concilios ecuménicos conforman la autoridad educativa de la Iglesia. La autoridad educativa de la Iglesia se llama **Magisterio**. El Espíritu Santo faculta al Magisterio a enseñar lo que la Iglesia cree oficialmente.

Respond

Blessed Pius IX and Blessed John XXIII

Below are stories of two great popes. We call these popes "Blessed" because the Church has declared that these men lived very holy lives. Some day the Church may even declare them to be saints.

Each of these popes convened, or called, an ecumenical council. An **ecumenical council** is a gathering of the pope and all the bishops of the Church. The pope may call a council for several reasons, such as to explain the faith, interpret Scripture, or settle disputes regarding faith and morals.

Blessed Pius IX was pope from 1846 to 1878. He called the bishops to the First Vatican Council. At the council, Blessed Pius and the bishops declared the doctrine of **infallibility**. Blessed Pius taught that infallibility is a gift from the Holy Spirit. It ensures that when the pope or the pope and bishops together teach on faith and morals, they always teach what is true. Through the gift of infallibility, the Holy Spirit protects the pope and bishops from making errors in their teaching.

Blessed John XXIII was pope from 1958 to 1963. Even though he was pope for a short time, he did much good for the Church and was loved by people all around the world. In 1962, Blessed John called the Second Vatican Council. This council addressed issues for the Church in modern society.

One of the issues the council addressed was that all people, not just bishops and priests, were called by God to live holy lives. The Second Vatican Council teaches us that we are all called to be saints!

The popes, bishops, and ecumenical councils make up the teaching authority of the Church. The teaching authority of the Church is called the **Magisterium**. The Magisterium is empowered by the Holy Spirit to teach what the Church officially believes.

Actividad

Diseña una camiseta que contenga tu nombre y un don o un talento que puedas usar por el bien de la Iglesia. Dibuja un símbolo que represente tu don o tu talento. Por ejemplo, la camiseta de San Pedro podría decir: "Pedro, el líder". Su símbolo podría ser una piedra o un bote de pesca.

Activity

Design a T-shirt that includes your name and a gift or talent that you can use for the good of the Church. Draw a symbol to represent your gift or talent. For example, Saint Peter's T-shirt might say, "Peter the Leader." His symbol might be a rock or a fishing boat.

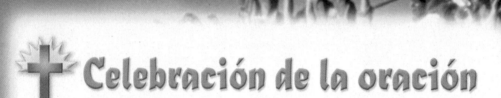

✝ Celebración de la oración

Oración por los líderes de nuestra Iglesia

Oremos a los líderes más importantes de todos: Dios, Padre nuestro, Jesucristo y el Espíritu Santo, para que guíen a los líderes de nuestra Iglesia.

Lector 1: Dios, Padre nuestro, te pedimos que cuides y protejas al papa y a todos los obispos de la Iglesia de todo el mundo.

Todos: Señor, escucha nuestra oración.

Lector 2: Jesucristo, guía al papa y a los obispos mientras predican la Buena Nueva de la salvación y conducen a tu pueblo al Reino de Dios.

Todos: Señor, escucha nuestra oración.

Lector 3: Espíritu Santo, llena al papa y a los obispos de sabiduría, ciencia y fortaleza mientras atienden las necesidades de la familia católica del mundo.

Todos: Señor, escucha nuestra oración.

Todos: ¡Amén!

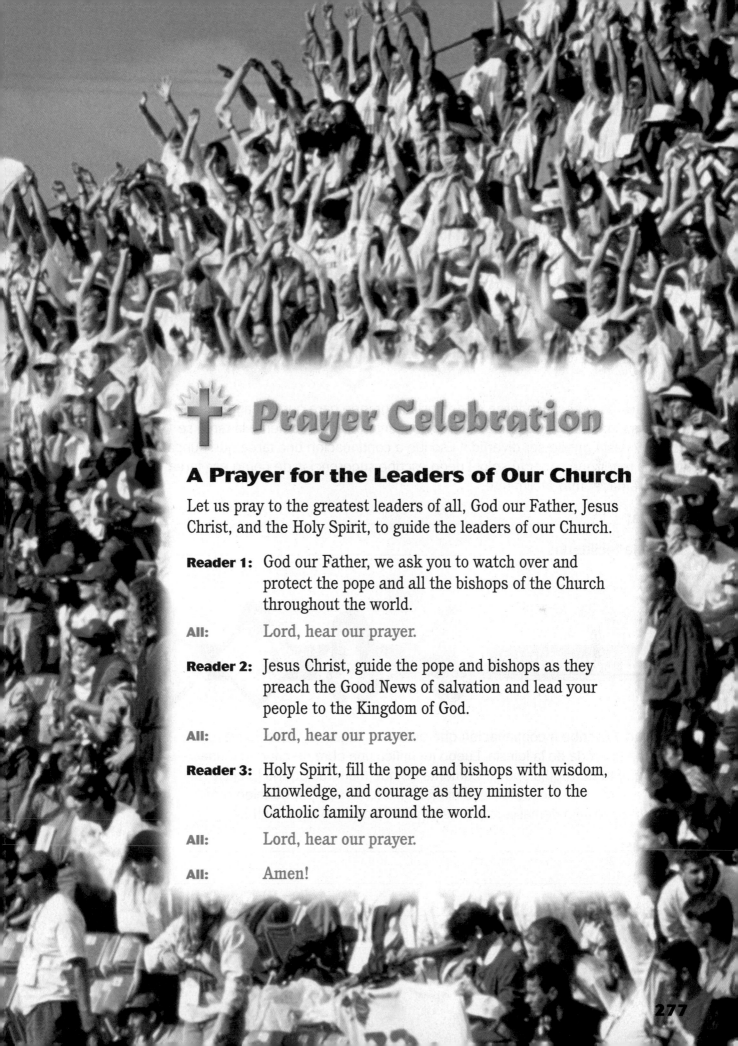

✝ Prayer Celebration

A Prayer for the Leaders of Our Church

Let us pray to the greatest leaders of all, God our Father, Jesus Christ, and the Holy Spirit, to guide the leaders of our Church.

Reader 1: God our Father, we ask you to watch over and protect the pope and all the bishops of the Church throughout the world.

All: Lord, hear our prayer.

Reader 2: Jesus Christ, guide the pope and bishops as they preach the Good News of salvation and lead your people to the Kingdom of God.

All: Lord, hear our prayer.

Reader 3: Holy Spirit, fill the pope and bishops with wisdom, knowledge, and courage as they minister to the Catholic family around the world.

All: Lord, hear our prayer.

All: Amen!

La fe en acción

El dinero de San Pedro El domingo más cercano al día de San Pedro y San Pablo (el 29 de junio), las parroquias católicas de todo el mundo llevan a cabo una colecta especial para apoyar la obra benéfica y misionera del papa. Esta tradición comenzó hace unos mil años en Inglaterra. Cada familia entregaba una moneda de un centavo, o un penique al Santo Padre para ayudar a las personas más necesitadas del mundo. El dinero de San Pedro nos recuerda que pertenecemos a una Iglesia mundial llamada a llevar la Buena Nueva del amor de Jesús a todas las personas.

En la vida diaria

Actividad A veces, una tarea es demasiado grande para que la haga una sola persona. Cuando las personas trabajan juntas, frecuentemente la tarea se facilita ¡y hasta puede ser divertida! Escribe a continuación una tarea que nunca querrías tener que hacer tú solo. Luego escribe sugerencias de cómo esa tarea se podría hacer más fácilmente.

La tarea: _____

Lo que la facilitaría: _____

_____

En tu parroquia

Actividad Escribe a continuación qué personas, lugares y situaciones necesitan la ayuda de la Iglesia. Luego identifica una obra de caridad o una misión que tu parroquia apoya. Comenta de qué maneras podría tu clase apoyar a esta obra. ¡Recuerda que ningún aporte de tiempo, de talento o de recursos resulta demasiado pequeño para hacer que algo cambie!

Personas: _____

Lugares: _____

Situaciones: _____

Cómo podemos ayudar: _____

Faith in Action

Peter's Pence   On the Sunday nearest to the Feast of Saints Peter and Paul (June 29), Catholic parishes around the world take up a special collection to support the pope's charity and missionary work. This tradition started about a thousand years ago in England. Each family gave one penny, or pence, to the Holy Father to help the neediest people of the world. Peter's Pence reminds us that we belong to one worldwide Church called to bring the Good News of Jesus' love to all people.

In Everyday Life

Activity   Sometimes a job is just too big for one person to do alone. When people work together, the job is often easier and can even be fun! Write below one job that you would never want to have to do all by yourself. Then write suggestions for how the job might get done more easily.

The job: _____

What would make it easier: _____

_____

In Your Parish

Activity   List below people, places, and situations where the help of the Church is needed. Then identify one charity or mission that your parish supports. Discuss ways your class could help support this work. Remember that no contribution of time, talent, or resources is too small to make a difference!

People: _____

Places: _____

Situations: _____

How we can help: _____

18 Orden Sagrado y Matrimonio

Enseña lo que crees
y practica lo que enseñas.

Compartimos

Hay veces en que podrías elegir asumir un compromiso.
Podrías prometer llamar a un amigo, limpiar tu habitación
o terminar una tarea que te hayan asignado. A pesar de que
estos son compromisos a corto plazo, es importante cumplirlos.

Actividad

Piensa en distintos tipos de compromisos que has asumido.
Usa algunas de las siguientes palabras para describir tres
de estos compromisos.

juramento	hacer	promesa
voto	comprometerse	aceptar

18 Holy Orders and Matrimony

 Teach what you believe,
and practice what you teach.

Share

There are times when you might choose to make a commitment.
You might promise to call a friend, clean your room, or finish a
homework assignment. Even though these are short-term
commitments, they are important to keep.

Activity

Think about the different kind of commitments you have made.
Describe three of these commitments, using some of the
words below.

pledge	do	promise
vow	commit	agree

281

El culto Orden Sagrado

En el Sacramento del **Orden Sagrado**, los hombres se ordenan para servir a la Iglesia como obispos, sacerdotes y diáconos. Este sacramento puede ser recibido solamente por aquellos hombres que hayan sido bautizados y que la Iglesia considere que tienen una vocación para el Orden Sagrado.

Los **obispos** reciben la totalidad del Sacramento del Orden Sagrado. Ellos son los sucesores de los Apóstoles y los maestros principales de la Iglesia. Generalmente, bajo la autoridad del papa, un obispo conduce una diócesis. Una **diócesis** está compuesta de parroquias y escuelas católicas, y en ella puede haber también universidades y hospitales católicos.

Los obispos ordenan a los **sacerdotes** para que celebren los sacramentos, especialmente la Eucaristía, y para que proclamen la Palabra de Dios. Los sacerdotes son colaboradores de los obispos.

Hay dos clases de sacerdotes. Los sacerdotes diocesanos se ordenan para servir en una diócesis, por lo general como pastores de una parroquia. Los sacerdotes religiosos pertenecen a una orden religiosa, como los benedictinos, los franciscanos, los dominicos o los jesuitas.

Los obispos ordenan a los **diáconos** para que ayuden a los sacerdotes con el trabajo de la parroquia. Los diáconos pueden celebrar los sacramentos del Bautismo y del Matrimonio. También pueden leer el Evangelio y dar la homilía en la Misa dominical.

Hay dos clases de diáconos. Los diáconos transitorios son hombres que están preparándose para el sacerdocio. Los diáconos permanentes no llegan a ser sacerdotes y pueden ser solteros o casados.

El Sacramento del Orden Sagrado se celebra durante una Misa. El obispo coloca las manos sobre la cabeza de cada hombre que se está ordenando. Reza a Dios una oración especial para que cada uno se llene de la gracia del Espíritu Santo. El Orden Sagrado pone una marca espiritual especial en el alma de cada hombre que se ordena.

Worship Holy Orders

In the Sacrament of **Holy Orders**, men are ordained to serve the Church as bishops, priests, and deacons. Only men who have been baptized and who are considered by the Church to have a vocation to Holy Orders may receive this sacrament.

Bishops receive the fullness of the Sacrament of Holy Orders. They are the successors of the Apostles and the chief teachers of the Church. Under the authority of the pope, a bishop usually leads a diocese. A **diocese** is made up of Catholic parishes and schools and may include Catholic universities and hospitals.

Priests are ordained by their bishops to celebrate the sacraments, especially the Eucharist, and to proclaim the Word of God. Priests are the coworkers of the bishops.

There are two kinds of priests. Diocesan priests are ordained to serve in a diocese, usually as the pastor of a parish. Religious priests belong to a religious order, such as the Benedictines, Franciscans, Dominicans, or Jesuits.

Deacons are ordained by their bishops to help priests with the work of the parish. Deacons can celebrate the sacraments of Baptism and Matrimony. They can also read the Gospel and give the homily at Sunday Mass.

There are two kinds of deacons. Transitional deacons are men who are preparing for the priesthood. Permanent deacons do not become priests, and they may be single or married.

The Sacrament of Holy Orders is celebrated during a Mass. The bishop places his hands on the head of each man being ordained. He prays a special prayer to God that each man be filled with the grace of the Holy Spirit. Holy Orders places a special spiritual mark on the soul of each man who is ordained.

Los obispos rezan la siguiente oración en la ordenación de los sacerdotes y de los diáconos.

Por que vivan los mandamientos y guíen a los demás a una vida santa.
Por que permanezcan fuertes.
Por que imiten a Jesús, que vino a servir a los demás.
Y por que algún día se unan a Él en el cielo.

Basado en una oración de la Ordenación de Diáconos y Presbíteros

Matrimonio

El Sacramento del **Matrimonio** celebra el compromiso entre un hombre y una mujer de amarse por el resto de su vida. A través del Matrimonio, las parejas reciben la gracia para amarse uno al otro como Jesús ama a la Iglesia.

El Sacramento del Matrimonio se lleva a cabo generalmente durante una Misa. Los ministros del sacramento son la pareja que se casa. El sacerdote es el testigo oficial. En este sacramento, un hombre y una mujer hacen votos, o promesas, como las siguientes.

Yo, (nombre), te acepto a ti, (nombre), como mi (esposo o esposa), y me entrego a ti y prometo serte fiel en las buenas y en las malas, en la salud y en la enfermedad, todos los días de mi vida.

Rito del matrimonio

Dios llama a las parejas casadas a amarse y servirse el uno al otro. Esto incluye recibir con amor todos los hijos que Dios pueda dar a la pareja. La Iglesia nos enseña que los hijos son el "don supremo" del matrimonio.

Nuestra Iglesia nos enseña

El Orden Sagrado y el Matrimonio se llaman **Sacramentos al Servicio de la Comunidad**. Estos sacramentos contribuyen a la salvación de quienes los reciben, pues les proporcionan una manera de servir a los demás.

The following prayer is prayed by the bishop at the ordination of priests and deacons.

May they live the commandments and lead others to a holy life.
May they remain strong.
May they imitate Jesus, who came to serve others.
And may they one day join him in heaven.

Based on a Prayer from the Ordination of Deacons and Priests

Matrimony

The Sacrament of **Matrimony**, or Marriage, celebrates the commitment between a man and a woman to love each other for the rest of their lives. Through Marriage, couples receive

the grace to love each other as Jesus loves the Church.

The Sacrament of Marriage usually takes place during a Mass. The ministers of the sacrament are the couple being married. The priest is the official witness. In this sacrament, a man and a woman make vows, or promises, such as the following.

I, (name), take you, (name), to be my (husband or wife).
I promise to be true to you in good times and in bad, in sickness and in health. I will love you and honor you all the days of my life.

Rite of Marriage

Married couples are called by God to love and serve each other. This includes receiving with love any children that God may give the couple. The Church teaches us that children are the "supreme gift" of marriage.

Our Church Teaches

Holy Orders and Matrimony are called **Sacraments at the Service of Communion**. These sacraments help the people who receive them in their salvation by providing them with a way to serve others.

San Felipe Neri sirve a Dios

Los dos libros preferidos de San Felipe Neri eran el Nuevo Testamento y un libro de chistes y adivinanzas. Esos libros resumen su vocación. Felipe vivió en Roma, en el siglo XVI, y creía que Dios lo estaba llamando a usar su serio amor a Dios y su extravagante sentido del humor para hacer que las personas volvieran a Dios. Él iba a los mercados y les preguntaba a las personas cuándo pensaban hacer algo bueno por el mundo.

En seguida las personas se reunían con él para rezar, debatir y disfrutar de la música. Felipe les parecía un hombre santo y alguien que podía hacerlas reír. Él no quería que hubiera tristeza en su casa. Como el número de seguidores crecía, se construyó un gran edificio, el Oratorio, para llevar a cabo sus reuniones.

A la edad de 35 años, Felipe se hizo sacerdote. Aunque las personas disfrutaban de su personalidad alegre, muchos hablaban de su santidad y decían que era un santo viviente. Sin embargo, Felipe no quería que lo tomaran tan en serio. Cuando oyó hablar de santidad, ¡se afeitó la mitad de la barba! ¿Quién podría mirar a esa imagen y pensar en un santo?

Al momento de su muerte, a los 80 años, había cumplido su vocación. El pueblo de Roma había cambiado gracias a la obra y al espíritu de Felipe Neri.

Respond

Saint Philip Neri Serves God

The two favorite books of Saint Philip Neri were the New Testament and a book of jokes and riddles. Those books sum up Philip's vocation. He lived in Rome in the sixteenth century, and believed that God was calling him to use his serious love of God and his quirky sense of humor to bring people back to God. Philip went to marketplaces and asked people when they planned to do some good in the world.

Soon people met with him for prayer, discussions, and music. They found Philip to be a holy man and one who could make them laugh. He wanted no sadness in his house. As the number of followers grew, a large building, the Oratory, was built to hold his meetings.

At age 35, Philip became a priest. Though people enjoyed his joking personality, many spoke of his holiness, saying he was a living saint. But Philip did not want to be taken too seriously. When he heard talk of sainthood, he shaved off half of his beard! Who could look at that sight and think of a saint?

By the time he died at age 80, he had accomplished his vocation. The people of Rome had been changed by the work and spirit of Philip Neri.

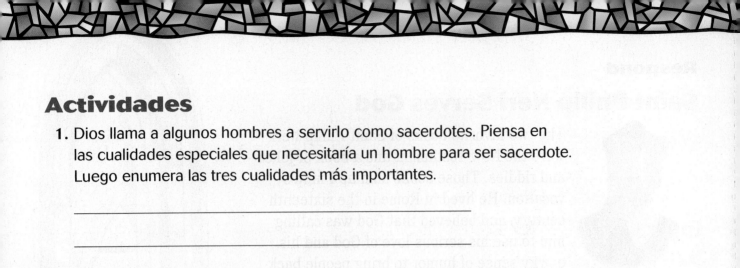

Actividades

1. Dios llama a algunos hombres a servirlo como sacerdotes. Piensa en las cualidades especiales que necesitaría un hombre para ser sacerdote. Luego enumera las tres cualidades más importantes.

_____

_____

_____

En los siguientes renglones, explica por qué la primera cualidad que escribiste es la más importante.

_____

_____

2. Lee las siguientes oraciones. Colorea cada barra para indicar cuán importante es la frase para el valor de la vida familiar. El "1" representa el menos importante. El "10" representa el más importante.

a. Los miembros de la familia rezan juntos.

| 1 | 2 | 3 | 4 | 5 | 6 | 7 | 8 | 9 | 10 |

b. Los miembros de la familia comparten el trabajo de la casa.

| 1 | 2 | 3 | 4 | 5 | 6 | 7 | 8 | 9 | 10 |

c. Los miembros de la familia ríen y juegan juntos.

| 1 | 2 | 3 | 4 | 5 | 6 | 7 | 8 | 9 | 10 |

d. Los miembros de la familia se perdonan los unos a los otros y se piden perdón.

| 1 | 2 | 3 | 4 | 5 | 6 | 7 | 8 | 9 | 10 |

e. Los miembros de la familia se animan y se alaban los unos a los otros.

| 1 | 2 | 3 | 4 | 5 | 6 | 7 | 8 | 9 | 10 |

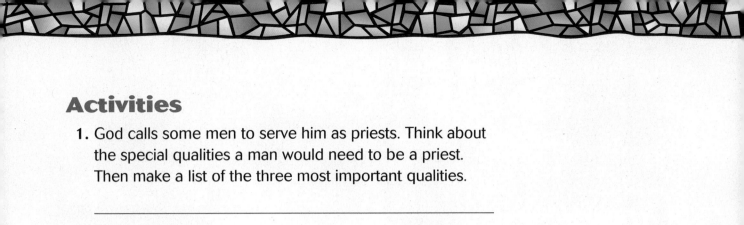

Activities

1. God calls some men to serve him as priests. Think about the special qualities a man would need to be a priest. Then make a list of the three most important qualities.

_____

_____

_____

On the lines below, explain why you think the quality you listed first is the most important.

_____

_____

2. Read each sentence below. Color in the bar to show how important the value is for family life. "1" stands for the least important. "10" stands for the most important.

a. Family members pray together.

1   2   3   4   5   6   7   8   9   10

b. Family members share the work around the home.

1   2   3   4   5   6   7   8   9   10

c. Family members laugh and play together.

1   2   3   4   5   6   7   8   9   10

d. Family members forgive each other and ask for forgiveness.

1   2   3   4   5   6   7   8   9   10

e. Family members encourage and praise one another.

1   2   3   4   5   6   7   8   9   10

✝ Celebración de la oración

Oración por las vocaciones

Haz silencio, cierra los ojos y piensa en una vocación para
la cual Dios pueda estar llamándote. Luego reza la siguiente
oración en silencio.

Señor, muéstrame cómo ser servicial,
en tu Iglesia y en el mundo.
Ayúdame a ver qué quieres que haga.
Dame la visión, el valor y amigos que
me animen a realizar tu obra.

Prayer Celebration

A Vocations Prayer

Quiet yourself, close your eyes, and think about a vocation to which God may be calling you. Then silently pray the prayer below.

Lord, show me how to be of service,
in your Church and in the world.
Help me to see what you want me to do.
Give me vision, courage, and friends who
encourage me to do your work.

La fe en acción

Ministerio Pre-Cana Igual que para otros sacramentos, para el matrimonio hace falta prepararse. Parejas de casados llevan a cabo el ministerio Pre-Cana (programa de preparación para el matrimonio católico) que ayuda a las parejas comprometidas a prepararse para la vida matrimonial. El propósito del ministerio Pre-Cana es ayudar a que la pareja comprometida se conozca mejor, de modo que pueda formar un matrimonio sólido y basado en el amor.

En la vida diaria

Actividad Escribe a continuación tres cualidades que buscas en un amigo o que esperas de él, cualidades que creas que ayudarán a que una amistad dure mucho tiempo, ¡quizás para siempre!

1. _____

2. _____

3. _____

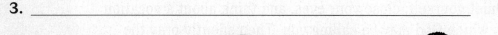

En tu parroquia

Actividad En algunas parroquias, las parejas comprometidas no se reúnen solamente con parejas casadas para aprender de ellas, sino también con familias. Describe a continuación dos cosas que una pareja comprometida podría aprender si pudiera pasar una hora conversando con tu familia.

1. _____
_____
_____

2. _____
_____
_____

Faith in Action

Pre-Cana Ministry   Like any other sacrament, marriage requires preparation. The Pre-Cana ministry is led by married couples who help engaged couples prepare for married life. The purpose of Pre-Cana ministry is to help engaged couples learn more about each other so that they can develop strong, loving marriages.

In Everyday Life

Activity   List below three qualities that you look for or expect in a friend, qualities that you think will help a friendship to last a very long time, maybe even forever!

1. _____

2. _____

3. _____

In Your Parish

Activity   In some parishes, engaged couples not only meet with married couples to learn from them, they also meet with families. Describe below two things an engaged couple would learn if they could spend an hour talking to your family.

1. _____

_____

_____

2. _____

_____

_____

19 Vivir como cristianos

Oremos

Ustedes, con todo, aspiren a los carismas más elevados.

1.ª Corintios 12:31

Compartimos

Uno de los dones más importantes de Dios es el amor. Dios nos ama muy profunda y completamente. Jesús es nuestro mejor ejemplo del amor. Es alguien a quien podemos imitar. Jesús quiere que compartamos nuestro amor con los demás.

Actividad

Escribe sobre una ocasión en que alguien te haya hecho sentir amado o en que tú hayas ayudado a que alguien se sintiera amado. Antes de empezar a escribir, mira las palabras del libro. Si quieres, puedes usar algunas de estas palabras.

19 Living as Christians

Strive eagerly for the greatest spiritual gifts.

1 Corinthians 12:31

Share

One of the greatest gifts from God is love. God loves us very deeply
and completely. Jesus is our best example of love. He is someone
we can imitate. Jesus wants us to share our love with others.

Activity

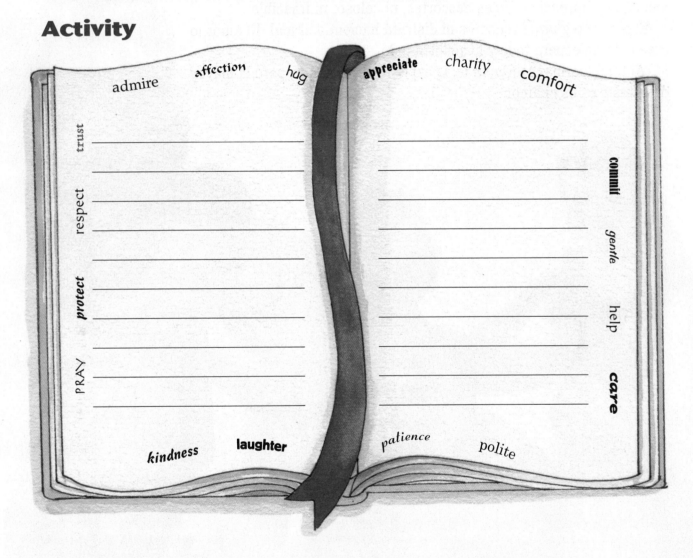

Write about a time when someone made you feel loved
or you helped someone to feel loved. Before you begin
writing, look at the words in the book. You may want to
use some of these words.

✠ La Escritura El camino del amor

San Pablo escribió una carta a los primeros cristianos de la ciudad de Corinto.
En la carta, San Pablo explicó la importancia del amor en la vida cristiana.

Aunque hable como un ángel, si no tengo amor, sólo soy un platillo que resuena. Aunque entienda todos los misterios y pueda predecir el futuro, si no amo, no soy nada. Aunque tuviera tanta fe como para mover montañas, si no amo, no tengo nada. El amor es paciente. El amor es comprensivo. No es descortés, ni celoso, ni irascible.

El amor no guarda rencores ni disfruta haciendo el mal. El amor lo cree todo, lo espera todo y lo soporta todo.

Al final, permanecerán la fe, la esperanza y el amor; pero la mayor de estas tres es el amor.

Basado en 1.ª Corintios 13:1–13

Hear & Believe

✠ Scripture The Way of Love

Saint Paul wrote a letter to the early Christians of the city of Corinth. In the letter, Saint Paul explained the importance of love in the Christian life.

If I speak like an angel, but do not have love, I am just a clashing cymbal. If I understand all mysteries and can predict the future, but do not love, I am nothing. If my faith is so strong that I can move mountains, but I do not love, I have nothing. Love is patient. Love is kind. It is not rude, jealous, or quick-tempered.

Love does not hold grudges or enjoy doing wrong. Love believes all things, hopes all things, and endures all things.

In the end, faith, hope, and love remain. Of these three, love is the greatest.

Based on 1 Corinthians 13:1–13

Aprender acerca de las virtudes

Dios nos da muchos dones para que podamos estar más cerca de Él y podamos crecer en santidad. Tres dones maravillosos que Dios nos da en el Bautismo son las virtudes de la fe, la esperanza y el amor.

Una **virtud** es un hábito que nos ayuda a hacer el bien. La fe, la esperanza y el amor se llaman **virtudes teologales**, porque en griego *teos* significa "Dios" y estas virtudes nos ayudan a acercarnos más a Dios.

La **fe** nos ayuda a creer en Dios y en todas las enseñanzas de nuestra Iglesia.

La **esperanza** nos ayuda a confiar en Dios pase lo que pase. Además, la esperanza nos permite confiar en la promesa de la vida eterna que Dios nos hizo.

El **amor** nos ayuda a amar a Dios sobre todas las cosas y a amar al prójimo como a nosotros mismos. El amor es la más importante y la más excelsa de las virtudes.

Dios nos da las virtudes teologales porque ellas nos hacen falta para estar cerca de Él. Estas virtudes nos ayudan a creer en Dios, a confiar en sus promesas y a mostrar nuestro amor por Él.

Nuestra Iglesia nos enseña

Los padres son responsables de las necesidades físicas y espirituales de sus hijos. Parte de esta responsabilidad es la enseñanza acerca de Dios, la oración y las virtudes. Dado que lo primero que aprendemos acerca de Dios, la oración y las virtudes es en nuestra familia, a la familia cristiana la llamamos **iglesia doméstica**.

Otra virtud que aprendemos de nuestra familia es la de la castidad. La **castidad** nos ayuda a expresar la sexualidad de maneras adecuadas a nuestra edad. Cuando crecemos y alcanzamos la madurez sexual, debemos seguir el ejemplo de Jesús y practicar la virtud de la castidad. Quiere decir que debemos vestirnos modestamente y actuar de manera apropiada. Para los esposos, significa que sean fieles el uno al otro. Dios llama a todas las personas, casadas y solteras, a practicar la virtud de la castidad.

Learning About Virtues

God gives us many good gifts so that we can grow closer to him and grow in holiness. Three wonderful gifts that God gives to us at Baptism are the virtues of faith, hope, and love.

A **virtue** is a habit that helps us to do good. Faith, hope, and love are called the **theological virtues** because in Greek *theos* means "God" and these virtues help us to draw us closer to God.

Faith helps us to believe in God and in all the teachings of our Church.

Hope helps us to trust in God no matter what happens. Hope also enables us to trust in God's promise of eternal life.

Love helps us to love God above all else and to love our neighbors as ourselves. Love is the greatest and highest virtue.

God gives us the theological virtues because these virtues are necessary for us to have a relationship with him. These virtues help us to believe in God, to trust in his promises, and to show our love for him.

Our Church Teaches

Parents are responsible for the physical and the spiritual needs of their children. Part of this responsibility includes teaching their children about God, prayer, and virtues. Since we first learn about God, prayer, and virtues in our families, we call the Christian family the **domestic church**.

Another virtue we learn about from our families is the virtue of chastity. **Chastity** helps us express our sexuality in ways that are proper for our age. As we grow toward sexual maturity, we must follow the example of Jesus and practice the virtue of chastity. This means that we must dress modestly and act in appropriate ways. For husbands and wives, this means being faithful to each other. God calls all people, married and single, to practice the virtue of chastity.

We Believe

We first learn about God, prayer, and virtues from our parents and other family members.

Faith Words

virtue

A virtue is a habit that helps us to do good.

theological virtues

The theological virtues are faith, hope, and love. These virtues help us to draw closer to God.

domestic church

The Christian family is called the domestic church because it is the first place that children learn about God, prayer, and virtues.

Respondemos

¡Más acerca de las virtudes!

Las virtudes teologales son los cimientos de las virtudes cardinales. **Las virtudes cardinales** son la prudencia, la justicia, la fortaleza y la templanza. Crecemos en estas virtudes cuando dependemos de la gracia de Dios y elegimos cumplir sus mandamientos cada día.

La prudencia nos permite mirar hacia adelante y juzgar el resultado de una elección que estemos considerando.

La justicia nos ayuda a ver lo que debemos a Dios y a nuestro prójimo. Trabajamos por que se dé a los demás un trato justo y se respeten sus derechos.

La fortaleza nos da entereza mental para que podamos tolerar las dificultades. Nos ayuda a resistirnos a las tentaciones y a vencer los miedos.

La templanza nos ayuda a mantener un equilibrio en la vida no deseando demasiado de nada, aunque se trate de algo bueno.

Actividades

1. Lee los siguientes relatos. Luego escribe la virtud cardinal que cada personaje practica en el relato.

a. Beth entró en su tienda preferida. Había ahorrado el dinero de su cumpleaños para comprarse un suéter. Mirando unos y otros, vio que la mayoría de los suéteres estaban de liquidación. ¡Ahora, con el dinero que tenía, podría comprarse dos! Entusiasmada, Beth fue de una estantería a otra mirando todos los suéteres. Entonces pensó: "La verdad es que solamente necesito un suéter. Si me compro uno solo, tendré dinero para donar al proyecto de beneficencia de la escuela para los que pasan hambre".

Virtud: _____

COLECTA DE ALIMENTOS

b. Tom estaba en su casa con unos amigos mirando un partido de fútbol americano por TV. Sobre la mesa de centro había bolsas de papitas fritas, latas de gaseosas, algunos pretzels y galletas. El papá de Tom gritó: "¿Tom? ¿Quieren una pizza tú y tus amigos? Pediré una para ustedes". A Tom le encantaba la pizza muy especialmente, pero miró la comida que tenía frente a él. "No, gracias", contestó. "Tenemos suficiente para comer".

Virtud: _____

Respond

More About Virtues!

The theological virtues are the foundation of the **cardinal virtues**. The cardinal virtues are prudence, justice, fortitude, and temperance. We grow in these virtues by depending on God's grace and choosing each day to follow God's commandments.

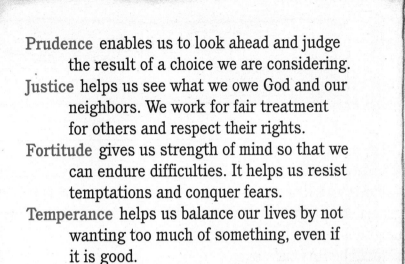

Prudence enables us to look ahead and judge the result of a choice we are considering.

Justice helps us see what we owe God and our neighbors. We work for fair treatment for others and respect their rights.

Fortitude gives us strength of mind so that we can endure difficulties. It helps us resist temptations and conquer fears.

Temperance helps us balance our lives by not wanting too much of something, even if it is good.

Activities

1. Read the following stories. Then write the cardinal virtue that each character practices in the story.

   a. Beth entered her favorite store. She had saved her birthday money to buy a sweater. Looking around, she saw that most of the sweaters were on sale. Now the money she had could get her two sweaters! Excited, Beth went from rack to rack, looking at all the sweaters. Then she thought, "I really only need one sweater. If I buy only one, I'll have money to donate to the hunger project at school."

   Virtue: _____

   b. Tom and his friends were watching a football game on TV at his house. On the coffee table were bags of chips, cans of soda, some pretzels, and cookies. Tom's dad called, "Tom? Do you and your friends want a pizza? I'll order one for you." Tom especially loved pizza, but he looked at the food in front of him. "No, thanks," he answered. "We have enough to eat."

   Virtue: _____

2. ¿Cuál de las cuatro virtudes cardinales te parece que es más fuerte en ti? Describe una situación en la que hayas practicado esta virtud.

3. Piensa en las maneras en que tus familiares se muestran amor y respeto unos a otros. Luego escribe cuatro ejemplos de cómo tu familia es la iglesia doméstica.

1.

2.

3.

4.

2. Which of the four cardinal virtues do you think is strongest in you? Describe a situation in which you practiced this virtue.

3. Think about the ways the members of your family show their love and respect for each other. Then write four examples of how your family is the domestic church.

1. _____

_____

2. _____

_____

3. _____

_____

4. _____

_____

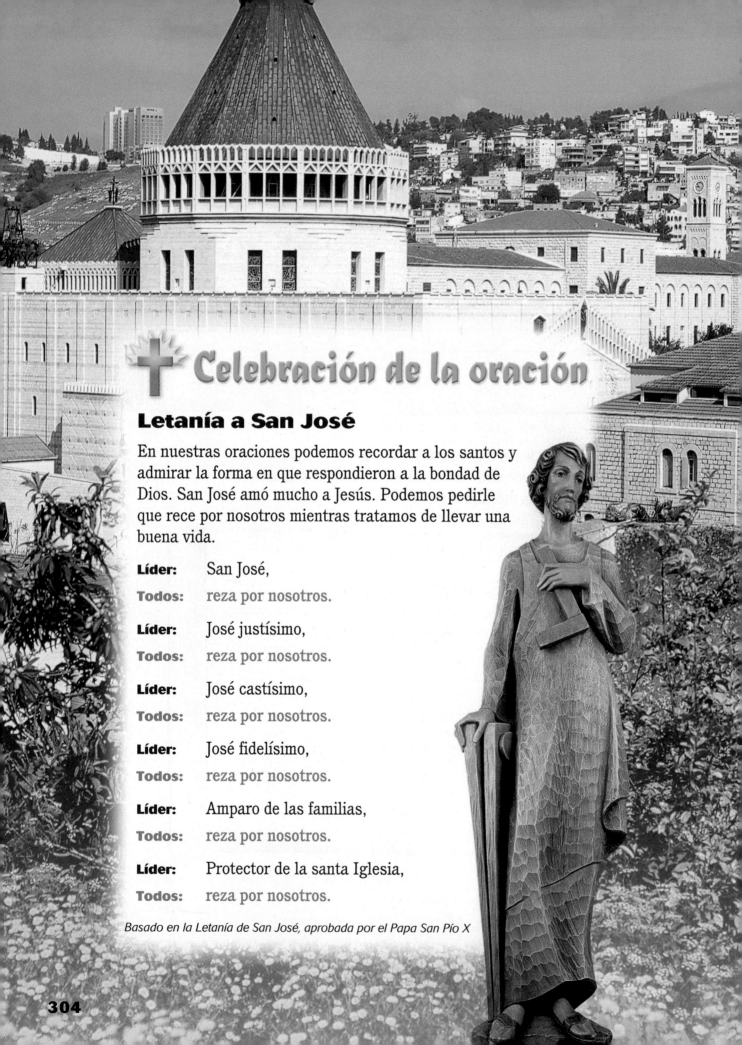

✝ Celebración de la oración

Letanía a San José

En nuestras oraciones podemos recordar a los santos y admirar la forma en que respondieron a la bondad de Dios. San José amó mucho a Jesús. Podemos pedirle que rece por nosotros mientras tratamos de llevar una buena vida.

Líder: San José,

Todos: reza por nosotros.

Líder: José justísimo,

Todos: reza por nosotros.

Líder: José castísimo,

Todos: reza por nosotros.

Líder: José fidelísimo,

Todos: reza por nosotros.

Líder: Amparo de las familias,

Todos: reza por nosotros.

Líder: Protector de la santa Iglesia,

Todos: reza por nosotros.

Basado en la Letanía de San José, aprobada por el Papa San Pío X

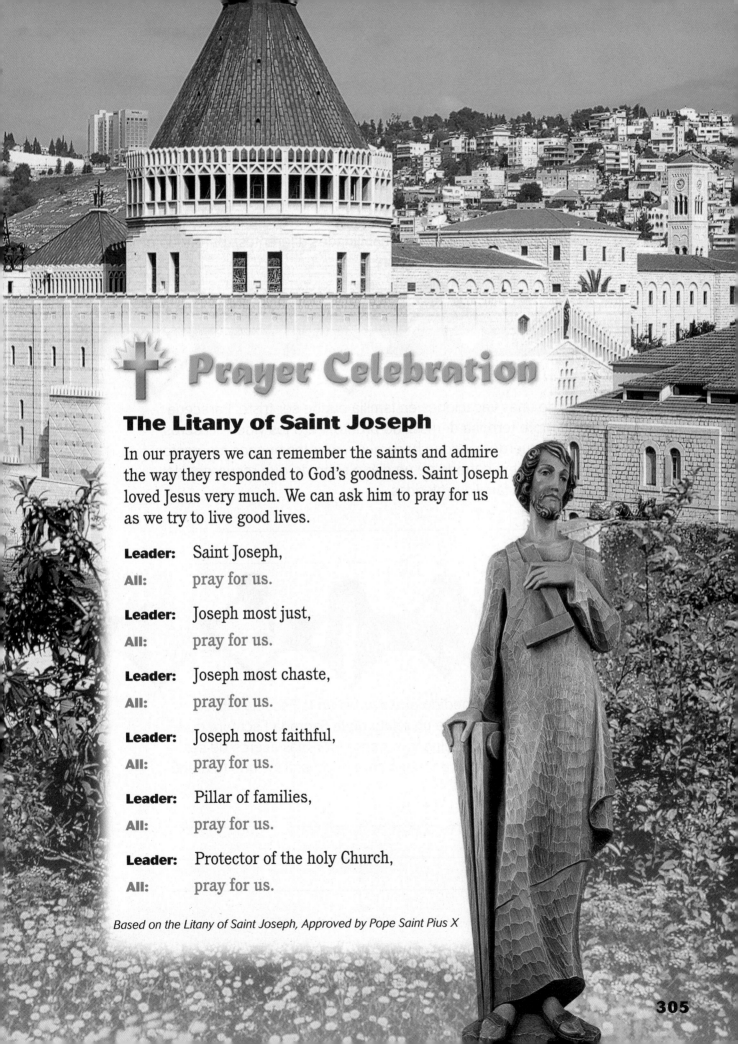

✝ Prayer Celebration

The Litany of Saint Joseph

In our prayers we can remember the saints and admire the way they responded to God's goodness. Saint Joseph loved Jesus very much. We can ask him to pray for us as we try to live good lives.

Leader: Saint Joseph,

All: pray for us.

Leader: Joseph most just,

All: pray for us.

Leader: Joseph most chaste,

All: pray for us.

Leader: Joseph most faithful,

All: pray for us.

Leader: Pillar of families,

All: pray for us.

Leader: Protector of the holy Church,

All: pray for us.

Based on the Litany of Saint Joseph, Approved by Pope Saint Pius X

La fe en acción

Escuela Bíblica de Vacaciones (EBV) Durante una o dos semanas cada verano, algunas parroquias ofrecen la Escuela Bíblica de Vacaciones. Las familias de la parroquia se reúnen para estudiar sus relatos preferidos de la Sagrada Escritura y hasta pueden compartir una comida juntas. Se forman grupos diferentes según la edad para estudiar y para realizar artesanías. Después todos se juntan para divertirse un rato con canciones y oraciones. Para planear y organizar una EBV hacen falta muchas personas de talentos y habilidades diferentes, ¡pero todo el mundo tiene asegurada muchísima diversión!

En la vida diaria

Actividad El final de unas vacaciones en familia puede ser triste. Parecería que lo divertido siempre termina demasiado pronto. Pero los videos caseros, las fotografías y los recuerdos pueden hacernos revivir los buenos momentos igual de rápido. Escribe una entrada de un diario sobre lo que recuerdes de una de tus vacaciones en familia preferidas.

_____

_____

En tu parroquia

Actividad Imagina que te han pedido que ayudes en la Escuela Bíblica de Vacaciones de tu parroquia. Elige un relato de la Sagrada Escritura que te parezca que ayudaría a los participantes a aprender más acerca de ser discípulos de Jesús. Luego planea un menú para la cena. ¡Haz que tu menú sea sencillo, sano y divertido!

Relato de la Sagrada Escritura: _____

_____

_____

Menú para la cena: _____

_____

_____

Faith in Action

Vacation Bible School (VBS) For one or two weeks each summer, some parishes offer Vacation Bible School. Parish families come together to study favorite Scripture stories and might also share a meal together. Different age groups meet separately for study and for craft activities. Then everyone comes together for a fun time of singing and prayers. It takes a lot of people with different talents and skills to plan and organize a VBS program, but everyone is sure to have lots of fun!

In Everyday Life

Activity The end of a family vacation can be sad. The fun always seems to end too quickly. But home videos, photographs, and souvenirs can just as quickly bring the good memories right back to life! Write a journal entry about one of your favorite family vacation memories.

_____

_____

In Your Parish

Activity Imagine that you have been asked to help out at your parish's Vacation Bible School. Choose a Scripture story that you think would help the participants learn more about being disciples of Jesus. Then plan a dinner menu. Keep your menu simple, healthy, and fun!

Scripture story: _____

_____

_____

Dinner menu: _____

_____

_____

20 Rezamos por la guía

"¡Señor, yo no sé cómo hablar a los demás sobre ti! ¡Soy demasiado joven!" El SEÑOR contestó: "No digas que eres muy joven. A dondequiera que te envíe, tú irás".

Basado en Jeremías 1:6–7

Compartimos

Jeremías vivió mucho antes que Jesús. Cuando Dios le habló, se dio cuenta de que su vocación era ser profeta. Él debía predicar la Palabra de Dios a los demás. Cuando Jeremías se quejó, Dios le aseguró que recibiría la ayuda que necesitaba.

Actividad

El relato sobre Jeremías nos dice que Dios tiene un plan para cada uno de nosotros. Que seas joven no quiere decir que todavía no formes parte del plan de Dios. Por medio de la oración, puedes empezar a comprender el rumbo de tu vida. Encierra en un círculo todas las vocaciones que encuentres en la siguiente sopa de letras. Todas las palabras están escritas en forma horizontal o vertical; ninguna está al revés ni en diagonal.

```
P R O G R A M A D O R T O X M U N T O E K I Y I T B
A I E A I Z T S R I M I F F Ú P H E R M A N A S T I
D E N F E R M E R O M P A R S A T N G B P O T H E B
R F H E F G M D N T H Ó R S I N T D R A A I T L Z L
E W E N M A E S T R O G M T C A I E É K D E C W I I
E M R T Ó A C H W R I R A E O D E R C L R E G C B O
F B M F P F Á Y R E T A C R A E G O E R E Ú R S B T
I O A O K H N W T R U F É P N R H H R R A S A O V E
C M N Z F G I J K S H O U C L O W R K E D L N B A C
A B O E C O C I N E R O T R A B O G A D O E J L M A
R E I F W F O D G Y G E I E F G E T Y E P B E K A R
T R A B A J A D O R S O C I A L M F C A T G R K D I
E O C I Q R A R K A N L O T D E A M É D I C O L E O
R I P L O M E R O P I L O T O S K S O Q V E F A C R
O E S T F E S E I T Z X L E S A C E R D O T E R A S
C O N D U C T O R D E A U T O B Ú S D W I F S T S R
U T B U D W R I Q N R A C A R P I N T E R O E I A P
```

20 We Pray for Guidance

"Lord, I don't know how to tell others about you! I am too young!" The LORD answered, "Say not, 'I am too young.' Wherever I send you, you will go."

Based on Jeremiah 1:6–7

Share

Jeremiah lived long before Jesus. When God spoke to him, Jeremiah realized his vocation was to be a prophet. He was to preach God's Word to others. When Jeremiah protested, God assured him that he would receive the help he needed.

Activity

Jeremiah's story tells us that God has a plan for each of us. Being young does not mean you are not part of God's plan yet. Through prayer, you can begin to understand the direction for your life. Circle all the vocations you can find in the word search below. All of the words are spelled across or down; none are backwards or diagonal.

```
C O M P U T E R P R O G R A M M E R O E K I Y I T Q
E I E A I Z T S R I M I E F U P H A R M A C I S T O
F N U R S E P E I J M I S O S E T Q G B R O T H E R
I F P E F G M D N T H G J S I S T E R A A I T L Z L
R W A N Q E E V T D N S W T C Y I O O K L E I W I E
E M R T E A C H E R I F H E I Q E V C E P E I C B E
F A A F E F H Y R E T U I R A S G H E R L E Y S B V
I I M O K H A W T R U H G P N S H H R R A S L O V H
G L E Z F G N J K S O C I A L W O R K E R L A B Q L
H C D E T U I S R Q B V G R W Q M R T X R E W L O C
T A I F W F C D G Y G E W E F F E T Y E V B Y K E H
E R C R J A H J K L Y C V N E U M F C A F G E K U T
R R L I B R A R I A N L P T D E A D O C T O R L E I
C I P L U M B E R P I L O T X S K S O V L E F A F R
I E S T F E S E I T Z X L E D S E G K E R T E R K S
E R Z Y U R S E U W E S I E J R R D P R I E S T S R
U T B U S D R I V E R A C A R P E N T E R L E I K P
```

✝ La Escritura El Señor viene a Elías en un suave murmullo

Al igual que Jeremías, Elías fue un gran profeta del Antiguo Testamento. En este relato, nos muestra que encontramos a Dios de maneras comunes y cotidianas.

Elías estaba viviendo en una cueva. El SEÑOR le dijo: "Sal fuera y quédate en el monte, que yo pasaré por allí".

Mientras Elías estaba en el monte, vino un viento fuerte y violento. El viento rasgó el gran monte y hasta aplastó las piedras. Pero el SEÑOR no estaba en él. Después del viento, vino un estruendoso terremoto. Pero el SEÑOR no estaba en él. Después del terremoto, vino un incendio, pero el SEÑOR tampoco estaba en él.

Después del incendio, vino el sonido de un suave murmullo. Cuando Elías lo oyó, volvió a su cueva y se tapó la cara con el manto. Y el SEÑOR empezó a hablarle.

Basado en 1.º Reyes 19:9, 11–13

Hear & Believe

 **Scripture** **The Lord Comes to Elijah in a Tiny Whisper**

Like Jeremiah, Elijah was a great prophet of the Old Testament. In this story, he shows us that we find God in ordinary, everyday ways.

Elijah was living in a cave. The LORD said to him, "Go out and stand on the mountain, for I will be passing by."

As Elijah stood on the mountain, there came a strong and heavy wind. It ripped at the great mountain, even crushing rocks. But the LORD was not in the wind. After the wind, there came a rumbling earthquake. But the LORD was not in the earthquake. After the earthquake, there came a fire, but the LORD was not in the fire.

After the fire, there came a tiny, whispering sound. When Elijah heard this, he returned to his cave, hiding his face in his cloak. And the LORD began speaking to him.

Based on 1 Kings 19:9, 11–13

Escuchar para encontrar a Dios

Como aprendemos con el relato sobre Elías, Dios le habla generalmente a nuestro corazón con un suave murmullo. Cuando dedicamos un tiempo cada día a la oración, desarrollamos una relación más íntima con Dios. Nos damos cuenta de que es más fácil confiar en Dios y entender cuál es su voluntad para nuestra vida.

Por medio de la oración y de la guía de nuestros padres, podemos descubrir a qué vocación nos está llamando Dios. Por supuesto, la primera vocación y la más importante de todos los cristianos es ser un fiel seguidor de Jesús.

Nuestra Iglesia nos enseña

Hay muchas maneras de servir a Dios. Dios llama a algunas personas a recibir los sacramentos del Orden Sagrado y del Matrimonio. A algunos los llama a ser solteros y a otros a ser hermanas y hermanos religiosos.

Las hermanas y los hermanos religiosos sirven a Dios y a la Iglesia viviendo y trabajando en comunidades religiosas. Algunas de las diferentes formas en que los **religiosos** sirven a la Iglesia son la enseñanza, el cuidado de los enfermos y el trabajo misionero. La mayoría de los religiosos hace votos, o promesas, de pobreza, castidad y obediencia. Algunos ejemplos de comunidades religiosas son los franciscanos, los dominicos y las carmelitas.

También se puede servir a Dios a través de las profesiones. Estas profesiones pueden pertenecer a diferentes campos, como la medicina, la informática, la música, el derecho y la economía. Como parte de tus oraciones cotidianas, reza para pedir la guía de Dios para saber cuál es tu vocación.

Creemos

A través de la oración, Dios nos lleva a una relación más íntima con Él. La oración nos ayuda también a saber cómo quiere Dios que lo sirvamos a Él y a su Iglesia.

Palabras de fe

religioso

Las hermanas y los hermanos religiosos sirven a Dios y a la Iglesia viviendo y trabajando en comunidades religiosas.

Listening for God

As we learn in the story about Elijah, God usually speaks to our hearts in a tiny whisper. As we spend time each day praying, we develop a closer relationship with God. We find that it is easier to trust in God and to understand his will for our lives.

Through prayer and the guidance of our parents, we can discover what vocation God is calling us to. Of course, the first and most important vocation of every Christian is to be a faithful follower of Jesus.

Our Church Teaches

There are many ways of serving God. God calls some people to receive the sacraments of Holy Orders and Matrimony. He calls some people to be single and others to be religious brothers and sisters.

Religious brothers and sisters serve God and the Church by living and working in religious communities. Some of the different ways **religious** serve the Church include teaching, taking care of the sick, and doing missionary work. Most religious make vows, or promises, of poverty, chastity, and obedience. Some examples of religious communities are the Franciscans, Dominicans, and Carmelites.

People can also serve God through their professions. These professions can be in many different fields, such as medicine, computer science, music, law, and business. As part of your daily prayers, pray for God's guidance in learning what your own vocation is.

Respondemos
Santa Margarita de Escocia

Lee el siguiente relato y contesta las preguntas.

"¿Te casarás conmigo?", preguntó el Rey Malcolm. No era la primera vez que se lo pedía a la dulce y sabia Margarita. Margarita, una princesa inglesa, se paró junto al rey de Escocia. Unos años antes, una tormenta había hecho encallar su nave en las costas escocesas. Allí, Malcolm, riguroso pero bueno, le había dado la bienvenida y enseguida se enamoró de ella. Pero Margarita rechazaba sus propuestas, porque quería ir a un convento. Sin embargo, ahora dijo que sí. Comprendió que Dios la estaba llamando a una vocación diferente. Sería reina y esposa. Era el siglo XI y el pueblo de Escocia sabía poco del cristianismo. Margarita tenía que hacer la obra de Dios.

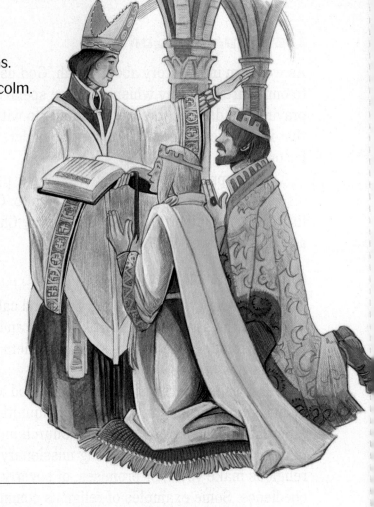

1. ¿Cuál era la vocación de Margarita?

_____

2. ¿Cuál era la vocación de Malcolm?

_____

Poco después de su boda, Malcolm descubrió que Margarita salía del castillo todos los días. Curioso, la siguió. ¡La encontró rezando en una cueva! Sin saber nada de su religión, se sentó en silencio con ella. La amaba tanto que decidió que si este Dios era tan importante para ella, él podría ayudarla. Malcolm resolvió transformar esta cueva en una pequeña iglesia. Poco después empezó a rezar con Margarita y ella le enseñó todo sobre Jesús. Con el transcurso de los años, Dios bendijo a Malcolm y a Margarita con dos hijas mujeres y seis varones. Margarita les enseñó a sus hijos a rezar y a leer la Sagrada Escritura.

Respond
Saint Margaret of Scotland

Read the following story and answer the questions.

"Will you marry me?" King Malcolm asked. This was not the first time he had asked gentle, wise Margaret. Margaret, an English princess, stood beside the king of Scotland. A few years before, a storm had forced her ship onto the Scottish shores. There the gruff but kind Malcolm had welcomed her and soon loved her. But Margaret refused his proposals, for she wanted to join a convent. Now, however, Margaret said yes. She understood that God was calling her to a different vocation. She would be a queen and wife. It was the eleventh century, and the people of Scotland knew little of Christianity. Margaret had God's work to do.

1. What was Margaret's vocation?

_____

2. What was Malcolm's vocation?

_____

Not long after their wedding, Malcolm discovered that Margaret left the castle each day. Curious, he followed her. He found Margaret praying in a cave! He sat down quietly with her, not knowing anything about her religion. He loved Margaret so much that he decided if this God was important to her, he could help her. Malcolm decided to make this cave into a little church. Soon he began praying with Margaret, and she taught him all about Jesus. As the years went by, God blessed Malcolm and Margaret with two daughters and six sons. Margaret taught her children to pray and to read the Scriptures.

3. ¿De qué manera la fe de Margarita cambió la vida de Malcolm?

_____

4. ¿Cómo te parece que hoy los miembros de una familia pueden ayudarse unos a otros a encontrar a Dios?

_____

Por la forma en que vivían y gobernaban, el rey y la reina enseñaron a sus hijos lo que Jesús pide a sus seguidores. Rezaban juntos a diario. Margarita trajo maestros a Escocia y abrió escuelas. Ella y Malcolm realizaban importantes reuniones religiosas y muchas personas se hicieron cristianas. Con sus hijos, Margarita llevaba medicamentos y comida a los necesitados. De esa forma veía que los niños huérfanos recibieran alimento todo el año. Con su ayuda, Malcolm llegó a ser un rey sabio y justo. Gracias a Margarita y a Malcolm, la vida se volvió más feliz, más saludable y más santa. Cuando murieron, sus hijos continuaron su buena obra. Han pasado mil años, pero las personas aún los recuerdan.

5. ¿Qué aprendieron de sus padres los hijos de Malcolm y Margarita acerca de las enseñanzas de Jesús?

_____

_____

6. ¿Cómo se ayudaron Margarita y Malcolm en sus respectivas vocaciones?

_____

_____

7. ¿De qué manera el plan de Dios para Margarita y Malcolm cambió la vida de otras personas?

_____

_____

316

3. How did Margaret's faith change Malcolm's life?

_____

4. How do you think family members today can help each other find God?

_____

By the way they lived and ruled, the king and queen taught their children what Jesus asks of his followers. They prayed together daily. Margaret brought teachers to Scotland and started schools. She and Malcolm held important religious meetings, and many people became Christians. With her children, Margaret delivered medicine and food to needy people. Margaret saw to it that orphaned children were fed all year long. With Margaret's help, Malcolm became a wise and just king. Life became happier, healthier, and holier because of Margaret and Malcolm. After they died, their children carried on their good work. One thousand years have passed, but people still remember them.

5. What did Margaret and Malcolm's children learn from them about Jesus' teachings?

_____

_____

6. How did Margaret and Malcolm help each other's vocations?

_____

_____

7. How did God's plan for Margaret and Malcolm change other people's lives?

_____

_____

✝ Celebración de la oración

Oración por la guía

Líder: Hay tantas maneras de servir a Dios como personas. La senda de cada uno en la vida es única. Recemos ahora por la guía para encontrar nuestra vocación.

Todos: Jesús, Luz del Mundo, por favor, guíanos.

Lector 1: Como los profetas Elías y Jeremías, buscamos tu voz, Señor, y queremos hacer tu voluntad.

Lector 2: Como hace mucho la Reina Margarita y el Rey Malcolm, queremos servirte, Señor, y servir a tu Iglesia.

Lector 3: Jesús, enciende la llama de nuestro corazón para que podamos recibir tu llamado para nuestra vida. Que, con tu guía, podamos llegar a ser una luz en el mundo a través de la tarea que hayas elegido para nosotros.

Todos: Jesús, Luz del Mundo, por favor, guíanos. ¡Amén!

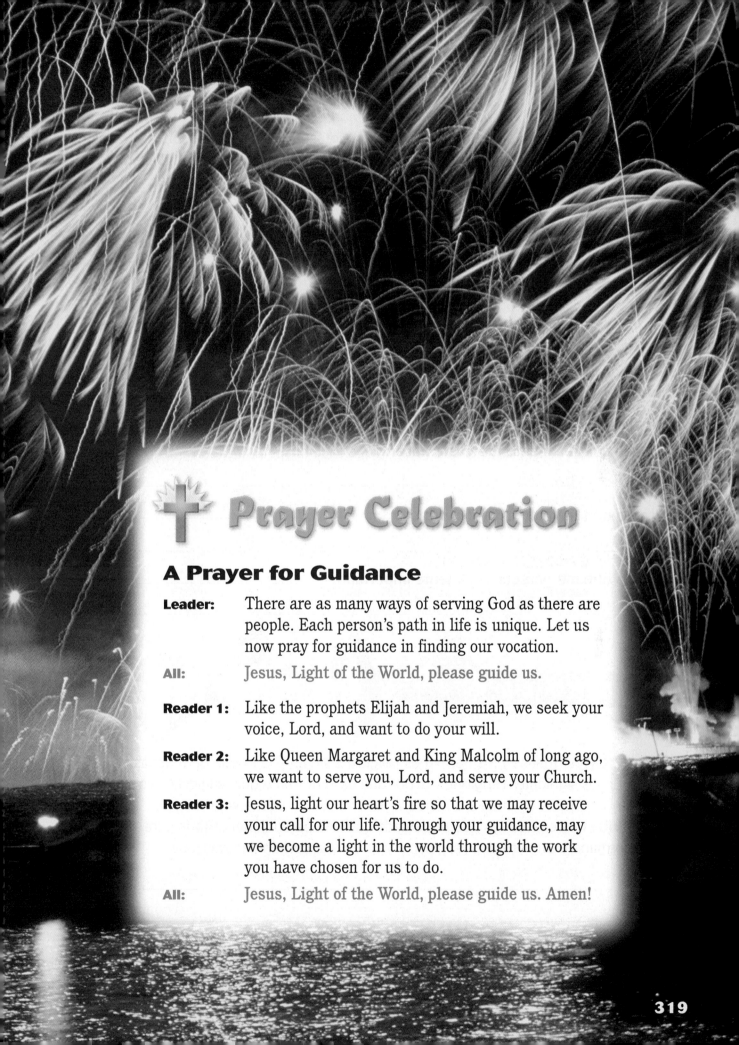

✝ Prayer Celebration

A Prayer for Guidance

Leader: There are as many ways of serving God as there are people. Each person's path in life is unique. Let us now pray for guidance in finding our vocation.

All: Jesus, Light of the World, please guide us.

Reader 1: Like the prophets Elijah and Jeremiah, we seek your voice, Lord, and want to do your will.

Reader 2: Like Queen Margaret and King Malcolm of long ago, we want to serve you, Lord, and serve your Church.

Reader 3: Jesus, light our heart's fire so that we may receive your call for our life. Through your guidance, may we become a light in the world through the work you have chosen for us to do.

All: Jesus, Light of the World, please guide us. Amen!

La fe en acción

Vocaciones religiosas Dios llama a algunos hombres y mujeres a ser hermanos y hermanas religiosos. Por lo general, ellos hacen votos, o promesas, de pobreza, castidad y obediencia. Las hermanas y los hermanos religiosos viven en comunidad con otros que comparten su compromiso de servir a Dios. Sus momentos más felices son cuando ponen sus dones al servicio de Dios y de la Iglesia.

En la vida diaria

Actividad Las tres razones por las cuales las personas eligen una determinada carrera es que les gusta lo que hacen, lo hacen bien y consideran que eso es importante. Empieza a pensar en tu propio futuro escribiendo respuestas a lo que sigue.

Dos cosas que realmente me gusta hacer: _____

_____

Dos cosas que realmente hago bien: _____

_____

Dos cosas que me parecen realmente importantes: _____

_____

En tu parroquia

Actividad Las hermanas y los hermanos religiosos sirven a la Iglesia de muchas maneras. En los siguientes renglones, di por qué es importante que la Iglesia anime a hombres y mujeres jóvenes a considerar una vocación por la vida religiosa. Luego escribe dos cualidades que te parezca que una persona necesitaría para ser una hermana o un hermano religioso y vivir en una comunidad religiosa.

_____

_____

_____

Faith in Action

Religious Vocations God calls some men and women to be religious brothers and sisters. They usually make vows, or promises, of poverty, chastity, and obedience. Religious brothers and sisters live in community with others who share their commitment to serving God. They are happiest when using their gifts for the service of God and the Church.

In Everyday Life

Activity Three reasons that people choose a certain career are that they like what they do, they are good at it, and they think it is important. Begin to think about your own future by writing responses to the following.

Two things I really like to do: _____

_____

Two things I am really good at: _____

_____

Two things I think are really important: _____

_____

In Your Parish

Activity Religious brothers and sisters serve the Church in many ways. On the lines below, tell why it is important that the Church encourage young men and women to consider a vocation to the religious life. Then list two qualities that you think a person would need to be a religious brother or sister and live in a religious community.

_____

_____

_____

321

DÍAS FESTIVOS Y TIEMPOS

FEASTS AND SEASONS

El año litúrgico

El calendario de la Iglesia se llama año litúrgico. Durante el año litúrgico, celebramos tiempos y días festivos que nos ayudan a recordar momentos importantes de la vida de Jesús, desde su nacimiento hasta su sufrimiento, muerte y Resurrección. También celebramos fiestas especiales que honran a la Santísima Virgen María y a los santos.

La **Semana Santa** empieza el Domingo de Pasión, que también se llama Domingo de Ramos. Este día recordamos la entrada triunfal de Jesús en Jerusalén. La Semana Santa termina con la celebración más importante de la Iglesia, los tres días del Triduo Pascual.

El tiempo del **Adviento** son cuatro semanas de preparación para la fiesta de la Navidad. Durante esta época, esperamos con alegría la venida de Cristo en Navidad y ansiamos su Segunda Venida al final de los tiempos.

ADVIENTO

Empieza el año litúrgico.

El **Triduo Pascual** empieza al atardecer del Jueves Santo y termina al atardecer del Domingo de Pascua. Durante estos tres días, recordamos la Última Cena, la muerte de Jesús en la cruz para salvarnos del pecado y su Resurrección de entre los muertos.

El tiempo de la Pascua empieza al atardecer del Domingo de Pascua y continúa hasta Pentecostés. Durante el tiempo de Pascua, nos regocijamos en la Resurrección de nuestro Señor Jesucristo.

PASCUA

El tiempo de **Cuaresma** empieza el Miércoles de Ceniza y dura cuarenta días. Durante esta época, nos preparamos para la gran fiesta de la Pascua. Rezamos, ayunamos, hacemos penitencia y hacemos un esfuerzo especial por vivir nuestras promesas bautismales.

El **Tiempo Ordinario** aparece dos veces en el calendario litúrgico: entre la Navidad y la Cuaresma, y entre la Pascua y el Adviento. Durante el Tiempo Ordinario, reflexionamos acerca de la vida de Jesús y cómo podemos vivir como discípulos suyos.

CUARESMA

TIEMPO ORDINARIO

El tiempo de Navidad empieza con la fiesta de la Navidad. El día de Navidad celebramos el nacimiento de Jesús, el Hijo de Dios. Nos alegramos de que Dios Padre haya enviado a su único Hijo para que viviera entre nosotros y fuera nuestro Salvador.

NAVIDAD

✝ The Liturgical Year

The church calendar is called the liturgical year. Throughout the liturgical year, we celebrate seasons and feasts that help us remember important times in Jesus' life, from his birth to his suffering, death, and Resurrection. We also celebrate special feasts that honor the Blessed Virgin Mary and the saints.

ORDINARY TIME

Holy Week begins on Passion Sunday, which is also called Palm Sunday. On this day, we remember Jesus' triumphant entry into Jerusalem. Holy Week ends with the Church's most important celebration, the three days of the Triduum.

The season of **Advent** is four weeks of preparation for the Feast of Christmas. During this time, we joyfully await the coming of Christ at Christmas and look forward to his Second Coming at the end of time.

ADVENT

The liturgical year begins.

The **Triduum** begins on Holy Thursday evening and ends on Easter Sunday evening. During these three days, we remember the Last Supper, Jesus' death on the cross to save us from sin, and his Resurrection from the dead.

The **Easter** season begins on Easter Sunday evening and continues until Pentecost. During the Easter season, we rejoice in the Resurrection of our Lord Jesus Christ.

EASTER

The season of **Lent** begins on Ash Wednesday and lasts forty days. During this time, we prepare for the great Feast of Easter. We pray, fast, do penance, and make a special effort to live our baptismal promises.

The season of **Ordinary Time** appears twice on the liturgical calendar—between Christmas and Lent and between Easter and Advent. During Ordinary Time, we reflect on Jesus' life and how we can live as his disciples.

LENT   **ORDINARY TIME**

The **Christmas** season begins with the Feast of Christmas. On Christmas Day, we celebrate the birth of Jesus, the Son of God. We rejoice that God the Father sent his only Son to live among us and to be our Savior.

CHRISTMAS

El año litúrgico

La Iglesia nos guía en la celebración de los acontecimientos y las personas importantes de nuestra fe mediante los tiempos y días festivos del año litúrgico. Entre los días festivos especiales del año litúrgico están también los domingos y los días de precepto.

Domingo

Cada domingo celebramos la Resurrección de Jesucristo, nuestro Señor. Por eso llamamos al domingo "el día del Señor". Los domingos son tan importantes que la Iglesia nos pide que asistamos a Misa para poder adorar y alabar a Dios.

Días de precepto

Los días de precepto son seis días especiales en que honramos a Jesús, a la Santísima Virgen María y a los santos. Como los domingos, estos días santos son tan importantes que la Iglesia nos pide que asistamos a Misa. En los Estados Unidos, la Iglesia observa los siguientes días de precepto.

La Inmaculada Concepción de la Santísima Virgen María 8 de diciembre	Celebramos que María, la madre de Jesús, fue concebida sin pecado original.
Día de Navidad 25 de diciembre	Celebramos el nacimiento de Jesús, nuestro Salvador.
María, la Madre de Dios 1 de enero	Celebramos que María es la madre de Jesuscristo, el Hijo de Dios.
Ascensión del Señor cuarenta días después del Domingo de Pascua	Celebramos el momento en que Jesús, en su cuerpo resucitado, regresó a su Padre en el cielo.
Asunción de la Santísma Virgen María 15 de agosto	Celebramos que María fue llevada en cuerpo y alma a la gloria del cielo. Ella participa plenamente en la Resurrección de Jesús.
Día de Todos los Santos 1 de noviembre	Celebramos a todas las personas que llevaron una vida santa en la tierra y que ahora viven con Dios en el cielo.

The Liturgical Year

The Church guides us in celebrating the great events and people of our faith through the seasons and feasts of the liturgical year. The special feasts of the liturgical year include Sundays and the Holy Days of Obligation.

Sunday

On each Sunday, we celebrate the Resurrection of Jesus Christ, our Lord. This is why we call Sunday "the Lord's Day." Sunday is so important that the Church requires us to attend Mass so we may worship and praise God.

Holy Days of Obligation

The Holy Days of Obligation are six special days when we honor Jesus, the Blessed Virgin Mary, and the saints. Like Sundays, these holy days are so important that the Church requires us to attend Mass. In the United States, the Church observes the following Holy Days of Obligation.

Immaculate Conception of the Blessed Virgin Mary December 8	We celebrate that Mary, the mother of Jesus, was conceived without original sin.
Christmas Day December 25	We celebrate the birth of Jesus, our Savior.
Mary, the Mother of God January 1	We celebrate that Mary is the mother of God's only Son, Jesus Christ.
Ascension of the Lord 40 days after Easter Sunday	We celebrate the moment when Jesus, in his resurrected body, returned to his Father in heaven.
Assumption of the Blessed Virgin Mary August 15	We celebrate that Mary was taken body and soul into the glory of heaven and fully shares in the Resurrection of Jesus Christ.
All Saints' Day November 1	We celebrate all those people who lived holy lives while on earth and who now live forever with God in heaven.

Santa Faustina Kowalska

 Felices los compasivos,
porque obtendrán misericordia.

Mateo 5:7

Depender de la misericordia de Dios

Dios es compasivo. Dios siempre está dispuesto a perdonarnos cuando pecamos. En el Sacramento de la Reconciliación, expresamos arrepentimiento por nuestros pecados y pedimos el perdón de Dios y la absolución del sacerdote. Incluso, para celebrar la misericordia y el amor de Dios, la Iglesia ha establecido el día de la Divina Misericordia.

En la página siguiente, leerás un relato acerca de Santa Faustina Kowalska, quien recibió un mensaje especial de Dios respecto a su gran misericordia.

Actividad

Completa los siguientes párrafos dando ejemplos de misericordia en la vida diaria.

1. Kathleen está molesta con Hope, su mejor amiga, quien dijo algunas cosas hirientes sobre ella. En el camino de regreso de la escuela, Hope dice a Kathleen que está arrepentida de lo que dijo. ¿Qué podría contestar Kathleen a Hope?

   _____

   _____.

2. Cuando Anthony llegó a casa de la escuela, se dio cuenta de que Vince, su hermanito menor, había tomado su guante de béisbol sin pedir permiso. ¿Qué podría decir Anthony a Vince para ayudarlo a ser más responsable y al mismo tiempo mostrarle misericordia?

   _____

   _____.

Saint Faustina Kowalska

Blessed are the merciful,
for they will be shown mercy.

Matthew 5:7

Depending on God's Mercy

God is merciful. He is always ready to forgive us when we sin. In the Sacrament of Reconciliation, we express our sorrow for our sins and ask for God's forgiveness and the absolution of the priest. The Church has even established the Feast of Divine Mercy to celebrate the mercy and love of God.

On the next page, you will read a story about Saint Faustina Kowalska, who received a special message from God about his great mercy.

Activity

Complete the paragraphs below to give examples of mercy in everyday life.

1. Kathleen is upset with her best friend, Hope, who said some hurtful things about her. On the way home from school, Hope tells Kathleen she is sorry for what she said. What might Kathleen say to Hope? _____

   _____

   _____.

2. When Anthony got home from school, he realized that his younger brother, Vince, had taken his baseball mitt without asking. What might Anthony say to Vince to help him become more responsible and yet also show him mercy?

   _____

   _____.

Santa de la Divina Misericordia

Si alguien te pidiera que nombraras una característica de Dios, ¿qué dirías? Si hubieran hecho esta pregunta a Santa Faustina Kowalska, probablemente habría respondido: "Dios es misericordia".

Santa Faustina nació en Polonia en 1905 y la bautizaron Helen Kowalska. Venía de una familia de granjeros pobres.

Cuando tenía siete años de edad, Helen oyó en su interior la voz de Jesús, que la alentaba a que fuera santa. Con el paso del tiempo quiso hacerse monja, pero sus padres la necesitaban para que ayudara a mantener la familia. A los diecinueve años, Helen ingresó en la Congregación de las Hermanas de Nuestra Señora de la Misericordia. Ella adoptó el nombre religioso de Hermana María Faustina del Santísimo Sacramento.

Por varios años, Jesús se apareció a la Hermana Faustina muchas veces. En una visión, la Hermana Faustina vio dos rayos de luz, uno rojo y otro blanco, que salían del corazón de Jesús. Jesús dijo a la Hermana Faustina que los rayos, el rojo y el blanco, representaban la sangre y el agua que habían brotado de su corazón mientras colgaba en la cruz y lo atravesaron con una espada. Le explicó que su sangre es la vida de las almas y que el agua de su costado las vuelve justas.

Jesús dijo a la Hermana Faustina que compartiera con el mundo que Él es la Divina Misericordia. Él nos ama a cada uno de nosotros, sin importar la gravedad de nuestros pecados. Le dijo que quiere que todas las personas confíen en Él y en su misericordia.

La Hermana Faustina pasó el resto de su vida rezando por que las personas acepten el amor y la misericordia de Jesús. Al final de su corta vida, se enfermó mucho. En su lecho de muerte, dijo: "Mi única ocupación es vivir en la presencia de mi Padre celestial". La Hermana Faustina murió en 1938. Celebramos su día el 5 de octubre. Celebramos el día de la Divina Misericordia el domingo siguiente a la Pascua.

¡Jesús, en ti confío!

Santa Faustina, ayúdanos a depender de la infinita misericordia de Dios. Que seamos compasivos con los demás como Él es compasivo con nosotros. Amén.

The Divine Mercy Saint

Jesus, I Trust in You!

If someone asked you to name just one characteristic of God, what would you say? If Saint Faustina Kowalska had been asked this question, she probably would have replied, "God is mercy."

Saint Faustina was born in Poland in 1905 and was baptized Helen Kowalska. She came from a family of poor farmers.

When Helen was seven years old, she heard Jesus' voice within her, encouraging her to become a saint. Later, she wanted to become a nun, but her parents needed her to help support the family. When Helen was nineteen, she entered the Congregation of the Sisters of Our Lady of Mercy. She took the religious name Sister Maria Faustina of the Most Blessed Sacrament.

During the next several years, Jesus appeared to Sister Faustina many times. In one vision, Sister Faustina saw two rays of light, one red and one white, pouring forth from Jesus' heart. Jesus told Sister Faustina that the red and white rays represented the blood and water that poured forth from his heart when he was pierced with a sword as he hung on the cross. He explained that his blood is the life of souls and the water from his side makes souls righteous.

Jesus told Sister Faustina to share with the world that he is the Divine Mercy. He loves each one of us, no matter how great our sins. Jesus told Sister Faustina that he wants all people to trust in him and in his mercy.

Sister Faustina spent the rest of her life praying that people would accept the love and mercy of Jesus. At the end of her short life, she became very ill. As she lay dying, she said, "My one occupation is to live in the presence of my heavenly Father." Sister Faustina died in 1938. We celebrate her feast day on October 5. We celebrate the Feast of Divine Mercy on the Sunday after Easter.

Saint Faustina, help us to depend on God's never-ending mercy. May we be merciful to others as he is merciful to us. Amen.

El Adviento

Me acordaré de ellos por la alianza que hice con
sus antepasados, a quienes saqué de Egipto.

Basado en Levítico 26:45

Tu árbol genealógico

Tu familia está compuesta por todos tus parientes vivos: tus padres,
tus abuelos, tus hermanos y hermanas, tus tíos y tías, y tus primos.
Tu familia está compuesta también por todos tus parientes que
vivieron antes de ti. A estos parientes los llamamos *antepasados*.

Hacer un árbol genealógico puede ser muy útil para que las familias
sepan más acerca de sus antepasados, como de qué país vinieron
originalmente. Además, podemos saber qué talentos y qué rasgos de
personalidad pudieron haberse transmitido de una generación a otra.

Actividad

Completa el siguiente árbol genealógico con los nombres
de algunos de tus parientes y antepasados. En las casillas,
escribe un talento o un rasgo de tu personalidad que te
haya transmitido un familiar.

Yo

Advent

I will remember them because of the covenant I made with their ancestors, whom I brought out of Egypt.

Based on Leviticus 26:45

Your Family Tree

Your family is made up of all your living relatives—your parents, grandparents, brothers and sisters, aunts and uncles, and cousins. Your family is also made up of all your relatives who lived before you. We call these relatives **ancestors**.

Making a family tree can help families learn more about their ancestors, such as which country they originally came from. We can also learn what talents and personality traits may have been passed down from one generation to the next.

Activity

Complete the family tree below by adding the names of some of your relatives and ancestors. In the boxes, write a talent or personality trait that has been passed on to you from a member of your family.

Me

Las raíces de nuestra fe

El tiempo de Adviento consiste en cuatro semanas de preparación para la fiesta de Navidad. Durante estas semanas, la Iglesia nos recuerda que Jesús venía de una larga línea de antepasados en la fe. Podemos leer acerca de estos antepasados en el Antiguo Testamento.

Una de las maneras en que las personas recuerdan la herencia familiar de Jesús durante el Adviento es haciendo un árbol de Jesé. Para hacer un árbol de Jesé podemos usar una rama de árbol o papel para carteles. A medida que evocamos relatos acerca de los antepasados de Jesús, colocamos símbolos de ellos en el árbol de Jesé. A continuación hay algunos ejemplos.

Abrahán y Sara   Dios prometió que sus descendientes serían tantos como las estrellas del firmamento.

Isaac   Abrahán, su padre, estaba dispuesto a sacrificarlo para complacer a Dios.

Jacob   Luchó contra un ángel para demostrar que él merecía ser el padre de las doce tribus de Israel.

José   Perdonó a sus hermanos y llevó a su familia a Egipto.

Moisés   Guió al Pueblo de Israel para sacarlo de la esclavitud de Egipto.

Rut   Fue fiel a Dios, aun en los momentos difíciles.

Jesé   Fue el padre del Rey David.

David   Fue el rey más importante de Israel.

Ester   Fue una reina bondadosa que salvó al pueblo judío.

Abrahán, Sara y todos nuestros antepasados en la fe, rueguen por nosotros durante este tiempo de Adviento.
Amén.

Our Faith Roots

The season of Advent is four weeks of preparation for the Feast of Christmas. During these weeks, the Church reminds us that Jesus came from a long line of ancestors in faith. We can read about these ancestors in the Old Testament.

One of the ways that people remember Jesus' family heritage during Advent is by making a Jesse Tree. We can make a Jesse Tree, using a tree branch or poster paper. As we recall stories about Jesus' ancestors, we place symbols of these ancestors on the Jesse Tree. Below are some examples.

Abraham and Sarah   God promised to make their descendants as many as the stars in the sky.

Isaac   His father, Abraham, was ready to sacrifice him to please God.

Jacob   He wrestled with an angel to prove himself worthy to be the father of Israel's Twelve Tribes.

Joseph   He forgave his brothers and brought his family to Egypt.

Moses   He led the People of Israel out of slavery in Egypt.

Ruth   She was faithful to God, even in difficult times.

Jesse   He was the father of King David.

David   He was Israel's greatest king.

Esther   She was a good queen who saved the Jewish people.

Abraham and Sarah and all our ancestors in faith, pray for us during this season of Advent. Amen

La Navidad

En la plenitud de los tiempos, Dios envió a su Hijo, nacido de María, para salvarnos.

Basado en Gálatas 4:4–5

Los autores del Evangelio

De los cuatro Evangelios, solamente el de Mateo y el de Lucas tienen relatos sobre el nacimiento de Jesús. En el Evangelio de Mateo, leemos acerca del nacimiento de Jesús en Belén, la visita de los Reyes Magos y la huída de la Sagrada Familia a Egipto. En el Evangelio de Lucas, leemos acerca de un ángel del Señor que se aparece a los pastores y anuncia el nacimiento de Jesús. Leemos además acerca de los pastores que adoran al Niño Jesús, que está en el pesebre.

Actividad

Piensa en los relatos sobre el nacimiento de Jesús. En los siguientes renglones, escribe acerca de la parte de la Navidad que más te guste y di por qué.

_____

_____

_____

_____

_____

_____

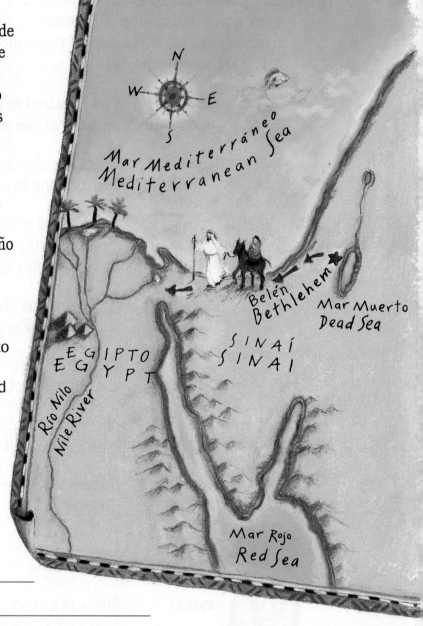

Christmas

In the fullness of time, God sent his Son,
born of Mary, to save us.

Based on Galatians 4:4–5

The Gospel Writers

Of the four Gospels, only the Gospels of
Matthew and Luke include stories about
Jesus' birth. In the Gospel of Matthew,
we read about the birth of Jesus in
Bethlehem, the visit of the Magi, and
the flight of the Holy Family into Egypt.
In the Gospel of Luke, we read about
an angel of the Lord appearing to the
shepherds and announcing the birth of
Jesus. We also read about the shepherds
adoring the Baby Jesus as he lay in the
manger.

Activity

Think about the story of Jesus' birth.
On the lines below, write about the
part of the Christmas story that you
like the best and tell why.

_____

_____

_____

_____

_____

_____

_____

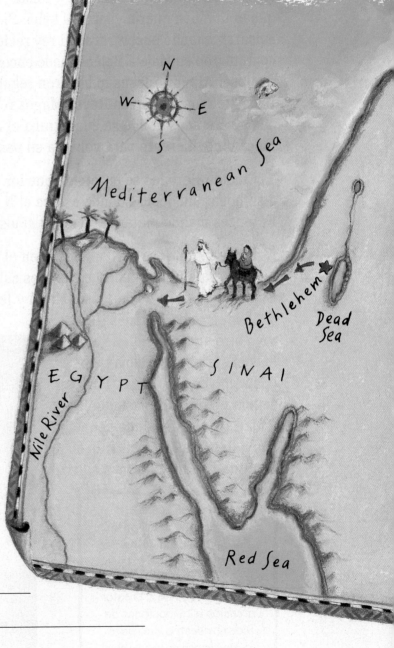

Relatos sobre el nacimiento de Jesús

En el Evangelio de Mateo, leemos que los Reyes Magos, u hombres sabios, vinieron del Oriente a visitar al Niño Jesús. Seguían una estrella que los conduciría al Niño Jesús. Cuando llegaron a Jerusalén, preguntaron al Rey Herodes dónde podían encontrar al rey de los judíos recién nacido. Inmediatamente, Herodes pensó que más adelante este rey podría tratar de derrocarlo y tomar su poder. Así que el rey fingió que él también quería visitar al bebé. Pidió a los Reyes Magos que le avisaran cuando encontraran al rey recién nacido. Los Reyes Magos continuaron su viaje a Belén, donde encontraron al Niño Jesús, a María y a José. Al niñito Jesús le hicieron regalos de oro, incienso y mirra. Luego, en un sueño, los Reyes Magos recibieron la advertencia de no decir a Herodes dónde se encontraba el niñito Jesús. Por eso tomaron un camino diferente para volver a su país.

Cuando Herodes se enteró de que los Reyes Magos habían regresado a su hogar sin decirle dónde estaba el Niño Jesús, se puso furioso. Entonces mandó matar a todos los niños varones menores de dos años.

Entre tanto, José tuvo un sueño en el que un ángel del Señor le decía que huyera a Egipto, porque Herodes estaba buscando al niñito Jesús. En el medio de la noche, José, María y Jesús huyeron a Egipto. Después de la muerte de Herodes, José tuvo otro sueño en el que el ángel le decía que ya no había peligro y podía volver a su hogar. Pero José seguía preocupado, así que llevó a María y a Jesús a una pequeña aldea llamada Nazaret. Allí, la Sagrada Familia estaría a salvo.

> Oh, Reyes Magos, ustedes reconocieron la señal de Dios de la estrella en el cielo y viajaron muy lejos para conocer al Salvador del Mundo. Ayúdennos a prestar atención a las acciones de Dios en nuestra vida para poder crecer en la fe y en el amor por Él.
> Amén.

La adoración de los Reyes Magos de Giotto di Bondone

Stories About Jesus' Birth

In the Gospel of Matthew, we read that Magi, or wise men, came from the East to visit the Baby Jesus. They were following a star that would lead them to the Christ Child. Arriving in Jerusalem, the Magi asked King Herod where they could find the newborn king of the Jews. Herod immediately thought that this king might later try to overthrow him and take his power. So the king pretended that he too wanted to visit the baby. He told the Magi to let him know when they found the newborn king. The Magi continued their journey to Bethlehem, where they found the Baby Jesus and Mary and Joseph. They presented the infant Jesus with gifts of gold, frankincense, and myrrh. Later, the Magi were warned in a dream not to tell Herod where the infant Jesus was. So they took a different route to return to their own country.

Herod was furious when he learned that the Magi had returned home without telling him where the Baby Jesus was. He then ordered that all boys under the age of two years be killed.

Meanwhile, Joseph had a dream in which an angel of the Lord told him to flee to Egypt because Herod was searching for the infant Jesus. In the middle of the night, Joseph, Mary, and Jesus fled to Egypt. After Herod died, Joseph had another dream in which the angel told him it was safe to go home. But Joseph was still worried, so he took Mary and Jesus to a small village called Nazareth. There the Holy Family would be safe.

O holy Magi,
you recognized God's sign of a star in the sky and traveled far to meet the Savior of the World. Help us pay attention to God's actions in our lives so that we may grow in faith and love for him. Amen.

Adoration of the Magi by Giotto di Bondone

La Cuaresma y sus cuarenta días

 He combatido el buen combate. He terminado la carrera. He mantenido la fe.

Basado en 2.ª Timoteo 4:7

Entrenarse para lo más importante

Martes, 26 de marzo

Querido diario:

No puedo creer que el gran juego sea dentro de apenas cuatro días. Parece imposible que ya casi esté aquí. Después de todas estas semanas de práctica, práctica y más práctica, el equipo está listo. ¡Jamás en la vida me he sentido más cansado ni más vivo!

Jueves, 28 de marzo

Querido diario:

Hoy tuvimos otra buena práctica. El entrenador Weber nos dio una muy buena charla para levantarnos el ánimo. Nos dijo que tanto trabajo y todo nuestro entrenamiento tendrían su recompensa. Aunque el sábado no ganemos, ¡ya somos ganadores! Los ganadores son aquellos que no abandonan el entrenamiento y siguen hasta el final. El entrenamiento fue duro, pero estoy contento de haberlo hecho.

Actividad

¿Cuándo te has entrenado en un deporte, para un concurso o para otro tipo de desafío? Escribe dos entradas de un diario que hablen de tu experiencia.

Entrada de diario No. 1

_____

_____

_____

_____

_____

_____

Entrada de diario No. 2

_____

_____

_____

_____

_____

_____

Lent: The Forty Days of Lent

 I have fought the good fight. I have finished the race.
I have kept the faith.

Based on 2 Timothy 4:7

Training for the Big One

Tuesday, March 26

Dear Diary,

I can't believe the big game is only four days away. It doesn't seem possible now that it's almost here. After all these weeks of practice, practice, and more practice, the team is ready. I have never felt more tired or more alive in my life!

Thursday, March 28

Dear Diary,

We had another good practice today. Coach Weber gave us a great pep talk. He told us that all our hard work and training will pay off. Even if we don't win on Saturday, we are already winners! Winners are people who stick with the training and go the distance. Training was hard, but I'm glad I did it.

Activity

When have you trained for a sport, a contest, or another kind of challenge? Write two diary entries that tell about your experience.

Diary Entry #1   Diary Entry #2

_____   _____

_____   _____

_____   _____

_____   _____

_____   _____

_____   _____

Prepararse para la Pascua

La Cuaresma es el tiempo litúrgico que la Iglesia aparta para prepararse para la gran fiesta de la Pascua, cuando celebramos la Resurrección de Jesucristo. Durante los cuarenta días de la Cuaresma, la Iglesia nos llama a la conversión, a apartarnos del pecado y a volver a Dios. Para hacerlo podemos realizar actos de penitencia como los siguientes.

Oración: Tratamos de acercarnos más a Jesús pasando más tiempo en oración. Podemos leer y meditar acerca de los relatos de la Biblia. También podemos rezar oraciones especiales que nos ayuden a concentrarnos en la pasión y la muerte de Jesús, como las Estaciones de la Cruz y los Misterios Dolorosos del Rosario.

Ayuno y abstinencia: La Iglesia exige a los católicos que tengan entre 18 y 60 años de edad que ayunen el Miércoles de Ceniza y el Viernes Santo. Estos días, los católicos comen una sola comida completa. Este sacrificio los ayuda a concentrarse en el sacrificio de Jesús en la cruz y a prepararse para celebrar la Resurrección de Jesús en la Pascua.

Los católicos deben también abstenerse de comer carne el Miércoles de Ceniza, todos los viernes de Cuaresma y el Viernes Santo. Algunas maneras en que los niños pueden participar en esta costumbre es eligiendo renunciar a una comida predilecta, no jugar a un videojuego o no mirar un programa de televisión que les guste.

Dar limosnas: Compartimos nuestro dinero, nuestro tiempo y nuestros talentos con los demás. Por ejemplo, podemos dar parte de nuestra mesada a los pobres. También podemos dedicar parte del tiempo en que jugamos con amigos para ayudar a nuestros padres o a un vecino anciano.

Sacramentos: Sabemos que, para apartarnos del pecado y crecer en santidad, necesitamos la gracia de los sacramentos. Por eso recurrimos al Sacramento de la Reconciliación y confesamos nuestros pecados a un sacerdote. Podemos hacer también un esfuerzo especial con nuestra familia para ir a Misa más a menudo, además de la Misa de los domingos.

> Señor,
> cuando nuestra carrera cuaresmal parezca imposible y nos cansemos y aburramos, sigue alentándonos. Llévanos a la línea de llegada del Domingo de Pascua, donde podemos regocijar en nuestra nueva vida contigo para siempre.
> Amén.

Preparing for Easter

Lent is the liturgical season the Church sets aside to prepare for the great Feast of Easter, when we celebrate the Resurrection of Jesus Christ. During the forty days of Lent, the Church calls us to conversion, to turn away from sin and turn back to God. Performing acts of penance such as the following help us to do this.

Prayer: We try to grow closer to Jesus by spending more time in prayer. We may read and meditate on stories from the Bible. We can also pray special prayers that help us focus on Jesus' suffering and death, such as the Stations of the Cross and the Sorrowful Mysteries of the Rosary.

Fasting and Abstaining: The Church requires Catholics between the ages of 18 and 60 to fast on Ash Wednesday and Good Friday. On these days, Catholics have only one full meal. This sacrifice helps them to focus on Jesus' sacrifice on the cross and prepare to celebrate Jesus' Resurrection on Easter.

Catholics are also required to abstain from meat on Ash Wednesday, all the Fridays of Lent, and Good Friday. Some ways children can participate in this practice are by choosing to give up a favorite food or choosing not to play or watch a favorite video game or television show.

Almsgiving: We share our money, time, and talents with others. For example, we may give part of our allowance to the poor. We may also give up some of our time playing with friends in order to help our parents or an elderly neighbor.

Sacraments: We know that we need the grace of the sacraments to help us turn away from sin and to grow in holiness. So we go to the Sacrament of Reconciliation and confess our sins to a priest. We may also make a special effort with our families to attend Mass more often, in addition to Mass on Sundays.

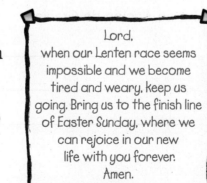

Lord,
when our Lenten race seems impossible and we become tired and weary, keep us going. Bring us to the finish line of Easter Sunday, where we can rejoice in our new life with you forever.
Amen.

Semana Santa

Y Jesús rezó: "Padre, ha llegado mi hora.
Glorifica a tu Hijo, para que tu Hijo te glorifique a ti".

Basado en Juan 17:1

Relatos y celebración

A lo largo del año, celebramos acontecimientos y personas
importantes de la historia de nuestro país. Para cada celebración
hay un relato acerca de esa persona o ese acontecimiento. El Día
de la Raza, hablamos del viaje de Cristóbal Colón al Nuevo Mundo.
El Día de los Veteranos, honramos a los estadounidenses que han
servido a nuestra patria en las fuerzas armadas.

Actividad

Cuenta brevemente la historia de cada uno de los siguientes días de fiesta.

Día de la Independencia

_____

_____

_____

Día de los Presidentes

_____

_____

_____

Día de Acción de Gracias

_____

_____

_____

Holy Week

 And Jesus prayed, "Father, my hour has come. Give glory to your Son, so that your Son may give glory to you."

Based on John 17:1

Stories and Celebrations

Throughout the year, we celebrate important events and people in our country's history. For each celebration there is a story about the person or event. On Columbus Day, we tell the story of Christopher Columbus sailing to the New World. On Veterans Day, we honor those Americans who have served our country in the military.

Activity

Tell briefly the story of each of the holidays listed below.

Independence Day

_____

_____

_____

Presidents' Day

_____

_____

_____

Thanksgiving Day

_____

_____

_____

El Triduo Pascual

La celebración más importante de la Iglesia Católica es el Triduo Pascual. Se llama Triduo Pascual porque tiene lugar en el período de tres días que empieza al atardecer del Jueves Santo con la fiesta de la Cena del Señor y se extiende hasta la oración vespertina del Domingo de Pascua. En cada celebración evocamos un acontecimiento importante de la vida de Jesús y revivimos el gran misterio de nuestra salvación del pecado y la muerte.

Jueves Santo

El Jueves Santo recordamos la Última Cena, cuando Jesús nos dio los sacramentos de la Eucaristía y del Orden Sagrado.

Viernes Santo

El Viernes Santo recordamos que Jesús padeció y murió en la cruz para salvarnos del pecado y de la muerte eterna.

Sábado Santo

El Sábado Santo es la noche en que nos regocijamos de que Jesús ya no está en el sepulcro. ¡Está vivo! Mediante su Resurrección, Jesús triunfó sobre la muerte y nos da la vida eterna.

Domingo de Pascua

Continuamos nuestra celebración de alabanza y alegría teniendo en cuenta que la Pascua empezó la tarde anterior con la Vigilia Pascual. La Resurrección de Jesús nos hace un pueblo pascual. Se perdonan nuestros pecados y participamos en la nueva vida que Cristo consiguió para nosotros.

Señor Jesús,
por medio de tu muerte
y tu Resurrección, nos
has redimido. ¡Eres el
Salvador del Mundo!
Amén.

The Triduum

The most important celebration in the Catholic Church is the Easter Triduum. It is called the Triduum because it takes place in the period of three days beginning with the Feast of the Lord's Supper on the evening of Holy Thursday and continuing until evening prayer on Easter Sunday. At each celebration, we retell the story of an important event in Jesus' life, and we relive the great mystery of our salvation from sin and death.

Holy Thursday

On Holy Thursday, we remember the Last Supper, when Jesus gave us the sacraments of Eucharist and Holy Orders.

Good Friday

On Good Friday, we remember how Jesus suffered and died on the cross to save us from sin and eternal death.

Holy Saturday

Holy Saturday is the night when we rejoice that Jesus is no longer in the tomb. He is alive! Through his Resurrection, Jesus triumphed over death and brings us everlasting life.

Easter Sunday

Remembering that Easter began the evening before with the Easter Vigil, we continue our celebration of praise and joy. Jesus' Resurrection makes us an Easter people. Our sins are forgiven, and we share in the new life won for us by Christ.

Lord Jesus,
through your death and
Resurrection you have
redeemed us. You are the
Savior of the World!
Amen.

Pascua

Jesús les dijo: "Les dejo la paz. Les doy mi paz".

Basado en Juan 14:27

¿Qué es la paz?

A Hannah le habían dado una tarea para la clase de religión. Le pidieron que describiera qué significa la paz para ella. Hannah decidió pedir ayuda a sus familiares.

El papá de Hannah dijo: "Yo creo que paz significa que no haya más guerras. Paz significa no tener que huir jamás de nada que haga daño".

La mamá de Hannah dijo: "En mi opinión, paz significa no pelear más, no discutir más, no llorar más. Paz es cuando todo el mundo se lleva bien".

Josh, el hermano de Hannah, dijo: "Para mí, paz significa que nadie te fastidie. Yo me siento más en paz cuando me dejan tranquilo si cometo errores, sin que todos traten de decirme qué he hecho mal y qué tengo que hacer bien".

Clare, la hermana de Hannah, dijo: "Para mí la paz es un sentimiento de calma interna. Yo estoy en paz cuando me siento tranquila y feliz".

Actividad

Escribe tu propia definición de paz y crea un símbolo de la paz en la casilla.

_____

_____

_____

_____

Easter

 Jesus said to them, "Peace I give you. Peace is my gift to you."

Based on John 14:27

What Is Peace?

Hannah was given an assignment for her religion class. She was asked to describe what peace means to her. Hannah decided to ask the members of her family for help.

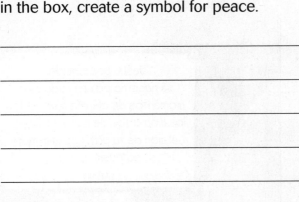

Hannah's dad said, "I believe peace means no more wars. Peace means never having to run from harm of any kind."

Hannah's mom said, "I think peace means no more fighting, no more arguing, and no more tears. Peace is when everyone gets along well with one another."

Josh, Hannah's brother, said, "For me, peace means not being hassled by anyone. I am most peaceful when I am left alone to make my own mistakes without everyone trying to tell me what I've done wrong and what I should do right."

Clare, Hannah's sister, said, "To me, peace means a feeling of inner calm. I am at peace when I feel calm and happy."

Activity

Write your own definition of peace, and in the box, create a symbol for peace.

_____

_____

_____

_____

La paz de la Pascua

Al atardecer del primer día de la semana, los discípulos estaban atemorizados y se escondieron en una habitación superior. Aunque las puertas estaban cerradas, Jesús vino y se puso de pie en medio de ellos.

"La paz esté con ustedes", dijo. Los discípulos tenían miedo y no estaban seguros de que éste fuera Jesús. Después de todo, ellos lo habían sepultado hacía tres días. Jesús sabía que dudaban, así que les mostró las manos y el costado. Cuando los discípulos vieron las heridas de Jesús, se alegraron.

Basado en Juan 20:19–20

El mensaje de paz de Jesús

El Domingo de Pascua y durante todo el tiempo de Pascua, celebramos la Resurrección de Jesucristo de entre los muertos. Celebramos el triunfo de Jesús sobre el pecado y la muerte, y que ahora estemos reconciliados con Dios y los unos con los otros. Además, celebramos el precioso don de la paz de Jesús.

La paz de Jesús es la garantía de que nada puede separarnos de su amor. Las guerras pueden empezar y terminar. Las inundaciones y los terremotos pueden destruir edificios y carreteras. Las enfermedades y hasta la muerte pueden herirnos el cuerpo. Pero el don de la paz de Jesús es más grande que todos los pesares que la vida trae de tanto en tanto. Nos alegramos como lo hicieron los primeros discípulos, porque sabemos que Jesús está vivo y que pertenecemos a Él en la vida y en la muerte.

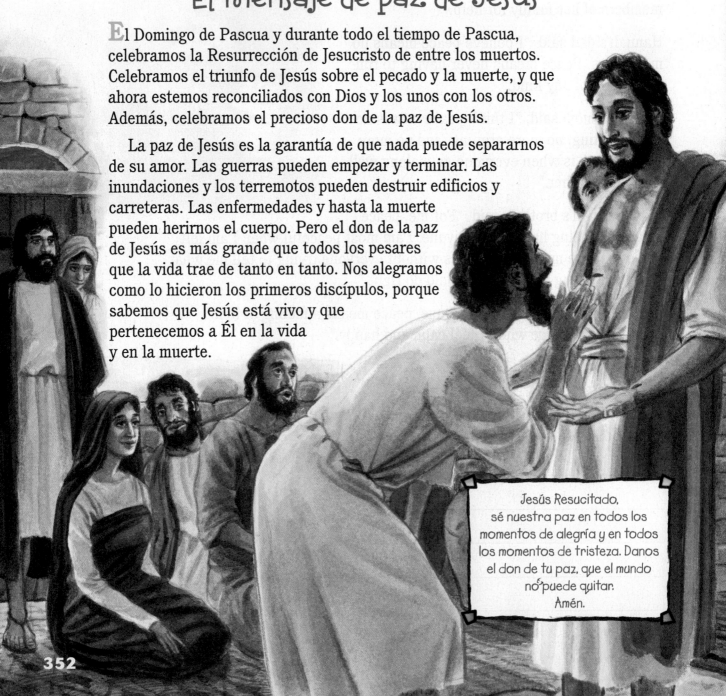

Jesús Resucitado, sé nuestra paz en todos los momentos de alegría y en todos los momentos de tristeza. Danos el don de tu paz, que el mundo no puede quitar. Amén.

352

Easter Peace

On the evening of the first day of the week, the disciples were hiding out of fear in an upper room. Even though the doors were locked, Jesus came and stood in their midst.

"Peace be with you," he said. The disciples were frightened and not sure that this was Jesus. After all, they had buried him three days before. Jesus knew their doubts, and so he showed them his hands and his side. When the disciples saw Jesus' wounds, they rejoiced.

Based on John 20:19–20

Jesus' Message of Peace

On Easter Sunday and throughout the Easter season, we celebrate the Resurrection of Jesus Christ from the dead. We celebrate Jesus' victory over sin and death and that now we are reconciled with God and one another. We also celebrate Jesus' precious gift of his peace.

The peace of Jesus is the assurance that nothing can separate us from his love. Wars can come and go. Floods and earthquakes can destroy our buildings and roads. Sickness and even death can harm our bodies. But Jesus' gift of peace is greater than all the pain that life brings from time to time. We rejoice as did the first disciples because we know that Jesus is alive and we belong to him in life and in death.

Risen Jesus,
be our peace in all the
joyful times and in all the sad
times. Give us the gift of your
peace that the world
cannot take away.
Amen.

Día de la Visitación

Regocija, María. El Señor está contigo. Bendita tú eres entre todas las mujeres.

Basado en Lucas 1:28

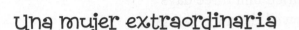

Una mujer extraordinaria

En el año litúrgico hay muchos días en que celebramos a María, la Madre de Jesús, nuestro Señor. Cada uno de estos días de fiesta evoca uno de los acontecimientos o de las bendiciones especiales de su vida.

Actividad

Relaciona cada fiesta con la fecha en que se celebra.
Luego escribe una descripción corta de lo que celebra cada fiesta.

Fechas festivas: 1 de enero, 25 de marzo, 15 de agosto, 8 de diciembre

Inmaculada Concepción		
Anunciación		
Madre de Dios		
Asunción		

Feast of the Visitation

 Rejoice, Mary. The Lord is with you. Holy are you among all women.

Based on Luke 1:28

An Extraordinary Woman

There are many days in the liturgical year when we celebrate Mary, the Mother of Jesus, our Lord. Each of these feast days recalls one of the events or special blessings of her life.

Activity

Match each feast with the date on which it is celebrated. Then write a brief description of what each feast celebrates.

Feast Dates: January 1, March 25, August 15, December 8

Immaculate Conception	_____	_____ _____ _____
Annunciation	_____	_____ _____ _____
Mother of God	_____	_____ _____ _____
Assumption	_____	_____ _____ _____

María e Isabel

Después de que el ángel Gabriel se apareció a María y le dijo que iba a ser la madre de Jesús, ella fue enseguida a visitar a su ya anciana prima Isabel, que también esperaba un bebé. El niño que estaba esperando Isabel era San Juan Bautista.

Cuando Isabel oyó el saludo de María, el bebé que estaba en su vientre, San Juan, saltó de alegría. Isabel, llena del Espíritu Santo, dijo en voz muy alta: "Bendita tú eres entre las mujeres y bendito es el fruto de tu vientre".

Entonces María rezó también en voz alta un himno de alabanza y agradecimiento a Dios.

La Visitación de Domenico Ghirlandaio

Ella dijo:

"Proclama mi alma la grandeza del Señor,
    y mi espíritu se alegra en Dios mi Salvador,

porque se fijó en su humilde esclava,
    y desde ahora todas las generaciones me llamarán feliz.

El Poderoso ha hecho grandes cosas por mí:
    ¡Santo es su Nombre!".

Lucas 1:46–49

Llamamos la visita de María a Isabel "la Visitación". Celebramos este día el 31 de mayo. En esa fecha recordamos que para Dios nada es imposible. Santa Isabel, que ya era anciana, dio a luz a San Juan Bautista, que se convirtió en el más importante de los profetas. Nuestra Señora, la Santísima Virgen María, dio a luz a Jesús, nuestro Salvador. Él nos salvó del pecado y de la muerte eterna, y nos da la vida eterna.

María, nuestra Madre Santísima, ayúdanos siempre a alabar a Dios por todos los dones maravillosos que nos ha dado. Amén.

Mary and Elizabeth

After the angel Gabriel appeared to Mary and told her she was to be the mother of Jesus, she went quickly to visit her elderly cousin Elizabeth, who was also expecting a baby. The child Elizabeth was expecting was Saint John the Baptist.

When Elizabeth heard Mary's greeting, the baby in her womb, Saint John, leaped for joy. Elizabeth, filled with the Holy Spirit, cried out in a loud voice and said, "Most blessed are you among women, and blessed is the fruit of your womb."

Mary then prayed aloud a hymn of praise and thanksgiving to God.

She said,

The Visitation by Domenico Ghirlandaio

> "My soul proclaims the greatness of the Lord;
>   my spirit rejoices in God my savior.
>
> For he has looked upon his handmaid's lowliness;
>   behold, from now on will all ages call me blessed.
>
> The Mighty One has done great things for me,
>   and holy is his name...."
>
> *Luke 1:46–49*

We call Mary's visit to Elizabeth "the Visitation." We celebrate this feast on May 31. We remember on this day that nothing is impossible to God. Saint Elizabeth, who was elderly, gave birth to Saint John the Baptist, who became the greatest of the prophets. Our Lady, the Blessed Virgin Mary, gave birth to Jesus, our Savior. He saved us from sin and eternal death and gives us everlasting life.

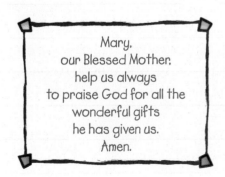

Mary,
our Blessed Mother,
help us always
to praise God for all the
wonderful gifts
he has given us.
Amen.

Fiesta del Santísimo Cuerpo y Sangre de Cristo

Jesús dijo: "Yo soy el pan de vida".

Basado en Juan 6:35

Una dieta sana

A la clase de quinto grado del señor Hunt se le dio una tarea. Los niños debían planear juntos un almuerzo nutritivo. Después tenían que decir por qué ese almuerzo era saludable para su cuerpo en crecimiento. El menú de la derecha muestra lo que los niños idearon.

La clase informó que el almuerzo proporcionaba muchas verduras y gran cantidad de proteínas. La fruta fresca en vez de postres dulces brindaba vitaminas que son necesarias. La leche era una buena fuente de calcio y de vitamina D.

Menú para el almuerzo del grado 5-E

Bastones de zanahorias y de apio con salsa de verduras

Sopa de verduras

Sándwich de jamón y pavo en pan árabe con mostaza

Fruta fresca

Vaso de leche

Actividad

Luego se le preguntó a la clase del señor Hunt por qué los cuerpos en crecimiento necesitan una buena alimentación. ¿Cómo responderías a esa parte de la tarea?

_____

_____

_____

_____

_____

_____

Feast of the Most Holy Body and Blood of Christ

 Jesus said, "I am the Bread of Life."

Based on John 6:35

A Healthy Diet

Mr. Hunt's fifth-grade class was given an assignment. The children were to plan a nutritional lunch together. Then they were to tell why the lunch was healthy for their growing bodies. The menu at the right shows what the children came up with.

The class reported that the lunch provided many vegetables and lots of protein. Fresh fruit instead of sugary desserts provided needed vitamins. The milk was a good source of calcium and vitamin D.

> ### Lunch Menu for Grade 5-E
>
> Carrot and celery sticks with vegetable dip
>
> Cup of vegetable soup
>
> Ham and turkey pita sandwich with mustard
>
> Fresh fruit
>
> Glass of milk

Activity

Mr. Hunt's class was then asked to explain why growing bodies need good nutrition. How would you answer that part of the assignment?

_____

_____

_____

_____

_____

_____

Recordar a nuestro Señor Jesús

Así como nuestro cuerpo necesita una buena alimentación para crecer fuerte y mantenerse sano, también nuestro espíritu, o alma, necesita alimentarse para mantenerse fuerte y acercarse más a Dios.

Jesús sabía que, después de que volviera al cielo con su Padre, sus discípulos necesitarían alimento para su nueva fe en Él. La noche antes de morir, Jesús celebró el banquete pascual con los Apóstoles. Cuando terminaron de comer, Jesús tomó un pan, lo bendijo y lo repartió entre sus amigos. Les dijo que lo tomaran y lo comieran. Este pan ya no era más pan. Ahora era el propio Cuerpo de Jesús. Luego tomó una copa llena de vino. Bendijo también el vino y lo pasó a sus amigos pidiéndoles que lo bebieran. Este vino ya no era más vino. Ahora era la propia Sangre de Jesús.

En aquella comida especial, Jesús dio a sus amigos otra clase de alimento. Ese mismo alimento para nuestra alma nos lo dan en todas las Misas. El Cuerpo y la Sangre de Jesús se llaman Eucaristía. Jesús nos da el don de sí mismo para alimentarnos, curarnos y hacernos fuertes seguidores suyos. La Eucaristía es nuestro alimento espiritual. A través de la Eucaristía, Jesús permanece con nosotros para siempre.

Cada año, en la fiesta del Santísimo Cuerpo y Sangre de Cristo, que también se llama *Corpus Christi*, honramos a Jesús en la Eucaristía. Al recibir a Cristo en la Eucaristía de ese día, estamos agradeciendo a Jesús por darnos el precioso don de sí mismo en el pan y el vino consagrados.

La Iglesia celebra este importante día festivo el segundo domingo después de Pentecostés.

> Jesús,
> el Pan de Vida, aliméntanos
> con tu Cuerpo y tu Sangre
> para que cada día podamos
> parecernos más a ti.
> Amén.

Remembering Our Lord Jesus

Just as our bodies need good nutrition to grow strong and stay healthy, our spirits, or souls, need nourishment to stay strong and grow closer to God.

Jesus knew that after he returned to his Father in heaven, his disciples would need nourishment for their new faith in him. On the night before he died, Jesus celebrated the Passover meal with the Apostles. When the meal was completed, Jesus took a piece of bread, blessed it, and passed it to his friends at the table. He told them to take it and eat it. This bread was no longer bread. It was now Jesus' own Body. Then he took a cup filled with wine. Again, he blessed the wine and passed it among his friends, telling them to drink it. This wine was no longer wine. It was now Jesus' own Blood.

At that special meal, Jesus gave his friends a new kind of food. That same food for our souls is given to us at every Mass. We call Jesus' Body and Blood the Eucharist. Jesus' gift to us is his own self to nourish us, heal us, and make us his strong followers. The Eucharist is our spiritual food. Through the Eucharist, Jesus remains with us forever.

Each year on the Feast of the Most Holy Body and Blood of Christ, which is also called the Feast of Corpus Christi, we honor Jesus in the Eucharist. By receiving Christ in the Eucharist on that day, we are thanking Jesus for giving us the precious gift of himself in the consecrated bread and wine.

The Church celebrates this important feast on the second Sunday after Pentecost.

Jesus,
the Bread of Life, nourish
us with your Body
and Blood so that
each day we may
become more like you.
Amen.

Beato Junípero Serra

Dijo Jesús: "Ámense unos a otros como yo los he amado".

Basado en Juan 15:12

Compartir la fe

Algunos santos llevaron una vida dura y difícil en países desconocidos para difundir la Buena Nueva. Ellos querían que todo el mundo se conmoviera por la paz y la esperanza de Jesucristo. En la página siguiente, leerás algunas de las dificultades que afrontó el Padre Junípero Serra para llevar la Buena Nueva al pueblo de California.

Actividad

Imagina que una nueva familia se ha mudado a tu vecindario. Los miembros de esta familia no son cristianos, pero están interesados en aprender acerca de la fe católica. Uno de los hijos de esta familia tiene tu edad. Piensa en cuatro cosas que te gustaría compartir con él acerca de Jesús y de tu fe católica.

_____

_____

_____

_____

_____

_____

_____

_____

Blessed Junípero Serra

 Jesus said, "Love one another as I have loved you."

Based on John 15:12

Sharing the Faith

Some saints led harsh, difficult lives in unfamiliar countries in order to spread the Good News. They wanted everyone to be touched by the peace and hope of Jesus Christ. On the next page, you will read about some of the hardships Father Junípero Serra underwent to bring the Good News to the people of California.

Activity

Imagine that a new family has moved into your neighborhood. The members of this family are not Christians, but they are interested in learning about the Catholic faith. One of the children in the family is your age. Think of four things that you would want to share with this new kid about Jesus and your Catholic faith.

_____

_____

_____

_____

_____

_____

_____

_____

El apóstol de California

En una época, mucho antes de formar parte de los Estados Unidos, California estuvo bajo el control de España. El Beato Junípero Serra es conocido como el "Apóstol de California". Nació en España, en 1713, y a los 16 años de edad ingresó en la Orden de los Franciscanos. Fue un estudiante brillante y un maestro y bibliotecario excelente. Pero, en realidad, él quería ser misionero y finalmente en 1749 tuvo su oportunidad.

El Padre Junípero y otro franciscano viajaron a México, que también estuvo bajo el control de España. Cuando llegaron, ambos franciscanos caminaron hasta Ciudad de México, ¡una distancia de aproximadamente 250 millas! Luego, caminaron más de 175 millas hasta la misión donde iban a trabajar. Durante ocho años el Padre Junípero trabajó entre los nativos de México. En 1768 encabezó un pequeño grupo de franciscanos que debían llevar el Evangelio a los nativos de California. El Padre Junípero ya tenía más de cincuenta años y padecía de úlceras en las piernas. No obstante, caminó varios cientos de millas desde México hasta California.

Allí fundó varias misiones para los nativos. Cada misión era en realidad una aldea donde estas personas podían vivir, trabajar y aprender a ser cristianos. Los franciscanos les enseñaron muchas destrezas, entre ellas a leer y escribir.

El Beato Junípero Serra debe de haber llevado a unas 5,000 personas a la Iglesia Católica. Murió en Monterey, California, en 1784. Hoy lo recordamos porque jamás dejó de difundir la fe. Amaba muchísimo a Dios y quería compartir este amor con los demás. Lo beatificaron el 1988.

Estatua del Beato Junípero Serra en la Misión San Luis Obispo, en California.

> Beato Junípero Serra, que sigamos tus pasos y compartamos nuestra fe con los demás. Que seamos como tú y llevemos una vida sencilla dedicada a Jesús. Ayúdanos a responder el llamado de Jesús a difundir la Buena Nueva en todo el mundo. Amén.

The Apostle to California

Spain once controlled California, long before it became part of the United States. Blessed Junípero Serra is known as the "Apostle to California." Born in Spain in 1713, he joined the Franciscan Order at the age of 16. He was a brilliant student and became an excellent teacher and librarian. But he really wanted to be a missionary, and in 1749, he finally got his chance.

Father Junípero and another Franciscan sailed to Mexico, which was also controlled by Spain. After they arrived in Mexico, the two Franciscans walked to Mexico City a distance of about 250 miles! Later, they walked more than 175 miles to the mission where they would work. For eight years, Father Junípero worked among the native people of Mexico. In 1768, he headed a small group of Franciscans who were to spread the Gospel to the native people of California. Father Junípero was now in his fifties and suffered from ulcers on his legs. Yet he walked several hundred miles from Mexico to California.

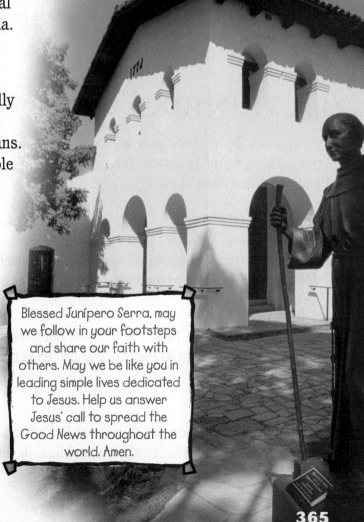

Statue of Blessed Junípero Serra at Mission San Luis Obispo, in California

In California, Father Junípero established several missions for the native people. Each mission was actually a village where the native people lived, worked, and learned to become Christians. The Franciscans taught the native people a number of skills, including how to read and write.

Blessed Junípero Serra may have brought as many as 5,000 people into the Catholic Church. He died in Monterey, California, in 1784. Today we remember him because he never stopped trying to spread the faith. He loved God very much and wanted to share this love with others. He was beatified in 1988.

Blessed Junípero Serra, may we follow in your footsteps and share our faith with others. May we be like you in leading simple lives dedicated to Jesus. Help us answer Jesus' call to spread the Good News throughout the world. Amen.

NUESTRA HERENCIA CATÓLICA
EN QUÉ CREEMOS LOS CATÓLICOS

Creemos en todo lo que enseña la Iglesia Católica.

ACERCA DE
LA REVELACIÓN

Dios nos habla a través de la Sagrada Tradición y de la Sagrada Escritura.

Sagrada Tradición

La Sagrada Tradición son las enseñanzas y los rituales oficiales de la Iglesia, y las costumbres de los Apóstoles que se han ido transmitiendo a lo largo de los siglos.

Sagrada Escritura

La Sagrada Escritura, o Biblia, es la Palabra de Dios escrita. Creemos que Dios es el autor de la Sagrada Escritura, porque Dios Espíritu Santo inspiró a las personas que escribieron la Biblia. (Consulta la lección sobre la Biblia en las páginas 7 a 10.)

ACERCA DE
LA TRINIDAD

Creemos que hay un Dios en tres Personas divinas. Llamamos Santísima Trinidad al misterio de un solo Dios en tres Personas divinas. Las tres Personas divinas son el Padre, el Hijo y el Espíritu Santo.

Dios, nuestro Padre

Jesús nos enseñó a llamar "Padre" a Dios. A través de nuestro Bautismo, nos transformamos en hijos de Dios. Jesús nos enseñó que nuestro Padre celestial nos ama y escucha siempre nuestras oraciones.

Jesús

Jesucristo es el Hijo de Dios. Por el poder del Espíritu Santo, Jesús nació de la Santísima Virgen María. Padeció y murió en la cruz para salvarnos del pecado y de la muerte.

El Espíritu Santo

Después de su Ascensión, Jesús envió al Espíritu Santo a sus discípulos. El Espíritu Santo guiará a la Iglesia hasta el final de los tiempos.

OUR CATHOLIC HERITAGE
WHAT CATHOLICS BELIEVE

We believe in all that the Catholic Church teaches.

ABOUT
REVELATION

God speaks to us through Sacred Tradition and Sacred Scripture.

Sacred Tradition

Sacred Tradition includes the Church's official teachings, rituals, and customs that have been handed down from the Apostles over the centuries.

Sacred Scripture

Sacred Scripture, or the Bible, is the written Word of God. We believe that God is the author of Sacred Scripture because God the Holy Spirit inspired the writers of the Bible. (See the Bible lesson on pages 7–11.)

ABOUT
THE TRINITY

We believe that there is one God in three divine Persons. We call the mystery of one God in three divine Persons the Blessed Trinity. The three divine Persons are the Father, the Son, and the Holy Spirit.

God, Our Father

Jesus taught us to call God "Father." Through our Baptism, we became children of God. Jesus taught us that our Father in heaven loves us and always listens to our prayers.

Jesus Christ

Jesus Christ is the Son of God. By the power of the Holy Spirit, Jesus was born of the Blessed Virgin Mary. He suffered and died on the cross to save us from sin and death.

The Holy Spirit

After his Ascension, Jesus sent the Holy Spirit to his disciples. The Holy Spirit will guide the Church until the end of time.

ACERCA DE
LA IGLESIA CATÓLICA

La Iglesia Católica es una, santa, católica y apostólica. Decimos que estas cuatro características son los cuatro atributos de la Iglesia. Estos atributos distinguen a la Iglesia Católica e indican su verdad y su origen en Dios.

La Iglesia es **una**. Creemos en un Dios: Padre, Hijo y Espíritu Santo, y en una fe y un Bautismo. Creemos que la Iglesia Católica es una porque estamos unidos en Jesucristo. Rezamos al Espíritu Santo para que fortalezca nuestra unidad como un Cuerpo de Cristo.

La Iglesia Católica es **santa**, porque Jesucristo, junto con Dios Padre y el Espíritu Santo, es santo y porque por la gracia de Dios nos hacemos santos. Creemos que nuestra santidad aumentará con nuestra participación en los sacramentos.

La Iglesia es **católica**, o universal, porque Cristo está presente en la Iglesia y porque damos la bienvenida a todas las personas como lo hace Jesús.

La Iglesia es **apostólica**, porque Jesucristo la fundó sobre San Pedro y los Apóstoles. Creemos que el principal maestro de la Iglesia es el papa. El papa es el sucesor de San Pedro y la cabeza de la Iglesia Católica. El papa, junto con los obispos, los sacerdotes y los diáconos, nos ayuda a entender la Palabra de Dios, a celebrar los sacramentos y a servir a los demás.

ABOUT
THE CATHOLIC CHURCH

The Catholic Church is one, holy, catholic, and apostolic. We call these four qualities the four marks of the Church. These marks distinguish the Catholic Church and show its truth and origin in God.

The Church is **one**. We believe in one God—Father, Son, and Holy Spirit—and in one faith and one Baptism. We believe that the Catholic Church is one because we are united in Jesus Christ. We pray to the Holy Spirit to strengthen our unity as one Body of Christ.

The Church is **holy** because Jesus Christ, together with God the Father and the Holy Spirit, is holy and because by God's grace we become holy. We believe that our holiness will increase through our participation in the sacraments.

The Church is **catholic**, or universal, because Christ is present in the Church and because we welcome all people as Jesus does.

The Church is **apostolic** because Jesus Christ founded the Church on Saint Peter and the Apostles. We believe the chief teacher of the Church is the pope. The pope is the successor of Saint Peter and the head of the Catholic Church. The pope, with the bishops, priests, and deacons, helps us understand God's Word, celebrate the sacraments, and serve others.

ACERCA DE
LA VIRGEN MARÍA Y LOS SANTOS

La Virgen María es nuestra santa más importante. Fue concebida sin el pecado original y estuvo llena de gracia desde el primer instante de su vida. A esta creencia la llamamos **Inmaculada Concepción.**

María dijo que sí a la voluntad de Dios y se convirtió en la madre de Jesús, su único Hijo. Honramos a María como la Madre de Dios y la Madre de la Iglesia. Ella vivió una vida libre de pecados y nos enseña a ser fieles discípulos de Jesús.

Creemos que, al final de su vida, María fue llevada en cuerpo y alma a la gloria del cielo. Ella participa plenamente en la Resurrección de Jesucristo, su Hijo. A esta creencia la llamamos la **Asunción.** Creemos además en la virginidad de María a lo largo de toda su vida y por todos los tiempos.

Los santos son personas santas que nos muestran cómo se vive de la forma en que nos enseñó Jesús. Honramos a los santos y les pedimos que recen a Dios por nosotros. Creemos que un día viviremos con todos los santos por siempre con Dios.

Creemos que estamos unidos a todos aquellos que creen en Jesucristo en todo momento y en todo lugar. Todos los que han partido antes que nosotros a la vida eterna y que participan en la gracia maravillosa de Dios están unidos a nosotros en la Comunión de los Santos.

ACERCA DE
LA VIDA ETERNA

Creemos que el Reino de Dios se realizará y se completará al final de los tiempos. La Iglesia Católica enseña que, al final de los tiempos, Cristo vendrá nuevamente a restaurar todas las cosas en paz, amor y justicia. Jesús nos enseña que, si vivimos como Él nos enseñó, tendremos vida eterna. Esto quiere decir que viviremos por siempre en perfecta felicidad con Dios en el cielo.

ABOUT
THE VIRGIN MARY AND THE SAINTS

The Virgin Mary is our greatest saint. She was conceived without original sin and was filled with grace from the first moment of her life. We call this belief the **Immaculate Conception**.

Mary said yes to God's will, and she became the mother of his only Son, Jesus. We honor Mary as the Mother of God and the Mother of the Church. She lived a sinless life and shows us how to be faithful disciples of Jesus.

We believe that at the end of her life, Mary was taken body and soul into the glory of heaven. She fully shares in the Resurrection of her Son, Jesus Christ. We call this belief the **Assumption**. We also believe in the virginity of Mary throughout her life and for all time.

Saints are holy people who show us how to live as Jesus taught us. We honor the saints and ask them to pray to God for us. We believe that one day we will live with all the saints forever with God.

We believe that we are united with all those who believe in Jesus Christ in every time and place. All those who have gone before us into everlasting life and who share in God's wonderful grace are joined with us in the Communion of Saints.

ABOUT
LIFE EVERLASTING

We believe that the Kingdom of God will be fulfilled and completed at the end of time. The Catholic Church teaches that at the end of time, Christ will come again to restore all things in peace, love, and justice. Jesus teaches us that if we live as he taught us, we will have life everlasting. This means that we will live forever with God in heaven in perfect happiness.

CÓMO PRACTICAMOS EL CULTO LOS CATÓLICOS

Veneramos a Dios alabándolo y honrándolo.

ACERCA DE
LOS SACRAMENTOS

Los católicos se reúnen para practicar el culto cuando celebran los siete sacramentos. Cada sacramento tiene palabras y acciones especiales que son señales de que Dios está presente. Los sacramentos son signos sagrados que, por el poder del Espíritu Santo, nos ayudan a participar más plenamente en la vida de Dios, a la cual llamamos "gracia".

ACERCA DE
LOS SACRAMENTOS DE LA INICIACIÓN

Nos hacemos miembros plenos de la Iglesia Católica por medio de los sacramentos del Bautismo, la Confirmación y la Eucaristía.

Bautismo

Cuando nos bautizan, recibimos al Espíritu Santo. Nos ungen con la Señal de la Cruz. El Bautismo nos libera del pecado original y de todos los pecados, y nos une a Jesús. En el Bautismo, iniciamos nuestro viaje de fe.

En el Bautismo el sacerdote o el diácono dice: "Yo te bautizo en el nombre del Padre, y del Hijo, y del Espíritu Santo" *(Ritual para el Bautismo)*. El sacerdote o el diácono derrama agua sobre la cabeza de la persona que se bautiza.

Debido a que el Bautismo es la forma en que recibimos por primera vez la gracia de la vida de Dios en nosotros, es necesario que todos nos bauticemos para poder ser salvados por Jesucristo. En una emergencia, cualquier persona puede bautizar, siempre que lo haga de la manera que exige la Iglesia.

Confirmación

La Confirmación nos fortalece en la nueva vida que recibimos en el Bautismo y nos ayuda a compartir la Buena Nueva de Jesucristo con los demás.

Cuando nos confirmamos, el obispo reza: "Recibe por esta señal el Don del Espíritu Santo" *(Ritual para la Confirmación)*. El obispo coloca las manos sobre la cabeza de la persona que se confirma y le unge la frente con crisma.

Eucaristía

La Eucaristía es el sacramento de la Presencia Real de Jesucristo bajo la manifestación del pan y el vino. La palabra *Eucaristía* significa "acción de gracias". En la Misa alabamos y agradecemos a Dios por todos sus dones, especialmente por el don de Jesús, su Hijo.

La Eucaristía nos une con Jesús y con la Iglesia. Jesús está presente en su Palabra, en el pueblo reunido, en el sacerdote que celebra la Misa y, sobre todo, en el pan y el vino consagrados.

HOW CATHOLICS WORSHIP

We worship God by praising and honoring him.

ABOUT
THE SACRAMENTS

Catholics gather to worship when they celebrate the seven sacraments. Each sacrament has special words and actions that are the signs that God is present. The sacraments are sacred signs that, through the power of the Holy Spirit, help us more fully to share in God's life, which we call "grace."

ABOUT
THE SACRAMENTS OF INITIATION

We become full members of the Catholic Church through the sacraments of Baptism, Confirmation, and Eucharist.

Baptism

When we are baptized, we receive the Holy Spirit. We are anointed with the Sign of the Cross. Baptism frees us from original sin and all sin and unites us with Jesus. At Baptism, we begin our journey of faith.

At Baptism, the priest or deacon says, "I baptize you in the name of the Father, and of the Son, and of the Holy Spirit" *(Rite of Baptism)*. The priest or deacon pours water over the head of the person being baptized.

Because Baptism is the way in which we first receive the grace of God's life in us, it is necessary for everyone to receive Baptism to be saved by Jesus Christ. In an emergency, any person can baptize provided he or she does it in the way the Church requires.

Confirmation

Confirmation strengthens us in the new life we received at Baptism and helps us share the Good News of Jesus Christ with others.

When we are confirmed, the bishop prays, "Be sealed with the gift of the Holy Spirit" *(Rite of Confirmation)*. The bishop lays his hands on the head of the person being confirmed and anoints the person's forehead with chrism.

Eucharist

The Eucharist is the sacrament of the Real Presence of Jesus Christ under the appearance of bread and wine. The word *Eucharist* means "thanksgiving." At Mass, we praise and thank God for all his gifts, especially the gift of his Son, Jesus.

The Eucharist unites us with Jesus and the Church. Jesus is present in his Word, in the people gathered, in the priest who celebrates the Mass, and most especially in the consecrated bread and wine.

ACERCA DE
LOS SACRAMENTOS DE CURACIÓN

Los sacramentos de la Reconciliación y la Unción de los Enfermos se llaman Sacramentos de Curación porque celebran la curación y el perdón de Dios.

Reconciliación

La Reconciliación es el sacramento que celebra el perdón amoroso de Dios. Cuando pecamos, elegimos libremente apartarnos de Dios y apartarnos unos de otros. El Sacramento de la Reconciliación nos reúne con Dios y con la Iglesia. Podemos recibir el Sacramento de la Reconciliación siempre que necesitemos el perdón y la misericordia de Dios y estemos realmente arrepentidos de nuestros pecados.

Nos preparamos para el Sacramento de la Reconciliación haciendo un examen de conciencia. Cuando nos reunimos con el sacerdote, él nos recibe en el nombre de Jesucristo y en el de la Iglesia. El sacerdote puede leer un pasaje de la Biblia y después nosotros le confesamos nuestros pecados. El sacerdote puede sugerirnos maneras de cómo podemos ser mejores y acercarnos más a Dios. Nos pide que hagamos una obra de servicio o que recemos una oración determinada. Esto se llama acto de penitencia.

Luego el sacerdote nos pide que digamos a Dios que nos arrepentimos de nuestros pecados rezando la Oración del penitente. Actuando en el nombre de Dios y de la Iglesia, el sacerdote extiende las manos sobre nosotros y reza: "Y yo te absuelvo de tus pecados, en el nombre del Padre, del Hijo, y del Espíritu Santo" *(Ritual de la Penitencia)*. Esto se llama absolución. El sacerdote nos dice que nuestros pecados están perdonados y que nos vayamos en paz. Nosotros respondemos: "Amén".

La Unción de los Enfermos

El Sacramento de la Unción de los Enfermos celebra el amor y el poder curador de Dios. Este sacramento brinda curación, consuelo y fortaleza a quienes sufren una enfermedad grave, a los ancianos o a los que están en peligro de muerte.

El sacerdote reza: "Por esta santa unción, y por su bondadosa misericordia, te ayude el Señor con la gracia del Espíritu Santo, para que, libre de tus pecados, te conceda la salvación y te conforte en tu enfermedad" *(Rito de la Unción)*. El sacerdote unge con el óleo consagrado la frente y las manos de la persona que está recibiendo el sacramento. La Unción de los Enfermos lleva consuelo a la persona enferma y también a su familia y a sus amigos.

ABOUT
THE SACRAMENTS OF HEALING

Reconciliation and Anointing of the Sick are called the Sacraments of Healing because they celebrate God's healing and forgiveness.

Reconciliation

Reconciliation is the sacrament that celebrates God's loving forgiveness. When we sin, we freely choose to turn away from God and from one another. The Sacrament of Reconciliation reunites us with God and the Church. We may receive the Sacrament of Reconciliation whenever we need God's forgiveness and mercy and are truly sorry for our sins.

We prepare for the Sacrament of Reconciliation by examining our conscience. When we meet the priest, he welcomes us in the name of Jesus Christ and the Church. The priest may read a passage from the Bible and then we confess our sins to him. The priest may suggest ways we can improve and grow closer to God. He asks us to do an act of service or pray a particular prayer. This is called an act of penance.

The priest then asks us to tell God we are sorry for our sins by praying an act of contrition. Acting in the name of God and the Church, the priest extends his hands over us and prays, "I absolve you from your sins in the name of the Father, and of the Son, and of the Holy Spirit" *(Rite of Penance)*. This is called absolution. The priest tells us our sins are forgiven and to go in peace. We respond, "Amen."

Anointing of the Sick

The Sacrament of Anointing of the Sick celebrates God's love and healing power. This sacrament brings healing, comfort, and strength to the seriously ill, the elderly, and those in danger of death.

The priest prays, "Through this holy anointing may the Lord in his love and mercy help you with the grace of the Holy Spirit. May the Lord free you from sin, save you, and raise you up" *(Rite of Anointing)*. The priest anoints with holy oil the forehead and hands of the person receiving the sacrament. Anointing of the Sick brings comfort to the sick person and also to his or her family and friends.

ACERCA DE
LOS SACRAMENTOS AL SERVICIO DE LA COMUNIDAD

Se llaman Sacramentos al Servicio de la Comunidad los sacramentos del Orden Sagrado y del Matrimonio.

Orden Sagrado

El Orden Sagrado es el sacramento que celebra la ordenación de obispos, sacerdotes y diáconos para servir a la Iglesia de una manera especial. La palabra *ordenar* significa "apartar" o "autorizar". Un hombre que se ordena tiene la autorización de Dios para llevar a cabo la obra de los Apóstoles.

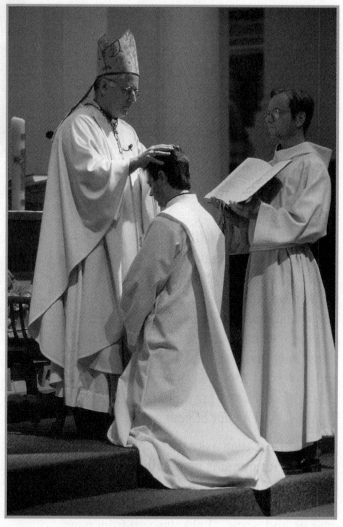

En la celebración del Orden Sagrado, el obispo coloca las manos sobre la cabeza de cada hombre que se está ordenando. Reza una oración especial para pedir a Dios que bendiga a estos hombres. El obispo pide a Dios que ayude a estos hombres a predicar el Evangelio, a celebrar los sacramentos y a servir a los demás.

Matrimonio

El Sacramento del Matrimonio celebra el compromiso entre un hombre y una mujer de amarse por todo el tiempo que dure su vida. En el Sacramento del Matrimonio, el amor entre el hombre y la mujer es un signo del amor de Cristo por la Iglesia. Dios da a los miembros de las parejas casadas una gracia especial para apoyarlos y para ayudarlos a que crezca el amor de uno por el otro.

En el Sacramento del Matrimonio, el hombre dice a la mujer: "Yo te recibo como esposa". Y la mujer dice al hombre: "Yo te recibo como esposo".

Los miembros de la pareja se confieren el sacramento uno al otro ante la presencia del sacerdote o del diácono y de la comunidad católica. Intercambian los anillos de boda como señal de la permanencia de su compromiso. El amor entre ellos es una señal del amor de Cristo por su Iglesia.

ABOUT
THE SACRAMENTS AT THE SERVICE OF COMMUNION

The sacraments of Holy Orders and Matrimony are called the Sacraments at the Service of Communion.

Holy Orders

Holy Orders is the sacrament that celebrates the ordination of bishops, priests, and deacons to serve the Church in a special way. The word *ordain* means "to set aside" or "to empower." A man who is ordained is empowered by God to carry on the work of the Apostles.

At the celebration of Holy Orders, the bishop lays his hands on the head of each man being ordained. He prays a special prayer asking God to bless these men. The bishop asks God to help these men preach the Gospel, celebrate the sacraments, and serve others.

Matrimony

The Sacrament of Matrimony celebrates the commitment of a man and a woman to love each other for as long as they live. In the Sacrament of Matrimony, the man and woman's love for each other is a sign of Christ's love for the Church. God gives married couples special grace to sustain them and to help them grow in their love for each other.

In the Sacrament of Matrimony, the man says to the woman, "I take you to be my wife." The woman says to the man, "I take you to be my husband."

The couple confer the sacrament on each other in the presence of a priest or deacon and the Catholic community. They exchange wedding rings as a sign of the permanence of their commitment. Their love for each other is a sign of Christ's love for his Church.

ACERCA DE
LA MISA

Ritos Iniciales

En la Misa, nos reunimos para venerar a Dios con la comunidad de nuestra parroquia.

Procesión de Entrada e himno inicial

Mientras el sacerdote y sus asistentes en la Misa entran en procesión, nos ponemos de pie y cantamos el himno inicial.

▶ Saludo

Hacemos la Señal de la Cruz. El sacerdote nos da la bienvenida. Dice: "El Señor esté con vosotros". Nosotros contestamos: "Y con tu espíritu".

▶ Acto Penitencial

Pensamos en nuestros pecados. Pedimos el perdón de Dios y las oraciones de la Iglesia.

▶ Gloria

Cantamos el Gloria, que es un himno de alabanza a Dios. Luego rezamos la oración inicial.

ABOUT
THE MASS

Introductory Rites

At Mass, we come together to worship God with our parish community.

Entrance Procession and Opening Hymn

As the priest and those assisting him in the Mass enter in procession, we stand and sing the opening hymn.

Greeting ▶

We make the Sign of the Cross. The priest welcomes us. He says, "The Lord be with you." We answer, "And with your spirit."

Penitential Act ▶

We think about our sinfulness. We ask for God's forgiveness and the prayers of the Church.

Gloria ▶

We sing the Gloria, which is a hymn of praise to God. Then we pray the opening prayer.

Liturgia de la Palabra

▶ **Primera lectura**

El lector lee un relato o una lección del Antiguo Testamento.

Salmo Responsorial

Cantamos las respuestas a un salmo del Antiguo Testamento.

Segunda lectura

El lector lee un fragmento de uno de los libros del Nuevo Testamento, que no sea ninguno de los Evangelios.

Aclamación del Evangelio

Alabamos la Palabra de Dios cantando "Aleluya" u otra aclamación mientras el sacerdote o el diácono se prepara para leer el Evangelio.

▶ **Evangelio**

Nos ponemos de pie con reverencia mientras el sacerdote o el diácono lee el Evangelio para ese día.

▶ **Homilía**

El sacerdote o el diácono explica el significado del Evangelio y de las otras lecturas de la Sagrada Escritura.

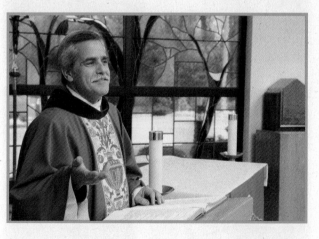

Profesión de fe

Recitamos el Credo de Nicea para proclamar nuestra creencia en lo que la Iglesia enseña.

Plegaria Universal

Rezamos por la Iglesia, por el papa y los obispos, y por las necesidades de todo el pueblo de Dios. También rezamos por las necesidades de los miembros de la comunidad de nuestra parroquia.

Liturgy of the Word

First Reading ▶

The lector reads a story or a lesson from the Old Testament.

Responsorial Psalm

We sing the responses to a psalm from the Old Testament.

Second Reading

The lector reads a passage from one of the books in the New Testament other than the Gospels.

Gospel Acclamation

We praise God's Word by singing "Alleluia" or another acclamation as the priest or deacon prepares to read the Gospel.

Gospel ▶

We stand in reverence as the priest or deacon reads the Gospel for that day.

Homily ▶

The priest or deacon explains the meaning of the Gospel and the other Scripture readings.

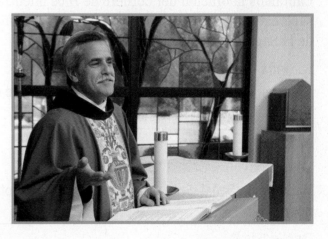

Profession of Faith

We recite the Nicene Creed to proclaim our belief in what the Church teaches.

Prayer of the Faithful

We pray for the Church, the pope and bishops, and for the needs of all God's people. We also pray for the needs of the members of our parish community.

Liturgia Eucarística

Preparación del altar y las ofrendas

Llevamos nuestras ofrendas del pan y el vino al altar. Podemos entregar además ofrendas para los pobres.

Plegaria Eucarística ▶

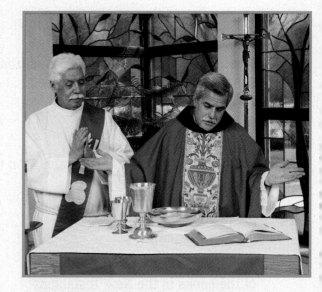

El sacerdote empieza con una oración de alabanza y acción de gracias a Dios Padre por todos sus maravillosos dones de la creación y por el don más importante, su Hijo, Jesucristo. Cantamos: "Santo, santo, santo…".

El sacerdote recuerda con nosotros el relato de la Última Cena. Escuchamos las propias palabras de Jesús: "Esto es mi Cuerpo" y "Éste es el cáliz de mi Sangre". Cantamos o decimos: "Anunciamos tu muerte, proclamamos tu resurrección. ¡Ven, Señor Jesús!".

Al final de la Plegaria Eucarística, cantamos: "Amén".

Rito de la Comunión

El Padre Nuestro

Rezamos juntos la oración que Jesús nos enseñó: el Padre Nuestro oración del Señor.

Señal de la Paz

Compartimos la Señal de la Paz con los que están alrededor de nosotros.

Fracción del pan ▶

Cantamos la oración del Cordero de Dios mientras el sacerdote y el diácono se preparan para la distribución de la Sagrada Comunión.

Sagrada Comunión

Recibimos reverentemente el Cuerpo y la Sangre de Cristo. Decimos: "Amén".

Rito de Conclusión

Bendición

Hacemos la Señal de la Cruz mientras el sacerdote nos bendice.

Despedida ▶

El sacerdote o el diácono nos dice que vayamos en paz a amar y a servir al Señor. Cantamos un himno de agradecimiento.

Liturgy of the Eucharist

Preparation of the Altar and Gifts

We bring our gifts of bread and wine to the altar. We may also give gifts for the poor.

Eucharistic Prayer ▶

The priest begins with a prayer of praise and thanksgiving to God our Father for all his wonderful gifts of creation and for the greatest gift, his Son, Jesus Christ. We sing, "Holy, Holy, Holy. . . ."

The priest recalls with us the story of the Last Supper. We hear Jesus' own words, "FOR THIS IS MY **B**ODY" and "FOR THIS IS THE CHALICE OF MY **B**LOOD." We sing or say, "We proclaim your Death, O Lord, and profess your Resurrection until you come again."

At the end of the Eucharistic Prayer, we sing, "Amen."

Communion Rite

The Lord's Prayer

We pray together the prayer that Jesus taught us, the Lord's Prayer or the Our Father.

Sign of Peace

We share the Sign of Peace with those around us.

Breaking of the Bread ▶

We sing the Lamb of God prayer as the priest and deacon prepare for the distribution of Holy Communion.

Holy Communion

We reverently receive the Body and Blood of Christ. We say, "Amen."

Concluding Rite

Blessing

We make the Sign of the Cross as the priest blesses us.

Dismissal ▶

The priest or deacon tells us to go in peace to love and serve the Lord. We sing a hymn of thanksgiving.

CÓMO VIVIMOS LOS CATÓLICOS

Vivir como enseña Jesús no es fácil, pero el Espíritu Santo nos ayuda a vencer al pecado y a vivir de acuerdo con las enseñanzas de Jesús y de la Iglesia.

ACERCA DE
LA CONCIENCIA

Nuestra conciencia es un don de Dios. Ella nos ayuda a saber lo que está bien y lo que está mal. Los Diez Mandamientos, las enseñanzas de Jesucristo, especialmente las Bienaventuranzas, y la guía de la Iglesia, nos ayudan a desarrollar una buena conciencia.

Uno de los dones más importantes que Dios nos ha dado es el libre albedrío. El libre albedrío es nuestra libertad para elegir hacer lo que está bien o lo que está mal. Debemos rezar siempre al Espíritu Santo para que nos guíe a hacer buenas elecciones morales.

ACERCA DE
LA FE, LA ESPERANZA Y EL AMOR

Una **virtud** es la capacidad de tomar buenas decisiones morales y conduce al hábito de hacer el bien. Las tres virtudes especiales que Dios nos da en el Bautismo son la fe, la esperanza y el amor. Estas virtudes nos ayudan a creer en Dios, a confiar en sus promesas y a amarlo.

La **fe** nos ayuda a creer en todo lo que la Iglesia enseña y a crecer en la verdad y en el conocimiento de Dios.

La **esperanza** nos ayuda a confiar en Dios pase lo que pase. La virtud de la esperanza nos ayuda en los momentos difíciles, porque, en lugar de preocuparnos y ponernos ansiosos, depositamos nuestra confianza en Dios, pues sabemos que Él nos ama y está ayudándonos y guiándonos.

El **amor** nos ayuda a amar a Dios sobre todas las cosas y a amar al prójimo como a nosotros mismos. Cuando practicamos la virtud del amor, tratamos a todas las personas con dignidad y con respeto, porque sabemos que Dios creó y ama a cada una de ellas.

Crecemos en las virtudes de la fe, la esperanza y el amor practicándolas todos los días. Si hacemos elecciones para vivir estas virtudes, complacemos a Dios y crecemos en santidad.

HOW CATHOLICS LIVE

Living as Jesus teaches is not easy, but the Holy Spirit helps us to overcome sin and to live according to the teachings of Jesus and the Church.

ABOUT
CONSCIENCE

Our conscience is a gift from God. It helps us to know what is right and what is wrong. The Ten Commandments, the teachings of Jesus Christ, especially the Beatitudes, and the guidance of the Church help us develop a good conscience.

One of God's greatest gifts to us is free will. Free will is our freedom to choose to do what is right or wrong. We must always pray to the Holy Spirit to guide us in making morally good choices.

ABOUT
FAITH, HOPE, AND LOVE

A **virtue** is the ability of making morally good decisions that leads to the habit of doing good. Three special virtues that God gives to us at Baptism are faith, hope, and love. These virtues help us to believe in God, to trust in his promises, and to love him.

Faith helps us to believe in all that the Church teaches and to grow in truth and knowledge of God.

Hope helps us to trust in God no matter what happens. The virtue of hope helps us in difficult times because instead of worrying and becoming anxious, we place our trust in God, knowing that he loves us and is helping and guiding us.

Love helps us to love God above all else and to love our neighbors as ourselves. When we practice the virtue of love, we treat all people with dignity and respect because we know that God created and loves each person.

We grow in the virtues of faith, hope, and love by practicing them every day. By making choices to live these virtues, we please God and grow in holiness.

ACERCA DEL
PECADO Y LA MISERICORDIA

La Biblia nos dice que Jesús vino a mostrar misericordia a los pecadores. Antes de que Jesús naciera, un ángel dijo a San José: "Y lo llamarás Jesús, porque Él salvará a su pueblo de sus pecados" (basado en Mateo 1:21).

El **pecado** es el libre albedrío de apartarse del amor de Dios. Pecamos cuando hacemos algo que sabemos que está mal. El pecado nos impide vivir como nos enseñó Jesús y aparta nuestro corazón de Dios. El **pecado mortal** es negarse gravemente a amar a Dios. Hay tres maneras de saber si un pecado es mortal.

1. La acción debe ser algo muy grave.

2. Debemos saber que la acción es muy grave.

3. Debemos usar nuestro libre albedrío para cometer el pecado.

Aunque hayamos cometido un pecado mortal, todavía podemos recibir la misericordia de Dios. La **misericordia** es el amoroso perdón de Dios. Recibimos el perdón de Dios en el Sacramento de la Reconciliación. En este sacramento se deben confesar a un sacerdote todos los pecados mortales. A través del Sacramento de la Reconciliación, recibimos el perdón de Dios y nos reconciliamos con Él y con la Iglesia.

Un **pecado venial** es un pecado menos grave. Debilita nuestra relación con Dios y con la Iglesia, pero no la destruye por completo. Todos los días debemos tratar de resistir las tentaciones para no cometer pecados veniales.

ABOUT
SIN AND MERCY

The Bible tells us that Jesus came to show mercy to sinners. Before Jesus was born, an angel told Saint Joseph, "You shall call his name Jesus, for he will save his people from their sins" (based on Matthew 1:21).

Sin is a free choice to turn away from God's love. We sin by doing what we know is wrong. Sin keeps us from living as Jesus taught us and turns our hearts away from God. **Mortal sin** is a very serious refusal to love God. There are three ways to know when a sin is mortal.

1. The action must be seriously wrong.

2. We must know that the action is seriously wrong.

3. We must make a free choice to commit the sin.

Even if we have committed a mortal sin, we can still receive God's mercy. **Mercy** is God's loving forgiveness. We receive God's forgiveness in the Sacrament of Reconciliation. Any mortal sins must be confessed to a priest in this sacrament. Through the Sacrament of Reconciliation, we receive God's forgiveness and are reconciled with him and the Church.

A **venial sin** is a less serious sin. It weakens but does not completely destroy our relationship with God and the Church. We must try every day to resist temptations so that we do not commit venial sins.

ACERCA DE
LAS BIENAVENTURANZAS

Jesús nos dio las Bienaventuranzas para enseñarnos a amar a Dios y a los demás.
Cuando vivimos las Bienaventuranzas, podemos ser verdaderamente felices.

Las Bienaventuranzas	Vivir las Bienaventuranzas
Felices los que tienen el espíritu del pobre, porque de ellos es el Reino de los Cielos.	Tenemos el espíritu del pobre cuando sabemos que necesitamos a Dios más que a cualquier otra cosa.
Felices los que lloran, porque recibirán consuelo.	Tratamos de ayudar a los que están tristes o a los que sufren. Sabemos que Dios los consolará.
Felices los pacientes, porque recibirán la tierra en herencia.	Somos amables y pacientes con los demás. Creemos que participaremos de las promesas de Dios.
Felices los que tienen hambre y sed de justicia, porque serán saciados.	Tratamos de ser imparciales y justos con los demás. Compartimos lo que tenemos con los necesitados.
Felices los compasivos, porque obtendrán misericordia.	Perdonamos a los que son poco caritativos con nosotros. Aceptamos el perdón de los demás.
Felices los de corazón limpio, porque verán a Dios.	Tratamos de mantener a Dios en el primer lugar de nuestra vida. Creemos que viviremos para siempre con Dios.
Felices los que trabajan por la paz, porque serán reconocidos como hijos de Dios.	Tratamos de llevar la paz de Dios al mundo. Cuando vivimos pacíficamente, nos reconocen como hijos de Dios.
Felices los que son perseguidos por causa del bien, porque de ellos es el Reino de los Cielos.	Tratamos de hacer lo correcto aun cuando se burlen de nosotros o nos insulten.

Mateo 5:3–10

THE BEATITUDES

Jesus gave us the Beatitudes to teach us how to love God and others.
When we live the Beatitudes, we can be truly happy.

The Beatitudes	Living the Beatitudes
Blessed are the poor in spirit, for theirs is the kingdom of heaven.	We are poor in spirit when we know that we need God more than anything else.
Blessed are they who mourn, for they will be comforted.	We try to help those who are in sorrow or those who are hurting. We know God will comfort them.
Blessed are the meek, for they will inherit the land.	We are gentle and patient with others. We believe we will share in God's promises.
Blessed are they who hunger and thirst for righteousness, for they will be satisfied.	We try to be fair and just toward others. We share what we have with those in need.
Blessed are the merciful, for they will be shown mercy.	We forgive those who are unkind to us. We accept the forgiveness of others.
Blessed are the clean of heart, for they will see God.	We try to keep God first in our lives. We believe we will live forever with God.
Blessed are the peacemakers, for they will be called children of God.	We try to bring God's peace to the world. When we live peacefully, we are known as God's children.
Blessed are they who are persecuted for the sake of righteousness, for theirs is the kingdom of heaven.	We try to do what is right even when we are teased or insulted.

Matthew 5:3–10

ACERCA DE
LOS MANDAMIENTOS

Los Diez Mandamientos son las leyes del amor de Dios. Dios nos dio los Diez Mandamientos como un don para ayudarnos a crecer en santidad y a vivir en paz. Jesús nos dijo que siempre debemos obedecer los Diez Mandamientos.

Los Diez Mandamientos	Vivir los Diez Mandamientos
1. Yo soy el SEÑOR, tu Dios. No tendrás otros dioses fuera de mí.	Creemos en un solo Dios. Adoramos sólo a Dios y lo ponemos por encima de todas las personas y de todas las cosas. Le ofrecemos oraciones de adoración y de acción de gracias por todo lo que somos y todo lo que hemos recibido.
2. No tomes en vano el nombre del SEÑOR, tu Dios.	Nunca usamos el nombre de Dios ni el de Jesús con enojo. En todo momento, usamos con respeto el nombre de Dios, Jesús, María y los santos.
3. Acuérdate del día del Sábado, para santificarlo.	El domingo adoramos y alabamos a Dios de manera especial asistiendo a la Santa Misa con nuestra familia y la comunidad de la parroquia.
4. Respeta a tu padre y a tu madre.	Amamos, honramos, respetamos y obedecemos a nuestros padres y a todos los adultos que nos cuidan.
5. No mates.	Creemos que Dios nos da el don de la vida. Debemos proteger y defender la vida de los niños no nacidos, de los enfermos y de los ancianos. Respetamos la vida y la salud de los demás. Debemos prevenir que nos hagan daño a nosotros y a los demás.
6. No cometas adulterio.	Dios creó al hombre y a la mujer a su imagen divina. Dios le pide a cada uno que acepte su identidad. La Iglesia enseña que la práctica de la castidad es una parte integral del desarrollo sexual de todas las personas. Debemos respetar nuestro cuerpo y el cuerpo de los demás. Honramos el vínculo del matrimonio para toda la vida.
7. No robes.	Nunca tomamos lo que no nos pertenece. Tampoco engañamos. Por el contrario, cuidamos muy bien los dones que Dios nos ha dado.
8. No atestigües en falso contra tu prójimo.	No debemos mentir ni engañar a nadie a propósito. No debemos hacer daño a los demás con nuestras palabras. Si engañamos a alguien, entonces debemos corregir lo que hayamos dicho.
9. No codicies la mujer de tu prójimo.	Respetamos las promesas que los esposos se hacen mutuamente. Nunca nos vestimos ni actuamos de modo que las distraiga de su compromiso.
10. No codices nada de lo que le pertenece a tu prójimo.	Estamos contentos con lo que tenemos. No somos ambiciosos, ni sentimos celos o envidia. Sabemos que el Evangelio nos enseña a poner a Dios en primer lugar en nuestra vida.

Basado en Éxodo 20:2–17

THE COMMANDMENTS

The Ten Commandments are God's laws of love. God gave us the Ten Commandments as a gift to help us grow in holiness and live in peace. Jesus told us that we must always obey the Ten Commandments.

The Ten Commandments	Living the Ten Commandments
1. I am the LORD, your God. You shall not have other gods besides me.	We believe in one God. We worship God alone, and place him above everyone and everything else. We offer God prayers of adoration and thanksgiving for all that we are and all that we have received.
2. You shall not take the name of the LORD, your God, in vain.	We never use the name of God or Jesus in an angry way. We use the names of God, Jesus, Mary, and the saints with respect at all times.
3. Remember to keep holy the Sabbath day.	On Sunday, we worship and praise God in a special way by attending Holy Mass with our family and parish community.
4. Honor your father and mother.	We love, honor, respect, and obey our parents and all adults who care for us.
5. You shall not kill.	We believe that God gives us the gift of life. We must protect and defend the lives of unborn children, the sick, and the elderly. We respect the life and health of others. We must prevent harm from coming to ourselves and others.
6. You shall not commit adultery.	God created man and woman in his divine image. God calls each to accept his or her identity. The Church teaches that the practice of chastity is an integral part of every person's sexual development. We must respect our bodies and the bodies of others. We honor the lifelong bond of marriage.
7. You shall not steal.	We never take what doesn't belong to us. We also do not cheat. Instead we take good care of the gifts that God has given us.
8. You shall not bear false witness against your neighbor.	We must not tell lies, or mislead others on purpose. We must not hurt others by what we say. If we have misled somebody, then we must correct what we have said.
9. You shall not covet your neighbor's wife.	We respect the promises married people have made to each other. We never dress or act in any way that would distract them from their commitment.
10. You shall not covet anything that belongs to your neighbor.	We are satisfied with what we have. We are not jealous, envious, or greedy. We know that the Gospel teaches us to place God first in our lives.

Based on Exodus 20:2–17

El Gran Mandamiento

Jesús nos dijo que los Diez Mandamientos podían en realidad resumirse en un gran mandamiento: "Ama a Dios con todo tu corazón, con toda tu inteligencia y con toda tu fuerza; y ama a tu prójimo como a ti mismo" (basado en Marcos 12:30–31). El Gran Mandamiento nos enseña que las leyes de Dios se basan en el amor a Dios, el amor a uno mismo y el amor al prójimo.

El Nuevo Mandamiento

Además del Gran Mandamiento, Jesús nos dio también otro mandamiento. El Nuevo Mandamiento es: "Ámense los unos a los otros como yo los he amado" (basado en Juan 15:12). Se nos llama a vivir como seguidores de Jesús. Cuando amamos a los demás y los tratamos como Jesús nos enseñó, vivimos felices y en libertad.

ACERCA DE
LAS OBRAS DE MISERICORDIA CORPORALES Y ESPIRITUALES

Jesús espera que nos ocupemos de los pobres y de los que tienen necesidades. También quiere que vivamos en paz, que actuemos con justicia y que amemos incluso a nuestros enemigos. Los católicos llaman a este tipo de acciones **Obras de Misericordia Corporales** y **Obras de Misericordia Espirituales**.

Las Obras de Misericordia Corporales

- Dar de comer al hambriento.
- Dar de beber al sediento.
- Vestir al desnudo.
- Redimir al cautivo.
- Dar posada al peregrino.
- Visitar y cuidar a los enfermos.
- Enterrar a los muertos.

Las Obras de Misericordia Espirituales

- Corregir al que yerra.
- Enseñar al que no sabe.
- Dar buen consejo al que lo necesita.
- Consolar al triste.
- Sufrir con paciencia los defectos de los demás.
- Perdonar las injurias.
- Rogar a Dios por vivos y difuntos.

The Great Commandment

Jesus told us that the Ten Commandments can really be summed up in one great commandment: "Love God with all your heart, with all your mind, and with all your strength, and love your neighbor as yourself" (based on Mark 12:30–31). The Great Commandment teaches us that God's laws are based on love of God, love of self, and love of neighbor.

The New Commandment

In addition to the Great Commandment, Jesus also gave us a new commandment. The New Commandment is: "Love one another as I have loved you" (based on John 15:12). We are called to live as followers of Jesus. When we love others and treat them as Jesus taught us, we live in happiness and freedom.

ABOUT

THE CORPORAL AND SPIRITUAL WORKS OF MERCY

Jesus expects us to care for the poor and those who are in need. He also wants us to live in peace, to act justly, and even to love our enemies. Catholics call these kinds of actions the **Corporal Works of Mercy** and the **Spiritual Works of Mercy**.

The Corporal Works of Mercy

Feed the hungry.

Give drink to the thirsty.

Clothe the naked.

Visit those in prison.

Shelter the homeless.

Visit the sick.

Bury the dead.

The Spiritual Works of Mercy

Help others do what is right.

Teach the ignorant.

Give advice to the doubtful.

Comfort those who suffer.

Be patient with others.

Forgive injuries.

Pray for the living and the dead.

ACERCA DE
LAS VOCACIONES

A la mayoría de nosotros nos bautizaron cuando éramos bebés. Nuestros padres y padrinos querían transmitirnos su fe católica. Querían que conociéramos la verdadera felicidad que se obtiene al amar y servir a Dios.

Con la guía de nuestros padres y la asistencia a Misa y a las clases de religión, nos hemos acercado más a Dios. Nuestra identidad como jóvenes católicos se ha fortalecido.

Ahora, a medida que vamos creciendo, estamos empezando a pensar a qué vocación puede estar llamándonos Dios. Dios llama a algunas personas a casarse y formar una familia. A algunos los llama a ser solteros y a otros a ser hermanas y hermanos religiosos. Dios también llama a algunos hombres a servirlo como obispos, sacerdotes o diáconos.

Muchas formas de servir

Laicos La mayoría de los católicos viven su vocación bautismal como laicos. Normalmente, los laicos tienen trabajos en la sociedad y pueden ser solteros o casados. Como parte de su vocación cristiana, a menudo ofrecen voluntariamente su tiempo y sus destrezas para servir a la comunidad de su parroquia o hasta a su diócesis. Pueden ayudar a cuidar de los pobres, dar clases de religión, ayudar con las organizaciones de la parroquia o invitar a otros a unirse a la Iglesia. De estas y de muchas otras maneras, los laicos ayudan a la Iglesia a cumplir su misión de compartir la Buena Nueva de Jesucristo.

Algunos hombres y mujeres laicos optan por trabajar tiempo completo en los ministerios de la Iglesia. Estos laicos sirven en diversas posiciones como maestros de escuelas católicas, directores de enseñanza religiosa y editores de periódicos diocesanos.

VOCATIONS

Most of us were baptized as infants. Our parents and godparents wanted to pass on to us their Catholic faith. They wanted us to know the true happiness that comes from loving and serving God.

Through the guidance of our parents, going to Mass, and attending religion classes, we have grown closer to God. Our identity as young Catholics has become stronger.

Now, as we are getting older, we are starting to think about what vocation God may be calling us to. God calls some people to be married and to raise a family. He calls some people to be single and others to be religious brothers and sisters. God also calls some men to serve him as bishops, priests, and deacons.

Many Ways of Serving

Laypeople Most Catholics live out their baptismal vocation as laypeople. Laypeople usually hold jobs in society and can be either single or married. As part of their Christian vocation, laypeople often volunteer their time and skills in serving their parish community or even the local diocese. They may care for the poor, teach religion classes, help with parish organizations, or invite others to join the Church. In these and many other ways, laypeople help the Church fulfill its mission to share the Good News of Jesus Christ.

Some laymen and laywomen choose to work full-time in church ministries. These laypersons serve in various positions, such as teachers in Catholic schools, directors of religious education, and editors of diocesan newspapers.

Hermanas y hermanos religiosos

Algunos hombres y algunas mujeres eligen dedicar su vida entera al ministerio de la Iglesia Católica. Estas personas ingresan en comunidades religiosas de hermanas o de hermanos. Hacen votos, o promesas, de pobreza, castidad y obediencia. Cada comunidad religiosa elige un ministerio en particular, como la enseñanza, el trabajo con los pobres, o la oración y la contemplación.

Obispos, sacerdotes y diáconos

En el Orden Sagrado hay tres grados: obispos, sacerdotes y diáconos. Solamente pueden ordenarse aquellos hombres bautizados que la Iglesia considere que han sido llamados por Dios para el Orden Sagrado.

Los obispos son los sucesores de los Apóstoles. Ayudan al papa en la conducción de la Iglesia. Celebran los siete sacramentos, enseñan y guían al pueblo católico y generalmente administran una diócesis.

Los sacerdotes ayudan a los obispos en su tarea. Celebran los sacramentos y predican la Palabra de Dios. Los sacerdotes diocesanos sirven por lo general como pastores de una parroquia. Los sacerdotes religiosos pertenecen a una orden religiosa, como los benedictinos y los franciscanos.

Los diáconos ayudan a los sacerdotes con el trabajo de la parroquia. Pueden celebrar los sacramentos del Bautismo y del Matrimonio y pronunciar la homilía en la Misa. Los diáconos transitorios son aquellos hombres que se están preparando para el sacerdocio. Los diáconos permanentes no llegan a ser sacerdotes. Pueden ser solteros o casados.

Discernimiento

A medida que aprendemos las diferentes formas en que hombres y mujeres responden al llamado de Dios al servicio, empezamos a preguntarnos cuál es la invitación de Dios para nosotros. ¿De qué maneras nos está llamando a servir? El responder a esta pregunta se llama discernimiento. Para encontrar la respuesta, podemos rezar para comprender qué nos está llamando a hacer el Evangelio. Tu mamá o tu papá, el sacerdote de tu parroquia, o una hermana o hermano religioso te pueden decir más acerca de discernir el llamado de Dios.

Religious Brothers and Sisters

Some men and women choose to devote their entire life to the ministry of the Catholic Church. These people join religious communities of brothers or sisters. They make vows, or promises, of poverty, chastity, and obedience. Each religious community chooses a particular ministry, such as teaching, working with the poor, or prayer and contemplation.

Bishops, Priests, and Deacons

There are three degrees of Holy Orders—bishops, priests, and deacons. Only baptized men whom the Church believes God has called to Holy Orders may be ordained.

Bishops are the successors of the Apostles. They assist the pope in leading the Church. They celebrate the seven sacraments, teach and guide the Catholic people, and often administer dioceses.

Priests assist the bishops in their work. They celebrate the sacraments and preach the Word of God. Diocesan priests usually serve as the pastor of a parish. Religious priests belong to religious orders, such as the Benedictines and Franciscans.

Deacons help priests with the work of the parish. They may celebrate the sacraments of Baptism and Matrimony and preach the homily at Mass. Transitional deacons are those men who are preparing for the priesthood. Permanent deacons do not go on to become priests. They may be single or married.

Discernment

As we learn about the different ways men and women are answering God's call to service, we begin to wonder about God's invitation to us. In what ways is he calling us to serve? Answering this question is called discernment. To find the answer, we can pray for understanding of what the Gospel is calling us to do. Your mom or dad, your parish priest, or a religious brother or sister can also tell you more about discerning God's call.

CÓMO REZAMOS LOS CATÓLICOS

Cuando rezamos, estamos expresando nuestra fe en Dios. Como católicos, podemos rezar solos en forma privada. También podemos rezar con la comunidad católica cuando nos reunimos para venerar a Dios.

ACERCA DE LA ORACIÓN

La oración es escuchar a Dios y hablar con Él. Podemos rezar para alabar y agradecer a Dios, para expresar arrepentimiento por nuestros pecados o para pedir a Dios bendiciones especiales para nosotros y los demás. A veces, recurrimos a María o a uno de los santos para pedirles que recen a Dios por nosotros.

Dios siempre oye nuestras oraciones. Creemos que Dios siempre responde nuestras oraciones de la mejor manera para nosotros.

ACERCA DE LAS CLASES DE ORACIÓN

Así como tenemos maneras diferentes de hablar con nuestros amigos y de escucharlos, tenemos maneras diferentes de rezar.

Siempre es posible rezar. Podemos hacerlo sin decir palabras. Cuando estamos en silencio y pensamos en Dios, estamos rezando.

A veces rezamos con nuestras propias palabras. Hablamos a Dios como si estuviéramos hablando a nuestros padres, a otros familiares o a nuestros amigos. En ocasiones, cuando rezamos con otras personas en casa o en la clase de religión, nos pueden invitar a guiar la oración.

También aprendemos y rezamos las oraciones que forman parte de nuestra herencia católica. Algunas de estas oraciones son el Padre Nuestro, el Ave María, el Gloria al Padre, la Oración del penitente y el Salve.

Como católicos, empezamos nuestras oraciones con la Señal de la Cruz. La Señal de la Cruz nos recuerda que nos bautizaron en el nombre del Padre, del Hijo y del Espíritu Santo. Terminamos nuestras oraciones con "Amén", que significa "yo creo".

HOW CATHOLICS PRAY

When we pray, we are expressing our faith in God. As Catholics, we can pray privately by ourselves. We can also pray with the Catholic community when we gather to worship God.

ABOUT
PRAYER

Prayer is listening and talking to God. We can pray to praise and thank God, to express sorrow for our sins, or to ask God for special blessings for ourselves and others. Sometimes we call upon the Virgin Mary or one of the saints to ask them to pray to God for us.

God always hears our prayers. We believe that God always answers our prayers in the way that is best for us.

ABOUT
THE KINDS OF PRAYER

Just as we have different ways of talking and listening to our friends, we have different ways of praying.

It is always possible to pray. We can pray without saying words. When we are quiet and think about God, we are praying.

Sometimes we pray by using our own words. We talk to God just as we would speak to our parents, other family members, or friends. Sometimes, when we pray with others at home or in religion class, we might be invited to lead the prayer.

We also learn and pray the prayers that are part of our Catholic heritage. Some of these prayers are the Lord's Prayer, the Hail Mary, the Glory Be to the Father, the Act of Contrition, and the Hail, Holy Queen.

As Catholics, we begin our prayers with the Sign of the Cross. The Sign of the Cross reminds us that we were baptized in the name of the Father, and of the Son, and of the Holy Spirit. We end our prayers with "Amen," which means "I believe."

ACERCA DE
LA ORACIÓN MEDITATIVA

La meditación es rezar sin palabras. Rezamos en silencio para que Dios pueda hablar a nuestro corazón.

En la oración meditativa, empezamos por concentrarnos en un solo tema. Por ejemplo, podríamos leer un relato de la Biblia, pensar en la vida de un santo o contemplar algo hermoso de la creación, como una puesta del sol o el océano. Mientras hacemos esto, prestamos mucha atención a cómo puede estar hablándonos Dios en nuestros pensamientos, sentimientos o imaginación.

En el próximo paso de la oración meditativa, pedimos al Espíritu Santo que nos ayude a reflexionar sobre qué tan bien estamos viviendo como fieles seguidores de Jesús. Pensamos en nuestras palabras y acciones. Pedimos al Espíritu Santo que nos indique cuáles de nuestras conductas no son cristianas y debemos cambiar.

A través de la oración meditativa, podemos mejorar nuestra relación con Dios y nuestra comprensión de qué significa ser un discípulo de Jesucristo.

MEDITATIVE PRAYER

Meditation is praying without words. We pray silently so that God can speak to our hearts.

In meditative prayer, we begin by focusing on a single subject. For example, we might read a Bible story, think about the life of a saint, or gaze at something beautiful in creation, such as a sunset or an ocean. As we do this, we pay close attention to how God may be speaking to us in our thoughts, feelings, or imagination.

In the next step of meditative prayer, we ask the Holy Spirit to help us reflect on how well we are living as a faithful follower of Jesus. We think about our words and actions. We ask the Holy Spirit to show us any of our behaviors that are not Christ-like and that we need to change.

Through meditative prayer, we can grow in our relationship with God and in our understanding of what it means to be a disciple of Jesus Christ.

PADRE NUESTRO

El Padre Nuestro

Padre nuestro, que estás en el cielo, santificado sea tu Nombre;

Dios es nuestro Padre. Lo alabamos y le damos gracias por todos los maravillosos dones que nos ha dado. Rezamos para que el nombre de Dios sea dicho con respeto y reverencia en todo momento.

venga a nosotros tu reino;

Jesús nos habló del Reino de Dios en el cielo. Rezamos para que todos vivan como Jesús nos enseñó. Esperamos con ansias el día en que finalmente venga el Reino de Dios.

hágase tu voluntad en la tierra como en el cielo.

Rezamos para que todos obedezcan las leyes de Dios. Sabemos que Jesús nos ha enseñado a vivir como sus seguidores. Jesús quiere que la forma en que viven los cristianos sea una señal para los demás. Luego ellos podrían desear vivir también una vida cristiana.

Danos hoy nuestro pan de cada día;

Dios cuida de nosotros. Sabemos que podemos rezar por nuestras necesidades. Sabemos que debemos rezar por las necesidades de los pobres. Pedimos a Dios cosas buenas que podamos compartir con los demás.

perdona nuestras ofensas como también
nosotros perdonamos a los que nos ofenden;

Pedimos el perdón de Dios cuando hemos hecho algo malo. Perdonamos a los que nos han hecho daño.

no nos dejes caer en la tentación,

Rezamos para que Dios nos ayude a hacer buenas elecciones y a hacer lo correcto. Cuando tenemos que tomar decisiones difíciles, podemos rezar al Espíritu Santo para que nos guíe.

y líbranos del mal.

Rezamos para que Dios nos proteja de todo mal.

Amén.

Cuando decimos "Amén", estamos diciendo "yo creo".

The Lord's Prayer

Our Father, who art in heaven, hallowed be thy name;

God is our Father. We praise and thank him for all the wonderful gifts he has given us. We pray that God's name will be spoken with respect and reverence at all times.

thy kingdom come;

Jesus told us about God's Kingdom in heaven. We pray that everyone will live as Jesus teaches us to live. We look forward to the day when God's Kingdom will finally come about.

thy will be done on earth as it is in heaven.

We pray that everyone will obey God's laws. We know that Jesus has taught us how to live as his followers. Jesus wants the way Christians live to be a sign for others. Then they might desire to live the Christian life, too.

Give us this day our daily bread;

God cares for us. We know that we can pray for our needs. We know that we must pray for the needs of the poor. We ask God for good things we can share with others.

and forgive us our trespasses
as we forgive those who trespass against us;

We ask God for forgiveness when we have done something wrong. We forgive those who have hurt us.

and lead us not into temptation,

We pray that God will help us make good choices and do what is right. When we have difficult choices to make, we can pray to the Holy Spirit for guidance.

but deliver us from evil.

We pray that God will protect us from all evil.

Amen.

When we say, "Amen," we are saying, "I believe."

Glosario

administrador Un administrador es un cuidador. Dios hizo a los seres humanos los cuidadores de sus dones de la creación. *(página 30)*

amor El amor es la virtud que nos ayuda a amar a Dios sobre todas las cosas y a amar al prójimo como a nosotros mismos. El amor es la más importante y la más excelsa de las virtudes. *(página 298)*

apostólica La Iglesia Católica es apostólica porque Jesucristo la edificó sobre San Pedro y los Apóstoles. *(página 270)*

Asunción La Asunción es la creencia de que María fue llevada en cuerpo y alma a la gloria del cielo y que participa plenamente en la Resurrección de Jesucristo. *(página 212)*

Bautismo El Bautismo es el Sacramento de la Iniciación que nos da la bienvenida a la Iglesia y nos libera del pecado original y de todos los pecados personales. *(página 90)*

Bienaventuranzas Las Bienaventuranzas son las enseñanzas de Jesús acerca de cómo vivir y encontrar la verdadera felicidad en el Reino de Dios. *(página 58)*

castidad La castidad es la virtud que nos ayuda a expresar la sexualidad de maneras adecuadas a nuestra edad. *(página 298)*

Comunión de los Santos La Comunión de los Santos está formada por todos los seguidores de Jesús, tanto los vivos como los muertos. La Comunión de los Santos incluye a los santos del cielo, las almas del purgatorio y los fieles en la tierra. *(página 178)*

conciencia Nuestra conciencia es nuestra habilidad de decidir qué es bueno y qué es malo. *(página 238)*

Confirmación La Confirmación es el Sacramento de la Iniciación por el cual recibimos una efusión especial del Espíritu Santo fortaleciéndonos para llevar a cabo la misión de Cristo. *(página 104)*

conversión La conversión es la experiencia de aceptar la gracia de Dios y de apartarnos del pecado. *(página 118)*

creación La creación es todo lo que existe, creado del amor de Dios. Dios dijo que toda la creación es buena. *(página 30)*

Credo de los Apóstoles El Credo de los Apóstoles contiene las verdades fundamentales de la fe católica. *(página 132)*

crisma El crisma es el óleo perfumado que está bendecido por el obispo. *(página 104)*

Cuerpo de Cristo El Cuerpo de Cristo es la Iglesia o el Pueblo de Dios. *(página 90)*

diócesis Una diócesis está compuesta de parroquias y escuelas católicas, y en ella puede haber también universidades y hospitales católicos. Está dirigida por un obispo. *(página 282)*

Dones del Espíritu Santo Los Dones del Espíritu Santo son: la sabiduría, el entendimiento, el consejo, la fortaleza, la ciencia, la piedad y el temor de Dios. *(página 118)*

Encarnación La Encarnación es el misterio del Hijo de Dios que se hace hombre en Jesucristo. *(página 90)*

esperanza La esperanza es la virtud que nos ayuda a confiar en Dios pase lo que pase. Además, la esperanza nos permite confiar en la promesa de la vida eterna que Dios nos hizo. *(página 298)*

Eucaristía La Eucaristía es el sacramento del Cuerpo y la Sangre de Jesucristo. *(página 164)*

fe La fe es la virtud que nos ayuda a creer en Dios y en todas las enseñanzas de nuestra Iglesia. *(página 298)*

gracia santificante La gracia santificante es el don que Dios libremente nos da de su vida. Nos cura del pecado y nos hace santos. *(página 44)*

iglesia doméstica La familia cristiana se llama iglesia doméstica porque es el primer lugar donde los niños aprenden acerca de Dios, la oración y las virtudes. *(página 298)*

infalibilidad La infalibilidad es un don del Espíritu Santo. Asegura que cuando el papa o el papa junto con los obispos enseñan ex cátedra, u oficialmente, acerca de la fe y la moral, enseñan siempre la verdad. *(página 272)*

Inmaculada Concepción La Inmaculada Concepción es la creencia de que María, la madre de Jesús, fue concebida sin pecado original. *(página 212)*

Liturgia de la Palabra La Liturgia de la Palabra es la primera parte de la Misa, que se centra en las lecturas de la Sagrada Escritura. *(página 164)*

Liturgia Eucarística La Liturgia Eucarística es la segunda parte de la Misa, que se centra en la Plegaria Eucarística y en la Sagrada Comunión. *(página 164)*

Magisterio El Magisterio es la autoridad educativa de la Iglesia. Está compuesto por los papas, los obispos y los concilios ecuménicos. El Espíritu Santo faculta al Magisterio a enseñar lo que la Iglesia cree oficialmente. *(página 272)*

Matrimonio El Matrimonio es el Sacramento al Servicio de la Comunidad en el que una mujer y un hombre prometen amarse y ser fieles el uno al otro por el resto de su vida. *(página 284)*

misericordia La misericordia es la bondad amorosa que Dios muestra a los pecadores. *(página 252)*

Misterio Pascual El Misterio Pascual es la Pasión, la muerte, la Resurrección y la Ascensión de Jesucristo. Estamos unidos al Misterio Pascual de Jesús cuando participamos de los siete sacramentos. *(página 44)*

Nueva Eva A María se la llama la Nueva Eva porque ayudó a llevar la salvación al mundo convirtiéndose en la madre de Jesús, nuestro Salvador. *(página 212)*

obispos Los obispos son los maestros principales de la Iglesia Católica. Son los sucesores de los Apóstoles. *(página 270)*

oración La oración es hablar con Dios y escucharlo. *(página 192)*

Orden Sagrado El Orden Sagrado es el Sacramento al Servicio de la Comunidad en el que se ordena a los obispos, los sacerdotes y los diáconos para servir a la Iglesia de una manera especial. *(página 284)*

Padre Nuestro El Padre Nuestro, o la Oración del Señor, es la oración que Jesús nos dio. *(página 192)*

papa El papa es la cabeza de la Iglesia Católica y el Obispo de Roma. Él es el sucesor de San Pedro. *(página 270)*

pecado Un pecado es cualquier pensamiento, palabra o acción que nos aparta de la Ley de Dios. *(página 222)*

pecado mortal Un pecado mortal es una violación grave de la Ley de Dios. Se lo debe confesar en el Sacramento de la Reconciliación. *(página 238)*

pecado original El pecado original es el pecado de Adán y Eva que se ha pasado a todos los seres humanos. Por esto, nos debilitamos en nuestra habilidad de resistir al pecado y de hacer el bien. *(páginas 90 y 210)*

pecado venial Un pecado venial es un pecado menos grave. Debilita nuestro amor por Dios y por los demás, y puede derivar en pecado mortal. *(página 238)*

purgatorio El purgatorio es una purificación final que prepara a los que han llevado una vida buena para que entren en el cielo. *(página 178)*

Reconciliación La Reconciliación es el Sacramento de Curación mediante el cual recibimos el perdón de Dios por nuestros pecados y nos reconciliamos con Dios y con la Iglesia. *(página 224)*

Reino de Dios El Reino de Dios es la promesa de Dios de justicia, paz y felicidad que todo su pueblo compartirá al final de los tiempos. *(página 58)*

religioso Las hermanas y los hermanos religiosos sirven a Dios y a la Iglesia viviendo y trabajando en comunidades religiosas. *(página 312)*

sacramentales Los sacramentales son signos sagrados instituidos por la Iglesia. *(página 72)*

sacramentos Los sacramentos son signos sagrados que Cristo dio a la Iglesia mediante los cuales recibimos la gracia santificadora. Los siete sacramentos son: el Bautismo, la Confirmación, la Eucaristía, la Reconciliación, la Unción de los Enfermos, el Matrimonio y el Orden Sagrado. *(página 44)*

Sacramentos al Servicio de la Comunidad Los Sacramentos al Servicio de la Comunidad son: el Orden Sagrado y el Matrimonio. *(página 284)*

Sacramentos de Curación Los Sacramentos de Curación son: la Reconciliación y la Unción de los Enfermos. *(página 224)*

Sacramentos de la Iniciación Los Sacramentos de la Iniciación son: el Bautismo, la Confirmación y la Eucaristía. *(página 102)*

Sagrada Escritura La Sagrada Escritura es la Palabra de Dios escrita, que se encuentra en la Biblia. La Iglesia nos enseña que el autor de la Biblia es Dios, porque los que escribieron la Biblia recibieron la inspiración del Espíritu Santo. *(página 150)*

salvación La salvación es el perdón de los pecados y la recuperación de la amistad con Dios, lo que solamente Dios puede otorgar. *(página 210)*

Santísima Trinidad La Santísima Trinidad es el misterio de un solo Dios en tres Personas divinas. Las tres Personas divinas son Dios Padre, Dios Hijo y Dios Espíritu Santo. *(página 30)*

santos Los santos son personas que llevaron una vida santa en la tierra y que ahora viven eternamente con Dios en el cielo. *(página 178)*

Tradición La Tradición son las enseñanzas y los rituales oficiales de la Iglesia, y las costumbres de los Apóstoles que se han ido transmitiendo a lo largo de los siglos. *(página 150)*

Unción de los Enfermos La Unción de los Enfermos es el Sacramento de Curación mediante el cual las personas que están muy enfermas, ancianas o moribundas reciben la fortaleza, el consuelo y la curación de Cristo. *(página 224)*

vida eterna La vida eterna es vivir para siempre en el cielo con Dios en perfecta felicidad. *(página 210)*

virtud Una virtud es un hábito que nos ayuda a hacer el bien. *(página 298)*

virtudes cardinales Las virtudes cardinales son: la prudencia, la justicia, la fortaleza y la templanza. *(página 300)*

virtudes teologales Las virtudes teologales son la fe, la esperanza y el amor. Estas virtudes nos ayudan a acercarnos más a Dios. *(página 298)*

Glossary

Anointing of the Sick Anointing of the Sick is the Sacrament of Healing through which persons who are very sick, elderly, or dying receive Christ's strength, comfort, and healing. *(page 225)*

Apostles' Creed The Apostles' Creed contains the central truths of the Catholic faith. *(page 133)*

apostolic The Catholic Church is apostolic because Jesus Christ built the Church on Saint Peter and the Apostles. *(page 271)*

Assumption The Assumption is the belief that Mary was taken body and soul into the glory of heaven and fully shares in the Resurrection of Jesus. *(page 213)*

Baptism Baptism is the Sacrament of Initiation that welcomes us into the Church and frees us from original sin and all personal sins. *(page 91)*

Beatitudes The Beatitudes are Jesus' teaching about how to live and find real happiness in God's Kingdom. *(page 59)*

bishops Bishops are the chief teachers of the Catholic Church. They are the successors of the Apostles. *(page 271)*

Blessed Trinity The Blessed Trinity is the mystery of one God in three divine Persons. The three divine Persons are God the Father, God the Son, and God the Holy Spirit. *(page 31)*

Body of Christ The Body of Christ is the Church or the People of God. *(page 91)*

cardinal virtues The cardinal virtues are prudence, justice, fortitude, and temperance. *(page 301)*

chastity Chastity is the virtue that helps us to express our sexuality in ways that are proper for our age. *(page 299)*

chrism Chrism is perfumed oil that has been blessed by the bishop. *(page 105)*

Communion of Saints The Communion of Saints is made up of all the followers of Jesus, both living and dead. The Communion of Saints includes the saints in heaven, the souls in purgatory, and the believers on earth. *(page 179)*

Confirmation Confirmation is the Sacrament of Initiation by which we receive a special outpouring of the Holy Spirit to strengthen us for carrying out Christ's mission. *(page 105)*

conscience Our conscience is our ability to judge what is right and what is wrong. *(page 239)*

conversion A conversion is the experience of accepting God's grace and turning away from sin. *(page 119)*

creation Creation is everything that exists, created from God's love. God said that all of creation is good. *(page 31)*

diocese A diocese is made up of Catholic parishes and schools and may include Catholic universities and hospitals. It is governed by a bishop. *(page 283)*

domestic church The Christian family is called the domestic church because it is the first place that children learn about God, prayer, and virtues. *(page 299)*

eternal life Eternal life is living forever with God in heaven in perfect happiness. *(page 211)*

Eucharist The Eucharist is the sacrament of the Body and Blood of Jesus Christ. *(page 165)*

faith Faith is the virtue that helps us to believe in God and in all the teachings of our Church. *(page 299)*

Gifts of the Holy Spirit The Gifts of the Holy Spirit are wisdom, understanding, right judgment, courage, knowledge, reverence, and wonder and awe. *(page 119)*

Holy Orders Holy Orders is the Sacrament at the Service of Communion in which bishops, priests, and deacons are ordained to serve the Church in a special way. *(page 285)*

hope Hope is the virtue that helps us to trust in God no matter what happens. It also enables us to trust in God's promise of eternal life. *(page 299)*

Immaculate Conception The Immaculate Conception is the belief that Mary, the mother of Jesus, was conceived without original sin. *(page 213)*

Incarnation The Incarnation is the mystery of the Son of God becoming man in Jesus Christ. *(page 91)*

infallibility Infallibility is a gift of the Holy Spirit. It ensures that when the pope or the pope and bishops together teach *ex cathedra*, or officially, on faith and morals, they always teach what is true. *(page 273)*

Kingdom of God The Kingdom of God is God's promise of justice, peace, and joy that all his people will share at the end of time. *(page 59)*

Liturgy of the Eucharist The Liturgy of the Eucharist is the second part of the Mass, which centers on the Eucharistic Prayer and Holy Communion. *(page 165)*

Liturgy of the Word The Liturgy of the Word is the first part of the Mass, which centers on the Scripture readings. *(page 165)*

Lord's Prayer The Lord's Prayer, or the Our Father, is a prayer that was given to us by Jesus. *(page 193)*

love Love is the virtue that helps us to love God above all else and to love our neighbors as ourselves. It is the greatest and highest virtue. *(page 299)*

Magisterium The Magisterium is the teaching authority of the Church. It is made up of the popes, bishops, and ecumenical councils. The Magisterium is empowered by the Holy Spirit to teach what the Church officially believes. *(page 273)*

Matrimony Matrimony, or Marriage, is the Sacrament at the Service of Communion in which a man and a woman promise to love each other and be faithful to each other for the rest of their lives. *(page 285)*

mercy Mercy is the loving kindness that God shows to sinners. *(page 253)*

mortal sin A mortal sin is a serious violation of God's Law. It must be confessed in the Sacrament of Reconciliation. *(page 239)*

New Eve Mary is called the New Eve because she helped to bring salvation to the world by becoming the mother of Jesus, our Savior. *(page 213)*

original sin Original sin is the sin of Adam and Eve that has been passed on to all human beings. Because of original sin, we are weakened in our ability to resist sin and do good. *(pages 91, 211)*

Paschal Mystery The Paschal Mystery is the suffering, death, Resurrection, and Ascension of Jesus Christ. We are united to Jesus' Paschal Mystery in the seven sacraments. *(page 45)*

pope The pope is the head of the Catholic Church and the Bishop of Rome. He is the successor of Saint Peter. *(page 271)*

prayer Prayer is talking and listening to God. *(page 193)*

purgatory Purgatory is a final purification that prepares those who have led a good life to enter heaven. *(page 179)*

Reconciliation Reconciliation is the Sacrament of Healing through which we receive God's forgiveness for our sins and are reconciled with God and the Church. *(page 225)*

religious Religious brothers and sisters serve God and the Church by living and working in religious communities. *(page 313)*

sacraments The sacraments are sacred signs given to the Church by Christ through which we receive sanctifying grace. The seven sacraments are Baptism, Confirmation, Eucharist, Reconciliation, Anointing of the Sick, Matrimony, and Holy Orders. *(page 45)*

sacramentals Sacramentals are sacred signs instituted by the Church. *(page 73)*

Sacraments at the Service of Communion The Sacraments at the Service of Communion are Holy Orders and Matrimony. *(page 285)*

Sacraments of Healing The Sacraments of Healing are Reconciliation and Anointing of the Sick. *(page 225)*

Sacraments of Initiation The Sacraments of Initiation are Baptism, Confirmation, and Eucharist. *(page 103)*

saint A saint is a person who lived a holy life on earth and who now lives forever with God in heaven. *(page 179)*

salvation Salvation is the forgiveness of sins and the restoration of friendship with God, which can be done by God alone. *(page 211)*

sanctifying grace Sanctifying grace is God's free gift of his life. It heals us of sin and makes us holy. *(page 45)*

Scripture Scripture is the written Word of God found in the Bible. The Church teaches that God is the author of the Bible because the writers of the Bible were inspired by the Holy Spirit. *(page 151)*

sin A sin is any thought, word, or action that turns us away from God's Law. *(page 223)*

steward A steward is a caretaker. God has made human beings the caretakers of his gifts of creation. *(page 31)*

theological virtues The theological virtues are faith, hope, and love. These virtues help us to draw closer to God. *(page 299)*

Tradition Tradition includes the Church's official teachings, rituals, and customs that have been handed down from the Apostles over the centuries. *(page 151)*

venial sin A venial sin is a less serious sin. It weakens our love for God and others and can lead to mortal sin. *(page 239)*

virtue A virtue is a habit that helps us to do good. *(page 299)*

Índice

Index

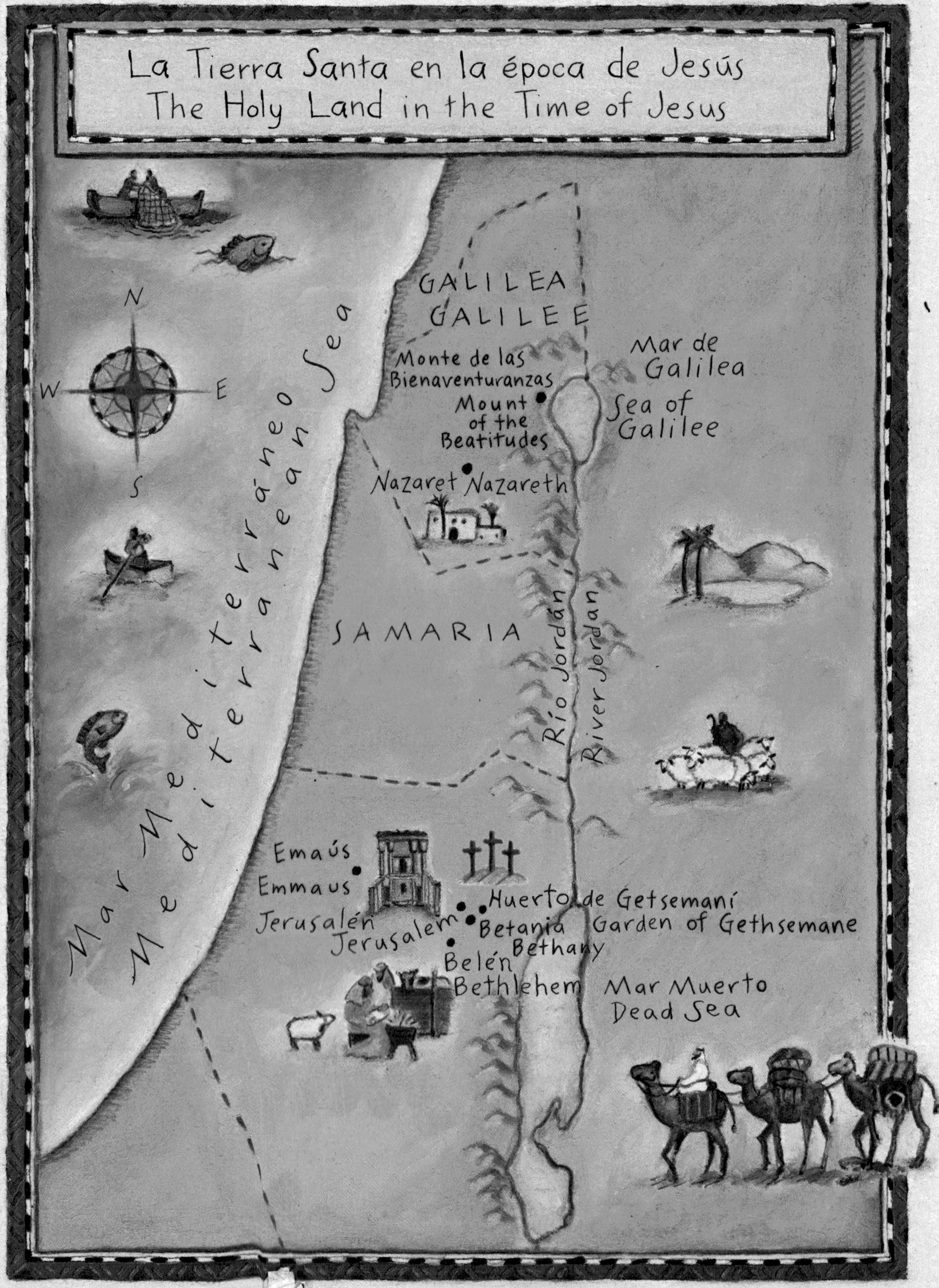

La Tierra Santa en la época de Jesús
The Holy Land in the Time of Jesus

GALILEA
GALILEE

Monte de las Bienaventuranzas
Mount of the Beatitudes

Mar de Galilea
Sea of Galilee

Nazaret Nazareth

SAMARIA

Río Jordán
River Jordan

Mar Mediterráneo
Mediterranean Sea

Emaús
Emmaus

Huerto de Getsemaní
Garden of Gethsemane

Jerusalén
Jerusalem

Betania
Bethany

Belén
Bethlehem

Mar Muerto
Dead Sea